新教育场域的兴起

1895–1926

应　星著

生活·讀書·新知　三联书店

图书在版编目（CIP）数据

新教育场域的兴起，1895—1926／应星著．—北京：
生活·读书·新知三联书店，2017.5
（文史新论）
ISBN 978－7－108－05868－3

Ⅰ．①新⋯　Ⅱ．①应⋯　Ⅲ．①教育史－研究－中国－1895—1926
Ⅳ．① G529.6

中国版本图书馆 CIP 数据核字（2017）第 020684 号

责任编辑　曾　诚
装帧设计　蔡立国　刘　洋
责任校对　张　睿
责任印制　宋　家
出版发行　**生活·讀書·新知** 三联书店
　　　　　（北京市东城区美术馆东街 22 号 100010）
网　　址　www.sdxjpc.com
经　　销　新华书店
印　　刷　北京新华印刷有限公司
版　　次　2017 年 5 月北京第 1 版
　　　　　2017 年 5 月北京第 1 次印刷
开　　本　635 毫米 × 965 毫米　1/16　印张 16.5
字　　数　207 千字
印　　数　0,001－5,000 册
定　　价　45.00 元
（印装查询：01064002715；邮购查询：01084010542）

目　录

中篇 "学术社会"的兴起

——蔡元培与北京大学，1917—1923 年

下篇 中等学校与中共革命
——1922—1926 年的江西

表格目录

引 论

一 研究的缘起

本书是一项断续进行了二十多年的研究。确切地说，这并不是一个在当初就规划完整的研究，而是分别在三个时期按照各自的问题意识成文的研究。

基于对中国近代知识分子转型的兴趣，我 1996 年完成的硕士论文以"士绅惯习与教育场域的变迁——1895—1913 年的湖南社会"为题，通过对湖南近代社会史和教育史的爬梳，研究了废科举、兴西学的过程是如何牵动中国近代社会结构的转型的。正统的中国近代史书写一般是从 1840 年开始，但这种书写带有浓厚的"冲击—反应"模式的痕迹。[1] 如果从"中国中心观"来看，在长时段的意义上，中国近代发生的"几千年未有之大变局"其实早在明朝到清朝中期前就已埋下变因；而在短时段的意义上，中国社会巨变的来临又比 1840 年要晚得多。孔飞力的经典研究表明，作为旧秩序即传统中国的衰落是自太平军起义被扑灭的 1864 年才开始的。[2] 如果说 1864 年构成了中国近代历史巨变的第一个历史节点，那么，1895 年的甲午战败和 1905 年的废除科举就构成这场巨变的第二个和第三个

---

[1] 参见柯文：《在中国发现历史》，林同奇译，中华书局 2002 年版，第 1—53 页。
[2] 孔飞力：《中华帝国晚期的叛乱及其敌人》，谢亮生等译，中国社会科学出版社 1985 年版，第 1—11 页。

历史节点。我这篇论文研究的正是从 1895 年到 1905 年再到民国元年教育场域发生的巨变。1895 年前，科场是帝制后期的社会支配关系赖以不断再生产出来的一个重要场域，支撑着科场场域的是我所谓"士绅惯习"。但自 1895 年后，士绅惯习开始不断遭到严重的冲击，并由此影响到了原本以科场为中心的教育场域。这个影响过程又可分为两个时期。第一个时期是从 1895 年到 1905 年，在此期间，新旧两种文化资本在科场场域展开竞争，由此导致了士绅惯习的衰变，并最终造成了科场场域的终结（其标志性事件是 1902 年《壬寅学制》、1904 年《癸卯学制》的先后颁布和 1905 年科举制度的停废）。第二个时期是从 1905 年到 1913 年，在此期间，科举被废、学堂遍立，新文化资本占据了教育场域的主阵地（其标志性的事件是 1912、1913 年《壬子癸丑学制》的颁布），新式学堂虽然在统治集团内部实现了权力的重组，但并没有为原来的被统治阶级带来更多的上升机会，反而使文化资本与经济资本、政治资本的交换日渐公开化，从而使这种支配关系的遮掩机制被破坏殆尽。如果说科场场域实现的是统治者及其统治集团内的被统治者之间的内部整合，那么，新式学堂崛起导致的是既得利益集团的分化与瓦解，而传统的士绅惯习则突变为新式学生的"反体制冲动"。这种反体制冲动虽然瓦解了科场场域的存在基础，却只是一种特殊的、不稳定的、去合法化的惯习，因而，取代科场场域的并非一个相对独立于政治场域的学校场域，而是一个与权力、政治与革命密切纠缠在一起的"后科场场域"。我从硕士论文选摘了小部分内容先后发表在《战略与管理》1997 年第 2 期和香港《中国社会科学季刊》1997 年春夏季卷。后文在收入杨念群主编的《空间·记忆·社会转型——"新社会史"研究论文精选集》（上海人民出版社 2001 年版）时，扩充到了五万多字的篇幅。今天回过头来看，虽然最近二十年来有关科举的研究出了不少成果，尤其是在 2005 年科举废除百年时更推出了一批关于"科举学"的研究著述，湖南的近代教育史研究也有了一些新的进展，但平心而论，我运用社会理论的眼光和社会史的方法，对湖南近代教育场域变迁的分析似乎并没有完全过时。我在将该文纳入本书上篇时，参照原来的硕士论文原稿，并根据目前最新的史料及研究进展，做了大幅度的增补和修订工作。

我在第一项研究的文末，曾提到蔡元培当选北大校长后力图塑造一个全新的教育场域的努力。不过，因为我随后的博士论文转向对大河移民上访的研究，所以，当时没有紧接着展开这个主题的后续研究。直到 2003 年北京大学教师聘任和职务晋升制度改革引发的争议，刺激了我对中国现代大学的历史传统的反思，由此专门抽身研究蔡元培整顿北大的历史。如果说从科场场域到后科场场域，政与学之间并没有发生实质性变化的话，那么，在蔡元培担任北大校长期间，以"大学者，研究高深学问之地也"为宗旨，以"兼容并包、思想自由"为手段，努力使北大广泛接纳学有专长的人才、全面打造学术研究的体制、深入塑造学术所谓"科学的精神特质"，从而使一个独立于政治的"学术社会"逐渐得以孕育、催生和成熟。因此，蔡元培对北大的整顿实际上是为学术与政治的关系展开了一种新的可能性。如果从中国现代教育制度史的角度来看，蔡元培改造北大的时期也正是从《壬子癸丑学制》过渡到《壬戌学制》(1922) 的时期。学界已有众多关于蔡元培改造北大的研究。我在研究中借鉴了这些研究成果，但将重点放在目前尚少有人采用的社会史的分析思路。我对蔡元培治校期间的诸多重要事件，比如蔡元培与林纾之争，北大师资从重地缘到重学缘的演变，蔡元培在北大期间的八次辞职，蔡元培对三类学生运动的不同态度，蔡元培对洪堡所谓"由科学而达至修养"的理念在北大的应用及其面临的难题，都从社会史的角度作了一些可能不失新意的分析。我的这项研究先以较为简略的版本刊载于香港《二十一世纪》2003 年 12 月号和甘阳、李猛主编的《中国大学改革之道》（上海人民出版社 2004 年版），而六万多字的全文刊载于《思想与社会》编委会编的《教育与现代社会》（《思想与社会》第七辑，上海三联书店 2009 年版）。该文收入本书中篇时又作了若干修订和增补。

历史的进程往往是迂回曲折的。蔡元培时期的北大虽然一直采取"兼容并包"的治校方针，但到后期已经出现了一些裂变。1919 年爆发的"五四运动"开创了一个新的时代，北大在这次运动中一马当先，一代新青年由此崭露头角。但"五四运动"对蔡元培所追求的学术独立也隐微带来了某种挑战。"五四运动"前夕，陈独秀的文科学长被免；随后陈独秀就因为在"五四运动"中被捕而自动脱离了北大。陈独秀从北大离职固然有众多因素，但政治的激进显然是一个重要的背景。另一方面，1919 年被蔡元培破格请进北大执教的梁漱溟对北大只重知识而不重人伦和实践的西式教育渐生不满，先后几度请辞而被蔡元培挽留，直到 1924 年最终离开北大，去山东菏泽接办省立第六中学，谋求将道德教育与知识教育结合在一起的新教育实践。[1] 陈独秀和梁漱溟从北大的离职，标志着"兼容并包"并不能完全解决新教育场域塑造中学术与政治之间、学术与伦理之间的张力。如果说在 20 世纪 20 年代，高等学府里面的学与政尚且呈现出此消彼长、相互推拉的局面，那么，在某些普通中学和师范学校，学生与政治、学生与革命的关系就变得更加密切。从辛亥革命到"五四运动"，两代学生尽管表现出了相似的"反体制冲动"，但在诸多方面已经表现出了代际变迁的特征。

与新教育场域的这个迂回有些相似的是，我自己的研究也出现了某种戏剧性的迂回。我自出版《大河移民上访的故事》以来，

---

〔1〕 参见艾恺：《最后的儒家——梁漱溟与中国现代化的两难》，王宗昱等译，江苏人民出版社 1993 年版，第 147—155 页。

除了中间有一段时间研究过蔡元培外，主要精力都用在对大河移民的延伸研究上：先是追溯了大河移民的"史前史"，从毛泽东时代村庄政治与道德的关系来理解大河移民的精神气质的成因；而后又将研究时段延伸到 20 世纪 90 年代后，分析大河移民在社会抗争形式和手段上的新变化，并将其与其他不同地区、不同类型的抗争行动进行比较。我 2011 年出版《"气"与抗争政治》后，围绕大河移民的六十年村庄政治史的研究终于告一段落。在对自己及学界的经验研究的反思中，我越来越强烈地感觉到，社会学的经验研究如果始终停留在田野研究与定量研究的双峰对峙局面，如果不能将国家、政党与历史的研究纳入研究视野中，那么，诸多经验现象都会因为被人为抽离成了"无源之水、无本之木"而难以得到深入、贴切的理解，"社会学的想象力"也势必大大萎缩。西方古典社会学的奠基，是与对资本主义文明兴起的关注密切联系在一起的。而中国共产主义文明有着与西方资本主义文明，甚至与苏联和东欧的共产主义文明都相当不同的价值、制度和运作逻辑。[1] 对中国共产主义文明"发生史"的研究，应该是激发中国社会学自主性的一个重要的灵感源泉。为此，我从 2012 年起开始尝试用历史社会学和政治社会学的视角与方法，结合中共党史、社会史、民国史的材料，来分析中国共产党作为一个独特的共产主义政党的政治文化传统。基于江西在中国苏维埃革命时期的中心地位，我决定先把江西大革命史和江西苏区史作为研究对象。又鉴于中共早期党团员几乎都是新式学校的学生，因此，我最初的着手点是从江西 20 世纪 20 年代的中等学校切入对中共早期组织形态的理解。而如果从中国现代教育制度史的角度来看，20 世纪 20 年代也正好是从《壬戌学制》（1922）演化为《戊辰学

---

[1]　参见孙立平：《现代化与社会转型》，北京大学出版社 2005 年版，第 408—428 页。

制》(1928)的时期。我通过这项研究表明,中共早期组织的形成和发展是嵌入在民国教育和政治格局中的。一些由"国民党系人士"控制的中等学校营造出结社自由和追求进步的浓烈氛围,为中共组织发展提供了合法性的基础;而普通中学与师范学校的不同类型又促生了中共不同的组织结构。我这项研究的一个简略版本发表在《社会学研究》2015年第1期上,收入本书时篇幅从两万字扩充到四万多字。在文稿基本完成后,我又于2015年年初到台北中国国民党党史馆补充了一些史料,最终将文章定稿。

而我是在基本完成第三项研究的时候,才开始意识到它与我以前对新教育场域的研究有着内在的关联性。从19、20世纪之交到20世纪20年代是中国近现代教育史上五个学制方案先后出台的时期。尽管本书并非对中国近现代教育制度史或教育思想史的专门研究,但将这三个研究放在一起,我们可以看到中国社会从1895年到20世纪20年代新教育场域重要的变迁轨迹。而我关于中国共产主义革命的历史社会学研究虽然才开始起步,但现在似乎可以通过本书对我这二十多年的学思作一个阶段性的总结。这即本书的缘起。

二 新教育场域中的政与学

在分述这三项研究的缘起时,我实际上已经点出了这些研究的内在关联点。现在我再对此稍加阐发。

本书所谓"新教育"有两层含义。第一层含义是在制度结构上讲的,即科举停、学堂兴;书院改为学堂,再改为学校——这是中国近代教育史上的制度巨变。第二层含义是在制度精神上讲的,即在教育制度变迁背后的教育理念变迁。前者是人所共知的,而后者在学界尚存在歧见。所谓"新教育思想"之"新"究竟在什么地方?一种观点以罗兹曼、苏云峰为代表,认为新教育是从精英主义、道德化的传统教育走向了实用化、科技化、大众化的现代化教育。[1]
另一种观点以丛小平为代表，认为新教育场域尤其是晚清兴起的师
范学校作为连接国家与社会的场所，既是乡村青年通向现代世界和
国家民族的桥梁，也是国家对乡村社会进行渗透整合的通道。[2] 这
两种观点显然是现代化理论以及国家—社会理论在中国近现代教育
史研究中的应用，并没有从中国教育思想发展的内在脉络来贴切地
理解中国教育的现代转型。熊春文提出了第三种观点，中国教育的
现代转型不是在清末改革中而是在蔡元培的新教育实践中实现的，
其新教育思想的核心内容是"教育超轶于政治"。[3] 在我看来，他的
这种观点已经触及新教育思想的内核，但他并未能充分展示蔡元培
所谓"教育民主主义"与"五四运动"之间复杂的张力，未能深入
揭示新教育场域在政与学之间所面临的某些基本难题。

　　如果从中国传统教育本身的内涵来说，其基本精神是德性教
育；而如果从布迪厄所谓"场域"[4]的角度来看，中国传统教育场域
的基本特点是"学而优则仕""内圣外王"的传统。读书人通过"修
身""齐家"，希望最后能够通向的是"治国""平天下"，因此，传
统教育的重心放在为统治者提供优秀人才上。士阶层不仅以文化主
体自居，更发展出了高度的政治意识，造成了学与政在中国传统社
会中的密不可分。因此，当严复 1898 年提出治学与治事不能相兼，
"惟其或不相侵，故能彼此相助"，当梁启超 1902 年道出"天地间独

---

〔1〕罗兹曼编：《中国的现代化》，陶骅等译，上海人民出版社 1989 年版，第 241—265
　　页；苏云峰：《中国新教育的萌芽与成长：1860—1928》，北京大学出版社 2007 年版，
　　第 171—172 页。

〔2〕丛小平：《师范学校与中国的现代化》，商务印书馆 2014 年版，第 310—312 页。

〔3〕熊春文：《中国教育精神的现代转型》，中国人民大学出版社 2012 年版，第 246—249 页。

〔4〕布迪厄、华康德：《实践与反思：反思社会学导引》，李猛、李康译，中央编译出版社
　　1998 年版，第 131—156 页；布迪厄：《国家精英》，杨亚平译，商务印书馆 2004 年
　　版，第 226—401 页。

立无二之大势力，何在乎？曰智慧而已矣，学术而已矣"，[1] 实际上已经敏锐地洞察到了所谓"新教育"的实质在于政与学的关系重构。不过，这些在当时甚为微弱的呼声为革命的浪潮所淹没，更何况这两位那个过渡时代最著名的代言人自己也没有做到治学之独立。真正为新教育揭开序幕的是蔡元培 1917 年开始对北京大学的整顿。

然而，蔡元培所追求的"教育超秩于政治"只是一个理想形态。他在治校期间就屡受学生运动的困扰。蔡元培当然并不是对学生运动一概采取反对态度。在他看来，学生"干预政治问题，本是不对的事情，不过当此一发千钧的时候，我们一般有智识的人，如果不肯牺牲自己的光阴，去唤醒一般民众，那么，中国更无振兴的希望了"。[2] 对蔡元培来说，学生卷入政治，只能是在"一发千钧"这样的非常态情况下。但是，自清末一直到 20 世纪 40 年代末，中国始终处在战争状态，"一发千钧"的非常态变成了一而再，再而三的常态。因此，新教育场域的塑造走向，不仅取决于学校里的校长和师生的行动，更取决于政治场域的局势变化。正所谓"这一代的政治培养出这一代的学运，这一代的学运反映出这一代的政治"。[3] 从"五四"到北伐，整个 20 世纪 20 年代学生运动的政治化色彩日益浓厚，从"五四运动"的注重外交问题转而注重内政问题，从学生运动独立成潮到与政治反对运动合流，从学生运动到由政党主导的"运动学生"。[4] 中国国民党、中国共产党和中国青年党为了革命既

[1] 王栻编：《严复集》（上），中华书局 1986 年版，第 88 页；梁启超：《饮冰室合集》第 1 册，中华书局 1989 年版，文集之六，第 110 页。

[2] 蔡元培：《学生的责任和快乐》，载中国蔡元培研究会编：《蔡元培全集》第 4 卷，浙江教育出版社 1997 年版，第 244 页。

[3] 杨人楩：《从这一代的学运看这一代的政治》，《中建》1948 年第 1 卷第 8 期，转引自吕芳上：《从学生运动到运动学生》，台北："中央研究院"近代史研究所，1994 年，第 14 页。

[4] 吕芳上：《从学生运动到运动学生》，第 419—435 页。

相互争夺学生运动的主导方向，又在某些情形下共同助力于学生运动的激进化。[1] 本书下篇所研究的江西共产主义运动在 20 世纪 20 年代的中等学校的植根发芽，就是在这种情形下出现的。

三　新教育场域的不同维度

因为本书是对新教育场的三个个案研究，尽管其主题有着内在的关联，其时间大体前后相续，但由于它们原系三项相对独立的研究，所以我们需要对这些个案之间的差异性略加讨论并加以勾连。

首先，不同教育层级的差别。在本书上篇所讨论的时限（1895—1913 年）里，全国的大学寥寥无几，湖南境内也仅有一所高等学堂（即由岳麓书院改制而成的湖南高等学堂），所以，我对新式学堂的讨论以高等学堂以下的中初级学堂为主，旁涉湖南高等学堂。本书中篇以北京大学为研究对象。而本书下篇主要以南昌二中和南昌一师为研究对象。政、学的张力在不同层次的学校表现出来的强度有所不同。对大学来说，这种张力的强度最大。一方面，大学作为担负着学术创造使命的教育场域，作为高级知识分子云集的地方，其问道为学常常形成较强的传统；另一方面，大学生的社会使命意识比中学生更强，对政治的敏感度也更高，介入政治的资源更广，从事政治的能力也更强。因此，在 20 世纪 20 年代大学数量还很少的情况下，一所大学里往往既有较强的学术风气，也可能同时有较高的政治参与度。而中学和师范学校则因为各自面临的校园环境的差异，容易在向学与革命上形成一边倒的趋势。比如，同样是 20 世纪 20 年代江西省最著名的中学，江西省立第一中学（即"南昌一

---

〔1〕　王奇生：《革命与反革命：社会文化视野下的民国政治》，社会科学文献出版社 2010 年版，第 66—101 页。

中")与南昌二中就有着显著的差异：前者有着更浓厚的学术风气，而后者则因为与国民党系人士的渊源成为江西早期共产主义革命的基地学校之一。又如，在省立中学与师范学校之间也存在着明显的差别。省立中学常常是通向大学的台阶，因此对学生的学业有着更严格的要求；而师范学校则因为生源多是来自贫寒之家的优秀学子，毕业出路大多是回乡当小学教师，他们既对个人能力有优越感，又易生不平感，因此更易走上改造旧社会的革命道路。[1]

其次，不同世代的差别。本书研究的是1895年到1926年的新教育场域，涉及好几个世代[2]的知识分子。上篇研究了传统社会最后两代士绅（其中包括1895年时已进入上层队伍的"1895届上层士绅"以及1895年时仍处在下层地位的"1895届下层士绅"）及第一代新式学生（这代人一般被通称为"辛亥革命一代"）。紧随"辛亥革命一代"的是通常所说的"五四运动一代"。严格来说，"五四运动一代"又可分为师生两代，其中"五四"老师一代与辛亥革命一代在相当程度上是交叉的。[3]本书中篇所研究的蔡元培对北大的整顿，关涉的就是"五四运动"的这两代人，其中更多是"五四运动"老师代的活动。而本书下篇研究的1921年到1926年的江西中学生，则是"五四运动"学生代的活动。本书研究的时限截止到1926年北伐前后，因为北伐是"五四运动"学生代投入政治的短暂高峰时期，

---

〔1〕 吕芳上：《从学生运动到运动学生》，第89页；丛小平：《师范学校与中国的现代化》，第265页。

〔2〕 本书所谓"世代"（generation）更多是从社会结构的意义上说的，而不是纯粹生物学意义上的代。也就是说，"世代"指的是一个特定社会结构中因个体占据了相似位置而构型成的具体的社会群体，故此，某代人的社会构型可以迁延上百年不变，而另一代人则可能整代处于被遮蔽状态，其中的关节便在于社会的变迁程度。参见 K. Mannheim. *Essays on the Sociology of Knowledge.* London: Routledge, 1997: 276—322, 也见曼海姆：《卡尔·曼海姆精粹》，徐彬译，南京大学出版社2002年版，第65—114页。

〔3〕 参见施瓦支：《中国的启蒙运动——知识分子与"五四"遗产》，李国英等译，山西人民出版社1989年版，第17—66页。

随即学生运动即陷入了消沉的时期。[1] 其后新学生与政治及革命的关系已经揭开所谓"后五四时期"的新篇章了。

再次，不同地域的差别。本书三篇研究的是三个地方：湖南、北京与江西。其中，因为北京是当时北洋政府的首都，而北京大学在全国教育界又具有龙头地位，所以，我们可以不必去讨论北京的地方性对新教育场域的影响问题。需要讨论的是上篇所涉及的湖南及下篇所涉及的江西在地域上的差别。本书对1895届上层士绅、下层士绅及辛亥革命一代新学生的研究以湖南为研究个案，这是因为湖湘知识群体是晚清儒学地域化的重要代表之一，也是晚清地方军事化的重镇。[2] 湖南既是晚清绅权扩张最为强盛的地方之一，又是诸多影响了中国近现代史进程的政治、军事人物之渊薮。在传统科举考试中，湖南远非称得上文风鼎盛之区，但在从科场场域到后科场场域的嬗变中，湖南民风中的蛮勇与新学堂环境中酝酿出的反体制冲动结合在一起，使其近代涌现的政治军事人物在全国高居榜首。[3] 这也使我们对湖南个案的研究在全国颇具典型性。而本书对"五四运动"学生代的研究选取江西为个案，则是出于对另一种典型性的考虑。叶文心在研究杭州的"五四运动"与共产主义运动根源时曾指出，以往对"五四运动"的研究将焦点集中在北京，但新文化运动和共产主义运动其实从"五四"开始就存在诸多分支流派。"五四运动"在杭州，代表了与北京的运动所不同的另一种讯息，即不是来自通都大邑对外开放的口岸的求变，而是来自中国内地乡土

---

[1] 吕芳上：《从学生运动到运动学生》，第27—30页。

[2] 杨念群：《儒学地域化的近代形态——三大知识群体互动之比较研究》，生活·读书·新知三联书店1997年版，第64—112页；孔飞力：《中华帝国晚期的叛乱及其敌人》，第224—237页。

[3] 参见王奇生：《中国近代人物的地理分布》，《近代史研究》1996年第2期。

社会的求变。[1] 我们对江西地域的选取与叶文心的这个思路比较相近。中国早期共产主义运动的兴起和传播大体分为三个层次：上海和北京位居全国的中心，广东、湖南、湖北、山东等位居区域的中心；而江西位居革命思想传播和组织发展较为迟缓的第三类地区。[2] 以往对早期中共的研究多集中在前两类地区。而我们对江西这样的第三类地区的研究，可以使我们较好地把握"五四运动"学生代在投身共产主义运动时从中心扩散到边缘的发展脉络。

最后，不同分析侧重的差别。本书所用的"场域"（field）概念，来自法国著名社会学家皮埃尔·布迪厄（Pierre Bourdieu）。布迪厄之所以提出这个概念并把它与其他两个概念——"惯习"（habitus）与"资本"（capital）紧紧连在一起，旨在克服社会学分析中常见的社会结构分析与社会行动分析的二元对立。本书上篇在分析中力图贯彻将社会结构分析与社会行动分析结合起来的思路，既分析新旧文化资本之间的竞争，也分析士绅和辛亥革命一代学生在惯习上的变化；既从整体上勾勒这两代人的生活史，同时也对若干典型个案进行对比分析。本书中篇在对蔡元培治校的分析中也兼顾结构分析和行动分析这两个方面，其中更偏重行动分析这个维度。而本书下篇主要是从社会结构角度切入对新式学校与中共革命之间的关联分析，基本上不涉及社会行动的维度，也即不涉及对学生投身革命的心路历程的分析。之所以有这种侧重，是因为学界以往已有诸多从个人思想切入对中共早期组织的研究，而细致地研究学校本身以及地域社会对中共早期组织的影响则甚为罕见。上篇的研究主题因为较为新颖，所以研究角度较为全面，篇幅也更为充实；而中篇与下篇则

---

[1] Yeh Wen-Hsin. *Provincial Passages: Culture, Space, and the Origins of Chinese Communism.* Berkeley: University of California Press. 1996: 1–8.

[2] 参见高平平：《中共创建时期马克思主义传播的轨迹》，载中共"一大"会址纪念馆等编《上海革命史资料与研究》，第4辑，上海古籍出版社2004年版，第134—135页。

本着略人所详、详人所略的原则有所偏重，需要结合其他相关研究才能更贴切地理解这些主题。

当然，本书三篇毕竟成型于不同的时间，虽有勾连照应，仍有不少疏离脱节之处。尽管我在本书最后成稿时在统合衔接这三篇的主题上作了一些努力，但尚有诸多不尽如人意之处，还望读者批评指正。

四　鸣　谢

本书的研究既在时间上横跨二十年，又在方法和材料上涉及多个学科，其间应该感谢的老师和朋友实在是数不胜数，实难在此一一列举。不过，我这里还是要特别感谢我的硕士导师孙立平教授、我的朋友李猛教授和我的同事方慧容博士分别给我这三项研究重要的帮助，感谢北京大学社会学系渠敬东教授和周飞舟教授多年来与我亲密无间的讨论，尤其是在"返回历史视野，重塑社会学的想象力"上达成的高度共识，感谢中国人民大学清史研究所杨念群教授、北京大学历史学系王奇生教授、中国社会科学院近代史研究所黄道炫研究员对我贸然闯入史学研究领地的鼓励和支持，感谢北京大学教育学院刘云杉教授费心对本书提出的翔实的批评和修改意见，感谢中国政法大学政治与公共管理学院常保国教授在"中国政法大学历史社会学与中共党史研究中心"的成立、运转和资料收集上所提供的鼎力支持。

我还要感谢马学军协助我查找、收集众多的文献。我也要对曾刊出本书相关内容的各出版单位表示感谢。

本书系中国政法大学优秀中青年教师培养支持计划资助项目及北京市 2016 年社科项目（"苏维埃革命中的政党与地方精英"）的成果，特此说明并致谢。

从科场场域到后科场场域

——1895—1913 年的湖南

一 导 言

　　1905 年科举制的废除一直被视为一个"大事件",这是因为它在关于中国近代社会变迁的经典叙事中被赋予了特殊位置。费孝通首先分析了科举制的社会影响,他认为通过科举制实现的社会流动率并不算大,但由科举制所产生出的士绅是传统中国所谓"双轨政治"的运转枢纽。科举制的废除大大加速了士绅阶层的蜕变,并因此成为近代中国发生"社会侵蚀"的重要导因。[1] 张仲礼对科举的制度安排作了较全面的分析,提出科举制虽然曾是政府控制士绅的有效机制,但这种机制自 19 世纪后半叶以来便逐渐从内部衰落了,而它本身又完全无法适应西方冲击所产生的新需要,废科是清廷顺应历史的必然之举。[2] 何炳棣以其对举子翔实的家庭出身分析得出了这样的结论:明清因科举而存在着频繁的社会流动,社会底层可

---

〔1〕 费孝通与潘光旦:《科举与社会流动》,(上海)《社会科学》1947 年第 10 期;费孝通:《乡土中国》,上海人民出版社 2016 年版,第 145—170 页。

〔2〕 张仲礼:《中国绅士研究》,上海人民出版社 2008 年版,第 168—173 页。

由此途进入上层，统治阶级也因此建立在一个较为广泛的社会基础上。科举废除的社会后果首先就是对这种社会流动机制的破坏。[1]汪一驹对科举制废除后兴起的西学教育的分析补充了何炳棣的看法。他认为，以留学为顶端的新式教育成了替代旧式功名的进阶之梯后，因为新式教育在教育费用上远高过以前，结果，社会流动率大大降低了，乡村社会由此而失去了稳定，进而影响到了社会变迁的方向。[2]此外，还有罗兹曼、罗志田、桑兵等人，都认为废除科举的重要性超过了辛亥革命，昔日主要由科举所维系的社会整合已被破坏殆尽，中国社会结构失去了重心，也失去了现代化所必需的条件。[3]上述这些学者尽管对废科事件的看法不尽相同，但显然，谁都不否认它的重要性。中国学界在科举制停废百年后举行的大规模国际学术讨论会更把科举制的研究推向了高峰。[4]

不过，学界在这个问题上同时还存在着另一种倾向。自 20 世纪 60 年代以来，法国年鉴学派开始对中国研究领域发生影响，布罗代尔的"长时段"思想尤为人们所借重。[5]施坚雅开拓了中国研究新的空间结构，魏斐德等人则认为中国从 16 世纪中叶到 20 世纪 30 年代这段时期构成了一个连续的整体。[6]在这样的时空背景下，

[1] Ho Ping-ti. *The Ladder of Success in Imperial China*. Columbia University Press, 1962: 255–266; 也参见何炳棣：《明清社会史论》，徐泓译，台北：联经出版公司 2013 年版。

[2] 汪一驹：《中国知识分子与西方（1872—1949）：留学生与近代中国》，梅寅生译，台北：久大文化公司 1991 年版，第 117—141 页。

[3] 罗兹曼编：《中国的现代化》，段小光等译，江苏人民出版社 1988 年版，第 338—343，643—646 页；罗志田：《权势转移——近代中国的思想、社会与学术》，湖北人民出版社 1999 年版，第 191—241 页；桑兵：《晚清学堂学生与社会变迁》，学林出版社 1995 年版，第 139—141 页。

[4] 参见刘海峰编：《科举制的终结与科举学的兴起》，华中师范大学出版社 2006 年版。

[5] 布罗代尔：《论历史》，刘北成等译，北京大学出版社 2008 年版，第 27—60 页。

[6] 施坚雅：《中国农村的市场和社会结构》，史建云等译，中国社会科学出版社 1998 年版，第 1—70 页。F. Wakeman&C. Grant(eds). *Conflict and Control in Late Imperial China*. California University Press, 1975: 1–25.

事件已如布罗代尔所说的"泡沫"一样不再那么重要了，重要的是结构本身。贝蒂根据对安徽桐城县的研究，发现从明到清都主要是由更具稳定性的土地与宗族而非科名来决定上层社会地位的。[1] 以周锡瑞和冉玫铄为代表的一批美国学者着意区分出两种社会持续：一种是某种特定的精英类型在社会上的持续，另一种是精英个人在社会地位上的持续。他们认为，虽说科举制保证了保守的、同质的、整合的精英统治不被打断，而特定的精英个人难以靠它来获得地位的持续，但他们往往可以通过其他途径（诸如宗族势力、财力或军力）来长期维系其地位。科举制的废除虽然打断了前一种社会持续，却未必能打断后一种社会持续。[2] 这与日本学者士古宙三很早以前提出的一个观点相呼应，即强调士绅在辛亥革命的第一阶段（1900—1913）尽管遭遇了包括废科在内的三次危机，但最后都顺利地巩固了既有地位。[3] 孔飞力在剖析晚清地方军事化的影响时也指出：废科只是意味着原来用以确定士绅的几个正式特征不再适用，士绅阶层的特征有了许多变化，但士绅在农村中的地位在相当长时间里都是难以动摇的。[4] 正如高慕轲用"辛亥革命之消失"来概括中国近代史研究趋势一样，[5] 我们也可以说，作为重大事件的废科之举随辛亥革命一起"消失"在了这种趋势中。

上述两种研究方向看似根本对立，实际上在思想模式上却存在着一些深刻的联系。正如李猛所指出的："大事件"的确是以一种人

---

[1] H. Beattie. *Land and Lineage in China*. Cambridge University Press, 1979: 127−132.

[2] J. Esherick&M. Rankin(eds). *China's Local Elites and Pattern of Domination*. University of California Press, 1990: 1−24.

[3] ChuZo Ichiko. "The Role of the Gentry: an Hypothesis", in M. Wright（ed）*China in Revolution: the First Phase, 1900−1913*. Yale University Press, 1968: 297−317.

[4] 孔飞力：《中华帝国晚期的叛乱及其敌人》，第 229—239 页。

[5] 高慕轲：《辛亥革命之消失》，载中华书局编辑部编《辛亥革命与近代中国——纪念辛亥革命 80 周年国际学术讨论会论文集》下册，中华书局 1994 年版，第 1552—1568 页。

为构建事件等级制的历史目的论为支撑的，但企图在社会现象背后寻找一个楼房构架式的社会结构的做法仍然未摆脱"大事件因果性"中对日常生活事件的忽视。[1] 在社会史研究中要真正将事件作为分析的焦点，就不能不超越本质主义的思维模式，采取关系主义的研究策略，即将任何一个事件总是作为关系去把握，而又不将关系化简为结构，而是始终视之为事件，这亦即"关系／事件"的分析。[2] 正因为此，法国著名社会学家布迪厄的实践理论为中国社会研究展示了一种崭新的可能性。

布迪厄早年深受结构主义的影响，但他后来借以实现自我超越的一个主要理论资源却是马克思的经济学思想。在他看来，马克思通过对（经济）资本的解剖揭示了资本主义社会直接再生产（即经济再生产）的机制；而他则要建立一门"实践经济的一般科学"，即揭示支配权力的各种再生产机制。[3] 布迪厄的分析不是立足于"浑然一体的社会空间"，而是在他所谓"场域—资本—惯习"[4] 三者的互动关系中展开的。他认为以往所谓社会空间其实是被大大小小的场域所分割的，在这些场域背后贯穿着的是各种社会力量相互斗争的逻辑。布迪厄这种分析思路与社会结构分析相通的在于他承认每

---

〔1〕 李猛：《迈向一种关系／事件的社会学分析》，《国外社会学》1997年第1期。

〔2〕 "关系／事件"概念是由法国思想家德勒兹提出来的；从整合的角度来看，那两种研究方向接近于洛克伍德所说的社会整合与系统整合的对立，而布迪厄提出的"逻辑整合"概念则超越了这种对立。李猛（《迈向一种关系／事件的社会学分析》，《国外社会学》1997年第1期）对这两个概念的内涵及其关联作了出色的阐发。

〔3〕 P. Bourdieu. *The Outline of a Theory of Practice*. Cambridge University Press. 1977: 159—197.

〔4〕 habitus 与通译为"习惯"的 habit 不同：后者有着浓厚的笛卡尔式的主体意愿色彩，而这正是布迪厄竭力想超越的。在他看来，habitus 犹如一个无人指挥的管弦乐队，有着"即兴创作中的无意图创造"，是身体化的社会知觉图式。鉴于他用"habitus"来超越自由意志与决定论、意识主体与无意识主体二元对立的意旨，《实践与反思：反思社会学导引》的中译者将 habitus 译为"惯习"，以别于通用的"习惯"。

个场域都有其独特的结构性的调控原则，而二者的不同在于场域是一种不断得到维系或改变的关系的构型——其维系抑或改变端赖场域内行动者之间的斗争势态。它与社会建构分析相通的在于场域是一个行动者参与形塑的社会空间，而不同则在于行动者的形塑又受到场域既有关系与调控原则的制约。因此，要真正理解布迪厄的场域理论，就必须明白"场域"只是一个关系性而非实体性的概念。

"场域"概念与另外两个概念"资本""惯习"是密不可分的。资本是布迪厄对马克思的"经济资本"概念的延伸——在布迪厄那里，资本的基本形态有三种：经济资本、文化资本与社会资本。资本既被当作场域内争夺的目标，同时又是赖以展开争夺的手段（比如可以进行不同类型的资本交换）。而惯习则是场域在行动者身上体现出的一种性情倾向（disposition），它一方面是被场域所形塑的，另一方面又恰使得场域不断地生成出来。布迪厄的整个实践理论所体现出的都是卡西尔所说的那种关系性思维。[1] 例如，布迪厄多年来对西方学校教育体制的关注就与传统的教育社会学的视角决然有别：在他眼中，西方国家中学校这个场域与西方社会支配关系无所不在的权力元场域有着特殊的亲和性，用他思想的一位阐释者的话来说，即学校是"在发达的民族国家中为社会等级制提供证明的极为重要的制度机制"。[2] 当然，一个社会再生产的机制是极复杂的，绝非某一两个制度安排即可承担——各种等级以纵横交错的方式构成，而各种价值体系也同样以复杂的方式影响着社会行动过程。但我们同时要看到：在特定的场域体系中，总是存在一种或几种主导性的制度构成了社会权力分割的基本格局。在当今西方就是由学校及其文

〔1〕 Cassirer E. *Substance and Function: Einstein's Theory of Relativity*. Open Court, 1990: 309—325.
〔2〕 华康德：《论符号权力的轨迹：对布迪厄〈国家精英〉的讨论》，李猛译，载苏国勋等编《社会理论的政治分化》，上海三联书店 2005 年版，第 357—374 页。

凭所代表的文化资本构成了整个权力场域斗争的主线。正是在这里，我们看到了布迪厄的思想对开拓中国近代社会分析新思路的借鉴意义。

我们首先需要重新思考的问题是：科举制与中国帝制权力运作究竟有何种关联以及是怎样关联着的？从理论上说，科场是向多数人开放的，但由于多数人并不具备进入科场所必需的经济条件与闲暇时间，也由于官僚权贵在科场各个环节的插手，结果，科场内所实现的社会流动基本上是统治集团（由皇族、官僚、士绅、地主与富商组成）的内部流动。另一方面，运作于后台的支配权力在前台又有一整套堪称严密的、形式上平等的机制。这种"平等"的实质意义是使被支配者与支配者都认同通过科场确立起的关系，都乐此不疲地去参与科场行动。故此，科场的争夺过程不仅是个分配科名、产生候选官员的过程，而且，在更重要的意义上，它还同时成了确立支配关系并使其合法化的过程。事实上，自宋朝以来，科场就已被构型为社会支配关系再生产的一个关键性的**场域**。所谓科场场域，即按科场特定价值观与调控原则所构建出来的社会空间，是科场中各种社会位置的一种关系构型。在这种构型中，考生根据各自的位置去争夺以科举功名所代表的文化资本，维系或部分改变着科场空间的界限。而使科场上的考生对这种关系产生认同的动力机制可称之为"士绅惯习"[1]。所谓"士绅惯习"即科场场域在士绅（考生）身上体现出来的一种性情倾向，这种性情倾向构成作为文化资本携带者的士绅采取种种策略去维系科场场域的动力机制。也就是说，士绅惯习既被科场场域所形塑，同时也是科场场域得以不断生成的推动力。考生们所争夺的也不再仅仅是特定的科名及与之相连

---

[1] 确切地说，科场上的考生与广义上的"士绅"是有所不同的。我们在此将"士绅"视同前者，是取其狭义。

的官职本身，而且是布迪厄所说的**"文化资本"**。文化资本是进入科场场域后被制度化了的文化资源。一方面，它是该场域内行动者进行相互争斗的手段——在科场场域中，文化资本此时表现为科场应试能力；另一方面，它又是行动者展开争斗的目标——在科场场域中，文化资本此时又表现为科试通过后所获取的相应功名。布迪厄在分析西方学校时也曾提及中国的科举制在社会关系再生产中的特殊意义。[1]艾尔曼具体分析了帝制国家、士绅社会与儒家文化是如何围绕科场场域这个中心而共生的。[2]我稍后将对"科场场域"概念作进一步的分析。

由此看来，科举制的废除必然与中国近代社会的支配关系紧密关联着。在此意义上，废科仍是一个重要的事件，但它的重要性只能从关系的视角来看。本篇即要在一个省的史料基础上，从社会支配关系的再生产角度探讨 1895—1913 年间科场场域的变迁。

之所以将研究时限界定为 1895—1913 年间，是因为 1895 年的"公车上书"事件是科场场域变迁的肇端，而 1913 年《壬子癸丑学制》的颁布标志着现代学校场域开始得以构型。其间的十八年正是科场场域内展开的新式学堂取代科举制的过程，也是社会支配关系的再生产机制产生重大变化的时期。本篇所重点研究的既不是某一事件——辛亥革命也好，废科事件也好——本身，也不是布罗代尔式的"长时段"的"结构"，而是各种社会力量在科场场域消长的局势史，借用萨林斯的话来说，即科场场域的"并接结构"（structure of the conjuncture）。[3]

---

〔1〕 布迪厄、帕斯隆：《再生产：一种教育系统理论的要点》，邢克超译，商务印书馆 2002 年版，第 158—159 页。

〔2〕 艾尔曼：《中华帝国后期的科举制度》，载氏著《经学·科举·文化史》，中华书局 2010 年版，第 139—157 页。

〔3〕 萨林斯：《历史之岛》，蓝达居译，上海人民出版社 2003 年版，第 11 页。

中国地域本就存在着巨大差异，而北宋开始的儒学地域化以及晚近开始的地方军事化更使地方在晚清社会政治格局的分量日重。[1]我们之所以将研究范围集中在湖南省，一方面是因为它位于施坚雅所划分的长江中游区域，在全国具有相当的代表性：从横向上看，它的社会变迁速率与深度居于长江上游与下游区域之间；从纵向上看，它不比岭南早受西风之袭，但又往往较华北得风气之先；即从长江中游区域内部而言，湖南的社会变迁也多介于湖北与江西之间。另一方面，湖南既是湖湘书院文化群落的所在地，又是地方军事化的重要代表；[2]既是晚清绅权扩张最为强盛的地方之一，又是诸多影响了中国近现代史进程的政治、军事人物之渊薮。将本篇的研究放在这样一个具有典型性的省份去展开，或许能较好地兼顾全国与地方这两个层面。

在具体研究方法上，我们主要采用英国著名史家劳伦斯·斯通所说的集体传记研究法（prosopography）。[3]因为社会史研究既然是要"重建结构大变动中的普遍人的历史"，[4]那么，我们的研究就不是重在若干历史"大人物"的洪业上，而是要重建中国晚近变迁中普通湖南士绅的生活史。据估算，湖南近代士绅数量高达11万人左右。[5]要遍寻这些士绅的资料已不可能，但研究其中近150名在各

---

〔1〕 杨念群：《儒学地域化的近代形态——三大知识群体互动之比较研究》，第64—112页；孔飞力：《中华帝国晚期的叛乱及其敌人》，第224—237页。

〔2〕 孔飞力研究近代地方军事化的经典之作《中华帝国晚期的叛乱及其敌人》在很大程度上是根据湖南的史料得出结论的。尽管麦科德对湖南军事化的高水准及其绅权由此得以扩张的看法表示了质疑（麦科德：《清末湖南的团练和地方军事化》，《湖南师范大学社会科学学报》1989年第3期），但无可否认的是，曾国藩亲创的湘军给湖南社会带来了深远影响，以至不少人称近代湖南人有一种"湘军情结"。

〔3〕 L. Stone. "Prosopography", *Dedalus*, 100.1(1971): 46—79.

〔4〕 蒂利：《重建欧洲生活》，马得等译，载蔡少卿编《再现过去：社会史的理论视野》，浙江人民出版社1988年版，第272—296页。

〔5〕 阳信生：《湖南近代绅士阶层研究》，岳麓书社2010年版，第69页。

方面有一定代表性的士绅的生活史，还是可以得到一幅其轮廓接近全景的缩微图。部分士绅的史料选自《湖南省志·人物志》《湖南历代人名词典》《湖南辛亥革命人物传略》和《自立军史料集》等。但由于以上资料较多收集的是历次社会运动中的所谓"正面人物"，内容上也有一些讹传，我们从辛丑暨壬寅科（1903）与甲辰科（1904）的《会试同齿录》、清末出版的《学部官报》、台北 1962 年影印出版的房兆楹编的《清末民初洋学生题名录初集》及湖南省市县的文史资料以及其他各类传记资料中进行了较多的补充、校核与编纂。在集体传记研究法的基础上，本研究也对这些资料兼作某些统计分析与个案对比分析。

二 科场场域与 1895 年前的社会支配关系再生产

（一）科场场域的成型

在闭关自守的帝制中国（尤其是其后期），"普天之下，莫非王土；率土之滨，莫非王臣"这句老话生动地道明了皇权元场域的"在场"。[1] 所谓"权力元场域"是派生出所有其他权力场域的场域。隋唐开始的科举制原本企图通过仕进的开放来削抑贵族的发展，达至皇权的独尊。但当我们把宋朝以后的科场作为研究对象去建构时，却发现此时的科场已经有了区别于元场域的某些特征，换言之，它已自成一个相对独立的场域。按布迪厄的看法，一个场域形成的标记，一是要有特定的场域边界，二是要以对某种类型的资本争夺为

---

[1] 参见布迪厄、华康德：《实践与反思：反思社会学导引》，第 155—156 页。柯文在《在中国发现历史》中对"东方专制主义"的批评提醒我们重视在皇权元场域覆盖下各场域的相对自主性及晚近的重要变化，但这并不意味着这个元场域本身是虚拟的。

中心。[1] 我们来看看科场是否已形成了这样的标记。

1. 进入科场的制度化障碍

在由童试、乡试和会试这依序而进的正途科场上有着不同的入场限制。在参加童试的资格上，唐代尚无多少明文规定，宋代则明确了皂录胥吏、犯刑居丧、"隐匿工商异类僧道归俗之徒"不得与试。到了明朝又增添了倡优士卒与罢闲官吏不得入试。清代则详尽罗列了被排斥在外的各类"贱民"。[2] 而乡试的参加者必由学校出身者：生员、监生或贡生。会试则只为举人所设。

除了在应试资格上的限制外，构成平民进入科场的主要障碍是起始经济资本的匮缺。据张仲礼的统计，科举中榜的平均年龄分别为：生员 24 岁，举人 30 岁，进士 35 岁。[3] 这即是说自 5、6 岁私塾发蒙起到金榜题名时，一般需要 20—30 年的读书应试生涯。要能投身在这漫长的读书备考生活以及往往长达数月、辗转千里的赶考生活中，至少需要两个条件：一要有钱；二要有闲。时间与财富成为得以应考的起始资本（在匮乏经济的时代中，闲暇与有产本就是一体的）。为了不到 1/40 的中举率，科场应试者不得不承担起 10—15 年读书不挣钱的损失，以及 10 年以上求学期间的学费。[4] 显然，这些资本在社会上的分配是极不平等的：只有那些在资本分配的既有格局中已居支配地位的家庭才有较大的能力支持其子孙年复一年地备考赴考。对许多贫寒之家而言，纵有登进之心，却无求学之闲与买路之资。

此外，参加科场应试还要求有特殊的语言基础：文言文与官话。前者与日常口语的巨大差别、后者与南方各地方言的相互隔离使多

---

[1] 布迪厄、华康德：《实践与反思：反思社会学导引》，第 142—143、147 页。

[2] 张仲礼：《中国绅士研究》，第 8、152 页。

[3] 张仲礼：《中国绅士研究》，第 77、100、104 页。

[4] 罗兹曼编：《中国的现代化》，第 550 页。

数应考者不得不用相当的精力专门来学习文言与官话（对南方人来说）。在这一过程中，出身官宦富绅之家的考生显然有着平民寒士无可企望的优越条件。据宫崎市定的统计，"四书五经"的篇幅长达43万字，这意味着考生必须具备相当的古文功底[1]——它对于世家子弟与农家子弟的过关机会显然是不同的。这正如布迪厄所说的："要想真正察觉到并把握住那些形式上向所有人开放的潜在机会，你必须占有最低程度的经济资本与文化资本。"[2]

2. 科名：从文化资源到文化资本

一个社会的所有人都会有一套用以满足自己生存实践需要的知识，但只有少数人才别具用以规范社会行动的知识。费孝通称前者是"自然知识"，后者是"规范知识"。[3]规范知识的复杂性的一个表现就是它与文字结合在一起，人们需有专门的闲暇和教育条件才足以掌握它。具备了这种知识的人在一个所谓"有语无文的乡土社会"里显然居于支配性地位（这正是孟子所说的"劳心者治人"），我们可称其为文化资源的占有者。科场刚开始时还只是使这些人的支配地位合法化、制度化。

但当科试越来越囿于以八股格式来阐释"四书五经"、宋明理学时，当学额越来越被严限（从而成为稀缺品）时，尤其当科名一旦在手就能够与政治资本、经济资本实现交换并借此保障成功者及其家族对文化及社会支配地位的长期把持时，[4]由科名来承认的就不再仅仅是一般意义上对文化资源的占有，而是对某种特定文化资源的排他性占有，亦即垄断。换言之，对科名的争夺体现出的已是文化

---

〔1〕 M. Ichisadu. *China's Examination Hell.* Yale University Press, 1976. p. 10.

〔2〕 布迪厄、华康德：《实践与反思：反思社会学导引》，第168页。

〔3〕 费孝通：《乡土中国》，第88页。

〔4〕 张仲礼（《中国绅士研究》，第26-39、245-265页）对士绅的特权地位及由此而积累的财富所作的研究充分证实了科名是可以转化为政治资本和经济资本的。

资本的运作逻辑。[1] 我们可以作个假设：就算第一代人在参加科举时是完全平等竞争的，到第二代人参赛时，他们就已经不可能是平等的了，因为那些父辈是成功者的人可以享有父辈的科名带来的政治资本与经济资本，并将这些资本转化为自己参加科试的巨大优势，而父辈是失败者或未曾进过科场者的人则因无所继承而位居下风。到第三代人那里，祖辈父辈的优势可进一步积累。当然，继承科名这种东西不像土地那样直接，前者对继承者的文化能力有相当的要求。但科举发展到后来，后天能力的竞争已经越来越不如在先天积累上的较量。何炳棣只注意到了科试考生的直系上三代的社会地位，而哈特威尔等人发现，若同时分析获取科名者的直系亲属、姻亲的身份，那得出的社会流动率便会比何炳棣的数字低得多。[2]

可见，科场虽宣称平等竞争，多数统治者也的确愿意"天下英雄入吾彀中"，但实际上，那些不具备起码的经济资本和文化资本的人从一开始就被排除在竞争行列之外——正是科场大门外这种看不见的社会挑选使科场已成为科场场域。只看到考试，而没有意识到在考试前便已经历了社会挑选的过程——这正是布迪厄与帕斯隆所说的"误识"（misrecognition）。[3] 那么，那些有幸进入了科场场域的人是否就能展开公平的竞争呢？这须来分析科场场域与其他场域的关系。

---

[1] 关于文化资源与文化资本的区别及其前者向后者的转化条件，参见 Bourdieu. *The Outline of a Theory of Practice*. Cambridge University Press. 1977: 183–187. P. DiMaggio. "Social Structure Institute and Cultural Goods", in Bourdieu&Coleman(ed.), *Social Theory for a Changing Society*. Westview Press, 1991: 133–155, 对布迪厄的这一思想提供了一种解读。他认为，所谓文化资源是指在特定的历史时期任何一种可树立起符号优越性的文化手段；而文化资本则是文化资源中的一种特殊形式，即被制度化的文化资源，它被一套权威体系所认同。

[2] Ho Ping-ti. *The Ladder of Success in Imperial China*. Columbia University Press, 1962: 92–125; Hartwell. "Demographic Political and Social Transformations of China 750–1550", *Harvard Journal of Asiatic Studies*. 42(1982): 365–442.

[3] 布迪厄、帕斯隆：《再生产：一种教育系统理论的要点》，第 151—188 页。

（二）科场场域与其他场域的关系

若从实体的角度去看科场，看到的只有两种社会角色——考生与考官；但从关系的角度去深挖，就会看到远比考试本身复杂得多的东西。用戈夫曼的拟喻来说，科场上的考试就像是在"前台"演戏，而作用在考官与考生身上的各种社会力量则是在"后台"唱戏。[1]

先拿科场场域的"考官"来说，他们同时是皇权元场域里的"臣仆"和科层场域里的"官僚"，一旦辞官去职后还是民间统治场域[2]里的"士绅"。作为臣仆，他们无权力可言，所听从的只有皇帝一个人，只是在为皇帝挑选另一个未来的臣仆；但作为官僚，他们置身于一个与皇帝保持着相对自主性的政治力量中，而这个政治力量往往是由各种派系所分割的，[3]因此他们不得不在这些派系交织的网络中有选择地听命；作为未来的士绅，他们又不能不考虑退出官场后在家乡如何能稳固地立足。因而，考官自身的利益常是与派系利益、地方利益连在一起的。考官在取舍时既要执行学术标准，更要执行政治标准；既要体现皇帝的意旨，又不能有违于自己在官场的利益。一场表面上的学术选拔，实质上既从根本上是国家权力支配关系的体现，又往往是科层派系支配关系的实现。

而"考生"的情况比"考官"还复杂。上层考生（即贡生与举人）与下层考生（即生员、监生与童生）的地位相差悬殊。举人已跻身于上层士绅的行列，有很高的社会地位；贡生的地位比举人低，但尚属上层士绅的边缘人物。监生在下层士绅中位居头列，生员居

---

〔1〕 戈夫曼：《日常生活中的自我呈现》，冯钢译，北京大学出版社 2008 年版，第 1—10 页。

〔2〕 我们把士绅所主导的（县以下的）地方权力场域称之为"民间统治场域"。

〔3〕 艾森斯塔德：《帝国的政治体制》，沈原等译，江西人民出版社 1992 年版，第 284—309 页。

于士绅与平民之间，而童生只能算是平民中有些文化的人。各级士绅有着各自的特权，少则免徭役、减丁税、拖赋款、得食廪、获学租，多则掌团练、主祖祭、戴金顶。越是高居士绅上层的考生因其自身的特权地位而越有能力靠自己跨越进入更高一级科场的制度化障碍；而在完全不被纳入士绅行列的童生那里，就只有主要靠其家庭来提供跨越进入最低一级科场的制度化障碍的条件——这对许多贫家来说是难于上青天的。家庭背景在较高级的科场上仍有着相当关键的影响力。对某些有家庭背景的人来说，在科场上的优越性往往是被予以制度化保障的。比如，高官显贵子弟的试卷被标以"官卷"，并另设举额。据说此举最早的本意是给穷书生以较多的机会，但实际上官试中试的机会是越来越优于民卷。又如，富家子弟可以捐例监生或例贡生的方式跳过童试，直接参加乡试。而盐商子弟应试是另设商额，其中试机会也优于其他平民。[1] 所以，即使是同一级的科场上，所谓"考生"也都是有着复杂背景和各自资本的不同类的人。比如乡试科场上既有贡生这样的上层士绅，也有监生、生员这样的下层士绅；有官卷试者、商卷试者，更有民卷试者；有人靠山在后，有人无依无凭。可以说，"考生"在科场上如同"考官"一样是被各种背景与关系纵横切割开来的。

实际上，科场场域里同时有两种结构，实现着两种支配。一种是科场场域的正式结构，考官与考生是围绕着对文化资本的公平竞争而被组织起来的——但这不过是使皇族对其他所有人的支配得以实现而已。另一种是非正式结构，考官与考生是围绕着文化资本与其他资本的非法交换而被组织起来的——这时官绅富商是部分截断了皇权支配而实现了他们自己对大众平民的支配。我们可以根据这两种结构的强弱构建这样一个连续统：

---

[1] 张仲礼：《中国绅士研究》，第 153—154 页。

文化资本本身的逐求与分配——文化资本与其他资本的交换

在连续统的左端是科场场域完全按文化资本的分配原则与逐求原则来行动的，亦即考官与考生的关系是纯粹意义上的清廉公正考官与无所依托、仅凭学力竞争的考生的关系。在连续统的右端是科场场域完全实现文化资本与其他资本的交换，即徇私的考官将科名完全"售与"以关系或贿金来参与竞争的考生，亦即所谓"随意请托，贵者托以势，富者托以财，亲故者托以情"。[1] 在前者，是皇权支配在科场的彻底实现；在后者，则是派系支配或权贵富豪的经济支配在科场场域对皇权支配的完全排挤。事实上，这两者都是一种"理想类型"，完全公正的竞与选以及完全徇私的买与卖都是极少见的。科场上绝大部分的考官与考生是处于这一连续统之间，至于说什么时候更靠近左端，或什么时候更靠近右端，完全依每一次的具体情况而定。

考官与考生关系的一种特殊变型是皇帝与考生的关系。皇帝是所有考官的选官与最高层次的文化资本的分配者。没有任何一个考生有可与皇帝进行交换的资本，所以他们是围绕着文化资本本身的逐求与分配而组织起来的。但在这一表象后仍有许多复杂的内涵。理论上通过"怀牒自列于州县"而会聚起来的考生是国家权力场域里所谓"自由流动资源"，将其从先赋性群体（如血缘、地域群体）释放出来构筑成一个具普遍主义性质的科场场域——这是"历史官僚帝国"中政权统治者的一个主要目标。[2] 故此，皇帝总是在文化资本分配中强调成就（学术）标准本身，其不遗余力地打击科场作弊，维护科场的"纯净性"，正是为了防止其他场域对这种资本据为

---

〔1〕 商衍鎏：《清代科举考试述录及有关著作》，百花文艺出版社 2004 年版，第 292 页。
〔2〕 艾森斯塔德：《帝国的政治体制》，第 119—123 页。

私有。但帝制本身又决定了皇帝总是要将这些自由流动资源控制在传统合法性内，因而科场场域同时是国家权力的作用场所，它所谓"纯净的"自主性只是极有限的。明清以来，皇帝人为地规定南北各省的进士额就是吸取1397年南北榜之争[1]的教训，从权力稳固的角度来控制科名的地区分布。1451年捐纳制度的实现，则是为了开辟出"异途"的考生以平衡、制约"正途"考生的力量。[2]此外，皇帝在科场上为贵族功臣子弟保留的"荫""恩"特权甚至索性直接赐予的"举人"乃至"进士"虽然为数不多，但仍是值得注意的科名贵族化现象。因此，皇帝既坚持以成就取向将文化资本分配给考生，同时又以权力取向控制文化资本在考生中的各种分布。

但无论怎样，科场场域内发生的社会流动基本上都是整个统治集团的内部流动：在皇帝的最高统治权不受触动甚至得到加强的情况下，实际治理权从原来的门阀地主、品官地主流向官绅地主、庶民地主。

（三）士绅惯习与社会支配关系的再生产

尽管科场场域在实际运作中并不符合平等的精神，但它又有一整套显示"平等"的机制：从学额的精心安排到考试内容的形式化（如以八股取士，以书法定鼎甲），从科场纪律的严肃性（比如，从搜检进场到封闭号令，从别头到锁院，从弥封到誊录，[3]从慎选考

---

[1] 明洪武三十年（1397年）会试中所录取的进士全系南方人，招致北方举人强烈不满，指责主考因自己是南人就包庇南人。朱元璋派人复查，结果维持原榜。北人又上疏，以致朱元璋最后将一位主考及复查者、状元等人处死后，亲自阅卷，钦定的进士全系北方人。

[2] 张仲礼：《中国绅士研究》，第58页。

[3] "别头"指举人若与考官有族人、亲戚关系，必须回避，别置考场应试。"锁院"指考官一旦受命，即锁居贡院，与外界隔离。"弥封"是将试卷上考生姓名、籍贯、家世等记录封贴起来。"誊录"是指试卷一律派专人抄录，然后再由考官审阅，以免考官凭笔迹识人。以上四种制度从北宋开始实行。

官到重惩舞弊）到对少数贫寒出身的问鼎者的着意渲染，这些都仿佛在向每一个应试者昭示着平等的机会。其实，这一切"平等"神话的炮制都是在掩饰科场功名在"幕后分配"的实质。少数寒士的"幸运"正是要使多数被排挤者得到合理化的解释。正如萧公权所指出的：统治者对不满朝廷的被统治者在帝制后期开的一副药方便是将其诱入科场，一旦科场失意，便只能归咎于自身的不济而无怨于科举本身及朝廷。[1] 纵然科场是多数人的"考试地狱"，[2] 但俨然严明的科场纪律使其只能为"三场辛苦磨成鬼"枉自嗟叹。

尽管屡受挫败，为什么还是有那么多人对科场恋恋不已呢？因为有一种共同的东西将考生们联系在一起，决定了他们乐此不疲的行动。这东西就是儒家经典、文言官话、书法诗画、长袍顶戴种种有形无形之物构筑起来的"士绅惯习"。士绅惯习是在长年累月备考应试中自觉不自觉地按科场形塑起来的，是科场场域固有属性在场域成员身上的内化物。同时，又恰恰是由它将这个场域建构成一个充满意义的世界，一个被赋予了辉煌色彩、值得众人去投入的世界。[3] 尽管科场根本不可能授予多数人以科名，但它却成了让每一个考生都程度不同地要去分享的"身份文化"[4] 的场域。考生们常年熏陶在这种场域里，仿佛产生了同在某个别样的"生活世界"的平

〔1〕 萧公权：《中国乡村——论19世纪的帝国控制》，张皓等译，台北：联经出版公司2014年版，第289—300页。

〔2〕 M. Ichisadu. *China's Examination Hell.*：1—15.

〔3〕 《儒林外史》（吴敬梓，人民文学出版社2002年版，第99页）中有段话将这种士绅惯习清晰地勾勒出来："人生世上，除了这事，就没有第二件可以出头。不要说算命、拆字是下等，就是教馆作幕，都不是个了局。只要有本事进了学，中了举人进士，即刻就荣宗耀祖。这就是《孝经》上所说的'显亲扬名'，才是大孝；自身也不得受苦。古语道得好：'书中自有黄金屋，书中自有千钟粟，书中自有颜如玉。'而今甚么是书？就是我们的文章选本了。"

〔4〕 柯林斯：《教育成层的功能理论和冲突理论》，马和民译，载张人杰编《国外教育社会学基本文选》，华东师范大学出版社1991年版，第35—54页。

等感。这一切都精致地遮蔽了科场的"后台"，使考生们获得了在"前台"乐此不疲地去参与的动力。

然而，士绅惯习在把受同一种身份文化熏染的人联系在一起的同时，又把掌握着不同资本、操持着不同话语的人隔离开来，确立起官／士、士／民、富／穷、上／下之间不可逾越的社会等级与心理障碍。士绅惯习驱动着权贵之家进行以科名来保持并扩大资源的行动，驱动着贫寒之家进行以科名来获取资源、改变地位的行动。正是在这些胜少败多却又无休无止的社会行动中，既有的社会支配惯习被不断地再生产出来。少数侥幸获得功名的贫寒之士可能由此摆脱受支配的社会地位，但他们所出身的那个阶级仍始终被固定在被支配的位置上。更何况，他们也只不过是成了布迪厄所说的"统治集团中的被支配者"而已。[1]

特纳在分析西方学校教育时曾区分出"赞助性流动"与"竞争性流动"两种规范制度。[2] 科举制的特殊之处在于它既有形式上公平竞争的一面，更有实质上由特定的权威集团及其代理人来控制筛选的一面。筛选"前台"的特殊主义标准保证了既有的社会权力格局之再生产，筛选"前台"的普通主义标准则赋予了这种格局的合法性——我们可把这种筛选引起的流动称之为"集团内的竞争性流动"。正是这种流动模式使不平等的社会关系被不断再生产出来。

既然我们说出身低微的人通过科场进入统治集团后是屈从于既有的社会分类体系，那么，当那些如王冕[3]一类的人从根本上拒绝科场所确立的分类体系时，这是否就是抵抗了呢？如果说前者是因

---

[1] P. Bourdieu. "The Intellectual Field: A Word Apart", in *In Other Words*. Polity Press. 1990: 140–149.

[2] 特纳：《赞助性流动、竞争性流动和学校教育》，何瑾译，载张人杰编《国外教育社会学基本文选》，第 76—93 页。

[3] 王冕是《儒林外史》中一位与举子构成对照、隐避山林的"名士"。

为承认科场文化、接受同化，从而被这个制度所笼络的话，那么，后者将自己排斥在科场大门之外岂不是将自己始终固定在被支配的地位上了吗？也许在这里存在着布迪厄所指出的无法解救的矛盾："抵抗可能是走向异化，而屈服也许正是通往解放。这就是被支配者的两难困境，他们无路可逃。"[1] 但如果真是这样，究竟又如何理解场域变迁呢？如何理解社会结构再生产的转型呢？这些问题是我们下文要展开分析的。

（四）湖南社会的地方性因素对科场场域的影响

科场场域在运行规则上是覆盖全国的，即令是地方（省级）学务也是由中央派出的学政直接控制。但晚近以来，地方政治势力的分量日增，儒学也有了地域化发展的趋势，加之各地的区域历史文化传统的影响，这些都使各地的科场场域受到某些地方性因素的影响。湖南社会的地方性因素大致有四方面：

首先，湖南地方的军事化对科场场域有相当特殊的影响。湘军之兴除打破了中央—地方、满—汉的政治势力平衡外，还另开了一条新的晋升之阶——从军。值得注意的是，曾国藩并非是抛开科场办团练，而是创立了"选士人领山农"的建军原则。据《湘军兵志》统计，官佐出身从附生到进士一列的士人占有 58% 之多。[2] 这即陈志让所说的"军绅政权"[3] 的前身：绅军政权。湘人由此一改清中期以前科名寥寥的局面，形成了科名与军功的对流（即以士领军或以军功捐科名），湘运也呈蒸蒸日上之势。湖南在太平军起义后生员和捐监生数增长了 43.5%；湖南士绅的数量在全国官学中

---

〔1〕 布迪厄、华康德：《实践与反思：反思社会学导引》，第 25 页。
〔2〕 罗尔纲：《湘军兵志》，中华书局 1984 年版，第 60—66 页。
〔3〕 陈志让：《军绅政权》，广西师范大学出版社 2008 年版，第 1—6 页。

从原来的第9位上升到第5位；上层士绅数量剧增，湖南乡试中额在1850年前为45人，会试中额大约每两科9人，而1850年后乡试中额高达70多人，而会试中额平均每科高达11人。[1] 这里最重要的因素显然是湘军之功。军功作为一种新兴势力开始介入了湖南科场的运作。

其次，湖湘书院文化对科场场域的影响。儒学先后经历了三个重要的发展阶段：原生形态、官学化形态和地域化过程。在第三个阶段，湖湘以书院为载体，以事功乡贤之崇祀为手段，以"朱（熹）张（栻）会讲"为契机，渐致形成了独特的区域文化霸权。[2] 在科场场域中学校（书院）体系一般来说几乎是科举的附庸。但就湖南而言，因其文化传统、历史影响而在各种风浪中存留下来的湖湘书院（以岳麓为典型代表）与科场场域一直保持着或疏或密的张力关系。[3]

再次，湖南近代士绅的城市化趋向明显。传统士绅大多居住乡村，此即所谓"乡绅"。而近代以来，绅士开始越来越多地聚居城市，湖南尤其突出。这除了费孝通所分析的在全国普遍存在由"社会侵蚀"所带来的城乡分化因素以外，[4] 还有一个湖南社会特定的因素：湘军被裁撤后，回乡的将士一般都集中在所属县城或省城。如长沙新增"宫保第"13家，湘乡县城有2000户士绅家庭落户于此。[5]

〔1〕 张仲礼：《中国绅士研究》，第115—117、123—125页；湖南省志编纂委员会编：《湖南省志·教育志》，湖南出版社1995年版，第71—84页。

〔2〕 杨念群：《儒学地域化的近代形态——三大知识群体互动之比较研究》，第347—390页。

〔3〕 虽然湖湘学人更多以书院作为其权力凝聚的文化象征符号（杨念群：《儒学地域化的近代形态——三大知识群体互动之比较研究》，第372—390页），但应该看到，湘学与科场不是简单对立而是相互渗透的。务实重功的湘学固然熏染了许多湘人，但他们中并没有多少人能真正抵御士绅惯习更为强大的驱动与诱惑，即使是那些并不热衷于科名的人还是乐意在他建功立业的同时也能顺摘科名。

〔4〕 费孝通：《乡土中国》，第161—170页。

〔5〕 阳信生：《湖南近代绅士阶层研究》，第74—75页。

湖南大量士绅集中在城镇尤其是长沙这样的中心城市，一方面使士绅便于互通声气、易于形成一股强大的势力；另一方面也使科举制度终结后新兴的学堂本来就面临的城乡不平等的结构问题更加突出。

最后，湖南自有明以来几近一个移民社会，其人口有三分之二来自江西。[1] 移民社会对湖南民风由古时的怯懦激变为近世的强悍有极大影响。[2] 有人称移民而致湖南民风"朴实勤奋、劲直勇悍、好胜尚气、不信邪，甚至流于褊狭任性的乡俗民气"；也有人说"湖南人性格沉毅，守旧时固然守得很凶，趋新时也趋得很急"。[3] 这种易走极端的民风在士子中自然也有相当的体现。我们很快就要看到，它对 1895 年以后走向波诡云谲历史中的湖湘士子行为的影响。

三 新的支配关系的确立与科场的衰败：1895—1905 年的湖南社会

1840 年前的科场场域被一个完全封闭的皇权元场域所覆盖。鸦片战争之后，中国社会的封闭性虽逐渐被打破，皇权也屡受内（农民起义与地方势力）外（列强逞霸）两方面的挑战，但这个元场域还是基本上得以维系。1895 年甲午战败后签订的《马关条约》及随后开始的割地狂潮标志着中国国家权力场域真正被纳进了世界权力场域中，皇权在中国不再构型为一个**元场域**，而是蜕变为受列强场域支配的一个**场域**。这种新的社会支配关系必然要渗透进科层场域、科场场域、民间统治场域等场域，同时，这些场域之间及其与皇权

---

[1] 谭其骧：《湖南人由来考》，载氏著《长水粹编》，河北教育出版社 2003 年版，第 163—233 页。

[2] 张伟然：《湖南历史文化地理研究》，复旦大学出版社 1995 年版，第 225—227 页。

[3] 林增平：《近代湖湘文化初探》，《历史研究》1988 年第 4 期。

场域的既有关系也必然随之而有所改变。

外国强权进入中国主要是靠船坚炮利，但要长期维系这种权力，就不能不借助某些机制来遮蔽支配的不平等性，使这种关系合法化。西方列强无论是在自己国家内还是在世界范围内都主要是通过学校教育来完成这一正当化过程的。[1]大力发展西式学堂便成为这个权力场域的必然要求。[2]另一方面，在中国已无法自外于世界体系的情况下，要在某种程度上仍维系国内既有的支配关系，就必须对列强的支配权力有所反拨；而要反拨列强的支配权力，就不能不首先学习这个权力场域的基本技术与话语（当时所谓"师夷长技以制夷"表达的正是将欲制之必先师之的思想）。[3]为此，列强场域与中国国内权力场域之间所构成的张力使西式学堂有了进入科场场域的"入场券"，科场的斗争也由此揭开了全新的一幕。

（一）新旧文化资本的竞争

1895 年发生了"公车上书"事件。我们可以从两个方面说，这一事件是科场场域的转折点。首先，这种上书行动本身就是史无先

---

[1] 布迪厄、帕斯隆：《再生产：一种教育系统理论的要点》，第 11—79 页。

[2] 虽然西学作为一种新文化资源早在 19 世纪中叶即已通过教会学校传输进了中国，但它当初不仅在地理的分布上集中于柯文（《在传统与现代性之间》，江苏人民出版社 1994 年版，第 235—238 页）所说的"香港—上海走廊"这个中国社会的边缘地带，而且，即使是在 1860 年后开始进入内地的情况下，仍然受到正统士绅的排斥，其中湖南就是一个著名的排外中心。据张朋园（《湖南现代化的早期进展》，岳麓书社 2002 年版，第 111—113 页）的统计，湖南 1861 年到 1893 年发生的有案可查的教案就达 19 起，遍及从长沙到岳州的潇湘大地，西方传教士将湖南比作难以突破的"铁门之城"。所谓要大力发展西式教育，首先是指要从这种边缘地位挣脱出来。

[3] 这里存在着一个在原来的科场场域中就有过的复杂的悖论：你承认既有的社会分类体系固然是一种屈服，若是将自己排斥在世界（或科场）的大门外，却是将自己始终固定在了被支配的地位上。

例的。当年参加会试的举人有 3000—5000 人，而参加上书的就达 1300 多人，占了总人数的约四分之一。[1] 而这样公开的、大规模的集体行动又发生在科场的最高层次——会试的过程中，它意味着一时竟有那么多举子甘冒丢科名、犯龙颜的风险。其次，这次集体上书内容的尖锐性是前所未有的：它明确、系统地提出要改革科举、兴办学堂、创设报馆与引介西学。虽说西学早在几十年前就已作为一种新的文化资源在沿海地带生长出来了，但它正式进入科场场域还是自此始。

1895 年的甲午战败震动了整个士林，而对湖南士绅来说这种痛苦更是别具滋味，因为湘军无敌的神话也由此破灭。痛定思痛，湖南固有的倨傲强悍之气使其从排外守旧中心激变为变革求新中心。湖南士绅既是公车上书的主要发起者之一，又是随后维新活动的重要参与者。[2] 当新兴的维新在京、沪受阻时，素以"欲新中国，必新湖南"自期的湖南就成了维新的中心，新式学堂的发展正是维新的要务。

1895 年，谭嗣同在浏阳开始筹办算学格致馆，以介绍西洋科技知识为旨。次年，湘乡士绅开办东山精舍，仿湖北自强学堂成法，分设算学、格致、方言与商务四斋。1897 年，在谭嗣同、欧阳中鹄、唐才常等人的努力下，在算学社基础上正式开办了算学馆。湖南在

---

〔1〕 总人数据前一年乡试取额及前一次会试未中人数估算。由都察院代奏的各省公车单独或联名上书 31 次，加入人数 1555 人次；由康有为另行组织的联省公车上书"集众千三百人"而题名发表 602 人，不过，这次上书实际上并没有递交上去。茅海建：《从甲午到戊戌：康有为〈我史〉鉴注》，生活·读书·新知三联书店 2009 年版，第 67—75 页。

〔2〕 走在时代最前列的康、梁等广东士绅的首要支持者是湖南士绅。诚如杨笃生在《新湖南》中所说："广东倡之，吾湖南和之；广东鼓之，吾湖南人舞之。吾于广东如骖之靳也。"载王忍之等编：《辛亥革命前十年间时论选集》第一卷下册，生活·读书·新知三联书店 1955 年版，第 615 页。

学堂建设上的突出成就是1897年10月时务学堂在长沙的创办。它是在上层士绅诸如王先谦、熊希龄与省级官员诸如陈宝箴、黄遵宪的一致支持下的结果，后来又请进梁启超、韩文举等一批粤籍学人，使其成了名闻中外、专门培养新式人才的学堂。时务学堂创设后，刺激了各府县的开明士绅，他们纷纷改革书院章程。最让人瞩目的是，千年书院——岳麓书院也"不用时文，课经史兼算学"，甚至还开设了外语。[1]

西学作为新文化资源在进入湖南初始所获的一致支持是因扣合在士绅暂时的危机共识与湘学的经世指向上。这并不意味着它不会与科场场域里占据正统地位的旧文化资本相冲撞。事实上，它们必然为争取自己的文化霸权而展开曼海姆所说的"原子式竞争"（atomistic competition）。[2] 这种竞争先后在两个层面展开。

1. 书院与学堂的正统之争：1895—1901年

在科场场域中，书院从总的来说既是从属于科场的，又有某些自主性。湖南书院与学堂的斗争有双重性质：它既是科场与学堂争夺（总体）文化霸权的前哨战，又是湖湘文化与西学争夺"区域文化霸权"[3] 的遭遇战。其中，岳麓书院与时务学堂的斗争是最具有典型性的。

岳麓书院有"千年学府"之称，是科场与湘学共同参与形塑的湖南教育重镇。时务学堂秉新锐之气，是维新时期所树的教育范本。它们有过和谐相处的时期：不仅岳麓书院山长王先谦曾领衔倡办时

---

〔1〕 以上资料汇自《湖南省志·湖南近百年大事纪述》（湖南省志编纂委员会编，湖南人民出版社1980年版，第104—109页）和《中国近代教育大事记》（陈学恂编，上海教育出版社1980年版，第76—81页）。

〔2〕 K. Wolff(ed.). "Competiton as a Cultural Phenomenon." *From Karl Mannheim*. Oxford University Press. 1971: 235. 也见曼海姆：《卡尔·曼海姆精粹》，第126页。

〔3〕 杨念群：《儒学地域化的近代形态——三大知识群体互动之比较研究》，第250—360页。

务学堂，使学堂吸取了书院教法之长，而且书院本身也进行了改章。实学曾使二者相互吸引、接近。但自梁启超 1897 年 11 月到任时务学堂总教习后，岳麓与时务的矛盾便日渐上升。他们之间的争斗分为四个回合。

第一个回合是围绕时务课艺展开。梁启超等人所倡的民权之说引起了王先谦等人的反感，此时流言四起，纷争渐生。第二个回合围绕岳麓官课展开。巡抚陈宝箴曾允书院官课不出八股时文题，后不到半月又改口从旧。前者使旧派不悦，后者让新派愤慨，陈宝箴夹在了两派相争的中间。第三个回合进入了白热化阶段。岳麓书院宾凤阳等八名学生联名上书王先谦，对时务进行了全面的攻击。王先谦即联络了九名士绅，递了份《湘绅公呈》给陈宝箴，要求严加整顿时务。与之针锋相对的是，熊希龄也联络了一批人，上书公恳整顿书院，并在《湘报》上力驳王先谦等人。第四个回合达到了高潮。王先谦等人商定了"守道辟邪"的《湘省公约》，后又发生了岳麓学生以揭贴攻击时务的"飞诬揭贴"事件。斗争的最后结果是岳麓的大获全胜：梁启超离湘，皮锡瑞出走，熊希龄被罢，韩文举被辞。1898 年，曾支持时务的巡抚陈宝箴和学政江标先后去职，时务学堂被改为求实书院。[1]

对这次斗争颇具代表性的阐释有两种：一是认为此系民权与专制之争；一是认为此系湖湘与岭南的儒学地域文化之争。[2] 这两种观点虽然各有见地，但并不够恰切。实际上，岳麓与时务之争是其分别所代表的旧文化资本与新文化资源之争。斗争的焦点是在教育

---

〔1〕 皮锡瑞：《师伏堂未刊日记》，载《湖南历史资料》1958 年第 4 期，1959 年第 1、2 期；《湖南省志·湖南近百年大事纪述》，第 110—115 页。
〔2〕 刘泱泱：《岳麓书院与时务学堂》，载湖南大学岳麓书院文化研究所编《岳麓书院一千零一十周年纪念文集》，湖南人民出版社 1986 年版，第 35—47 页；杨念群：《儒学地域化的近代形态——三大知识群体互动之比较研究》，第 350—387 页。

场域里旧文化资本能否保持垄断地位，而新文化资源能否力争获得制度性的支持，成长为新的文化资本。一个是要维系教育场域的正统，另一个则是要打破这个正统。[1] 这其实是新文化资源步步紧逼的结果：当西学以往尚被限制在沿海地带时，它力争从边缘突破到中心来；而当它终于进入到科场场域中心地带时，它又要力争新的正统地位。

从这次斗争的表面结果看，似乎是书院最后成功地压制住了学堂的挑战，时务学堂于1898年被迫改为求实书院，但人们很少注意到的是：尽管这次争斗中新文化资源并未转化为文化资本，但科场场域内的正统在斗争中已经发生了位移。用张灏的话来说，戊戌的两大遗产是开创了一个新的思想意识时代和诞生出一个新兴的文化集团。[2] 我们可以对比一下三十年前洋务初兴、同文馆开办时的情形。当年，清议派以其咄咄逼人之势使洋务派不得不左顾右盼，夹着尾巴做人。郭嵩焘不就是因其一部客观反映"夷狄"情况的游记便成为千夫所指吗？而在这次争端中，康、梁之民权说虽被斥为妖孽，但张之洞的中体西用观却在无形间被簇拥成新的正统，清流则基本上退出了话语的争辩空间。按布迪厄的看法，在话语争辩构成的意见域背后尚有一个未经质疑的空间，这即信念域（doxa）。[3] 在中国的科场场域上，所谓信念域即士绅惯习。我们可以1895年为界作这样一个对比的图示：

由图1-1可知，尽管书院与学堂尚未使士绅惯习受到根本性的

---

〔1〕 参见罗志田（《权势转移——近代中国的思想、社会与学术》，第82—114页）对湖南新旧之争的阐释。在他看来，原来趋新的王先谦、叶德辉等人之所以后来转旧，是因为他们对国家将被列强瓜分的紧迫感不如新派，却更担心中西文化竞争的长远威胁——如果中学自乱阵脚，就在最根本的文化上无法与西方竞争。

〔2〕 张灏：《思想的变化和维新运动》，载费正清编《剑桥中国晚清史》，中国社会科学院历史所译，中国社会科学出版社1985年版，第322—393页。

〔3〕 P. Bourdieu. *Language and Symbolic Power*. Harvard University Press. 1991: 163-170.

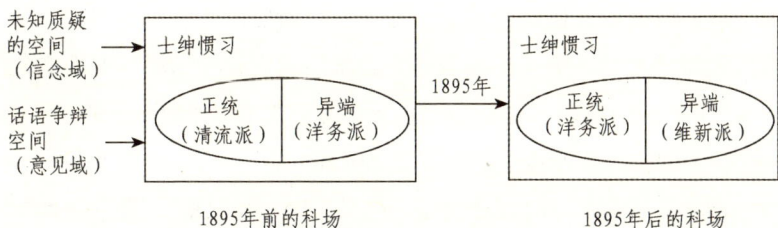

图 1-1

触动，但在意见域里的正统话语已经发生了位移，新的话语开始进入了科场。如在 1897—1898 年的湖湘地区府、州、县试上已出现了这样的试题："伸民权可以尊君权说""日本变政本末考""泰西议院学校相为表里说""罢谏官设议院议""穷则变，变则通"。[1]

2. 学堂与科场的竞争：1901—1905 年

新文化资源与旧文化资本第二个层面的斗争，是在学堂与科场之间从 1901 年开始展开的正面交锋。1901 年的新政与维新有一个重要的相似之处：它们都是皇权元场域里自上而下推进的资本再分配。但就承担着社会结构再生产功能的科场场域来说，却有着前后迥异的结果：维新悲惨地夭折；而新政竟在几年内导致了科场场域的衰败。细究起来，就可以看到维新与新政发生时社会条件的巨大差别：维新是在国家权力场域呈现出慈禧／光绪二元格局下发生的，而新政时的国家权力已复归到传统的一元格局中了；维新是在甲午战争刚开始瓦解传统士大夫的正统共识时发生的，而新政时期，经过书院—学堂之争后，新的正统共识已然确立；维新面对的主要刺激是一个所谓"蕞尔小邦"的日本在身边的崛起，而新政面对的主要威胁是通过庚子蒙难感受到的整个西方列强对中国的虎视眈眈。

---

[1]《湘报》报馆：《湘报》，中华书局 2006 年版。

从新政的最初制度设计看，并未打算断然废除科举。但鉴于急需造就新式人才，清廷同意迅速将西学接纳为科场场域里的新文化资本。两种文化资本并存竞争的后果，却是统治者始料不及的。

（1）新文化资源被接纳为新文化资本

1901年1月，清廷以光绪帝的名义发布"罪己诏"，新政由此揭幕。教育因其直接关涉人才培植而成为新政重心所系。在此过程中，张之洞虽然身在地方（1907年前），却因其《劝学篇》而具备了全国性的影响力，他与刘坤一合上的"江楚会奏变法"实际上成为新政教育改革的实施纲领。

从1901年6月诏令举行经济特科到1905年3月正式废止科举前，清廷出台了一系列的改革举措。其基本思路是在尚不立刻触动旧文化资本的前提下，将西学通过新式学堂与派遣留学两途接纳为新的文化资本。给学堂及游学以所谓"出身奖励"，实际上就是一个合法性赋予的过程。而废八股试策论、另开经济特科则是在旧文化资本中渗进了新的文化资源。1903年，由张之洞参与拟定的《奏定学堂章程》于1904年正式颁布施行——它标志着学堂被赋予了完全的合法性。

维新时期的教育是微调，以别立几所新学堂为标本来带动书院的改课；而新政时期的教育是剧变，书院改学堂，变成接纳新文化资源的方便之门。1901年9月的上谕即称"著各省所有书院，于省城均改设大学堂，各府及直隶州均改设中学堂，各州县均改设小学堂，并多设蒙养学堂"。[1]

在湖南，我们看到了岳麓书院与时务学堂之争的延续及决然不同的结果。戊戌政变后上台的湘抚俞廉三先采取了一个保存与改设并行的办法。他将由时务学堂演变而来的求实书院改为省城大学堂（后来又遵旨降其为高等学堂）；同时又保留岳麓等书院，只是"分

---

〔1〕《中国近代学制史料》第一辑下册，第454页。

斋设额，课以经忠及各国国书"。赵尔巽 1903 年接任湖南巡抚后又将原来的高等学堂改为农工商矿实业学堂，将岳麓书院改为高等学堂。至此，岳麓与时务以汇流为高等学堂为告终。虽说王先谦在赵离任后又另建起一个规模颇大的岳麓景贤堂，但那不过是在书院大势已去时的回光返照罢了。[1]

为解决学堂师资，1902 年由湖南官府选派俞诰庆、仇毅等 11 名举贡生赴日游学。次年，省师范馆创设，王先谦为馆长。1904 年湖南分路办师范：中路师范设在湖南三大书院之一的城南书院，西路师范设在常德，南路师范设在衡阳。在办官办学堂的同时，民间也积极筹资办学。1903 年由龙璋等人办起后来名闻四海的明德学堂、经正学堂。同年还有修业、隐储等学堂开办。此外，龙璋等人还尝试办过女校。虽然受挫，却为日后周宗纯创办周氏女塾开辟了道路。到 1905 年，湖南全省已有学堂 227 所，学生多达 10232 人。与此同时，留学在湖南也蔚然成风。到 1904 年 10 月止，2852 名留日生中就有 401 名湖南人，占其中的 14%。[2]

(2) 学堂与科场的"原子式竞争"

新文化资本被接纳进科场场域后，传统士绅对科场场域的垄断地位已被打破，但旧文化资本又尚未丧失其合法性，因而，两种文化资本必然为争取自己的文化霸权而展开竞争。在竞争中，新文化资本的竞争方略是堵路与断根。所谓"堵路"，是指原来"取士必由学校出身者"，而今新式学堂已取代了旧式官学及书院的合法地位，使科名之源渐致干涸。所谓"断根"，是指新政伊始便立罢武科、骤废八股，

〔1〕《中国近代学制史料》第一辑下册，第 464 页。张朋园：《湖南现代化的早期进展》，第 177—181 页。
〔2〕《湖南省志·湖南近百年大事纪述》，第 120—134 页；光绪三十四年学部总务司：《光绪三十三年分第一次教育统计图表》(1907)；清国留学生会馆：《清国留学生会馆第五次报告》(1904)。

而 1903 年张之洞、袁世凯等所奏九年内减尽科举中额也获钦准[1]——这表明科举之废只是迟早之事。另一方面，旧文化资本以其强大的士绅惯习为支援还占据着科场场域的主阵地。旧文化资本凭其优势地位开展的是总体阵地战，而新文化资本以其灵便开展的只是游击战。科名毕竟还是在科场场域中真正具有符号权力（symbolic power）[2]性质的东西，因此，科名之争成为两种资本竞争的焦点。

对科场而言，要维持科名的合法性，不能不在科试内容上赋予崭新的内容。对学堂而言，要争取出身的奖励，不能不别开一个准科试性质的选拔考试。于是，"原子式竞争"的景观是——两种资本不仅相互对峙，而且还相互渗透。对此，我们可以对两个个案作对比分析。

1895 年到 1905 年间共举行过三场会试：1898 年的戊戌科，1903 年的癸卯科与 1904 年的甲辰科。艾尔曼已经对这几次考试在内容要求、顺序安排上发生的重大变化进行了分析。[3] 我们现在再对癸卯科、甲辰科会试试题本身作点分析。这两科是在 1901 年 8 月上谕变通科举后进行的，所以，不仅八股已禁、改试策论，而且各国政治艺学已被列入了第二场考试。且看癸卯科第二场的题目："首题，泰西最重游学，英大儒斯密氏所论游学之损亦最切挚，应如何固其性质，限以年例，以期有益无损策。""二题，日本学制改用西法，收效甚速，然改制之初，急求捷径，不无躐等偏重之弊，东国名儒类能言之，取长舍短宜定宗旨策。"再看甲辰科第二场的试题："学堂之设，其旨有三，所以陶铸国民、造就人才、振兴实业。孰为最急

〔1〕《中国近代学制史料》第一辑下册，第 105 页。

〔2〕 P. Bourdieu. *Language and Symbolic Power*. Harvard University Press. 1991: 163–170.

〔3〕 B. Elman. "Change in Confucian Civil Service Examination from the Ming to the Ch'ing Dynasty", in B. Elman and A. Woodside (eds.), *Education and Society in Late Imperial China: 1600–1900*, University of California Press , 1994: 114–122.

策。"[1] 如此之命题，不仅显示出命题者接受西学熏染后所表现出来的史无前例的眼光与胸襟，而且也足以引导考生真正睁眼看世界，反思中国求变图强之策。因而，它也利于挑选出那些虽攀缘在旧学进阶道路上，却已颇具新学锐识的人才来。在甲辰科会试上，高中会元的湖南茶陵人谭延闿后来在湖南社会转型中扮演过重要角色，便是一例。新学堂所代表的新文化资本已成为争夺科名的必要手段。这一点不仅表现在命题上，也表现在中试进士须经历的再教育上。据 1902 年 11 月的上谕，"自明年会试为始，凡一甲之授职修撰编修，二三甲之改庶吉士，用部属中书者，皆令入京师大学堂，分门肄业。其在堂肄习之一甲进士庶吉士，必须领有卒业文凭，始准送翰林院散馆"。"知县签分到省，亦必入各省课吏馆学习。"[2] 也就是说，新科进士必须经过京师大学堂的"认定"才有任官资格，而其中许多人还由京师大学堂进士馆转向了留学，进一步由留洋教育来确认进士身份的合法性。据统计，仅仅日本法政大学中国留学生速成科就汇聚了癸卯科进士 33 人，甲辰科进士 73 人，其中还包括了甲辰科的状元、榜眼和探花。[3]

与上述纳新学于科举构成对照的是，也出现了纳科举于学堂的举措。在 1901 年的"政务处礼部会议学堂出身疏"中确立了对学堂毕业生进行出身奖励这种考试方式，到 1904 年 1 月清廷颁布了详尽的《各学堂奖励章程》。既然新学堂源自西洋和东洋，那对留学生的考试也最为官府所重。我们就以 1905 年 5 月的第一届留学毕业生考试为例子来作些分析。这次考试分两场：第一场按所学科目，分门发问；第二场以经史命题，作论说两篇。值得注意的是，第二场

[1] 《光绪辛丑壬寅恩正并科会试同年齿录》（1903）、《光绪甲辰恩科会试同年齿录》（1904）。
[2] 《中国近代学制史料》第一辑下册，第 864 页。
[3] 贺跃夫：《清末士大夫留学日本热透视》，《近代史研究》1993 年第 1 期。

是由礼部按照乡会试复试之例，奏请钦定日期，在保和殿举行殿试。在参加考试的 14 名留日生中，曹汝霖等 7 人获得进士出身，陆宗舆等 7 人获得举人出身，并分得官职。对这次复试和引见情况，一位当事者有过很生动的回忆："越数日，即行殿试，悉循科举例。黎明，应考者即集左角门，各携考试用具，并肩一可折的矮几，点名后入保和殿，殿铺藏毡，将矮几展开，席地而坐。有顷，监试大臣二人入场，少顷，钦派阅卷大臣三人手捧钦命试题同试卷，分各生每人一份。……越二日发榜，张于左角门外。""吏部定日引见，在颐和园仁和殿，御案移近殿门，引见者站在阶下，上下都能看见。每人高声自背履历，慈禧太后坐中间，光绪皇帝坐于左侧。"[1] 如果不加说明，我们会以为上述的情景就是科场殿试的情景了，而考试的内容实际上是要求洋学堂毕业的人必须具有中学根底或进行中学的补课。这说明学堂的合法性需要经过科场的再检定。你纵然洋书万卷于胸，也还得赖皇太后的恩赐才能换取科场场域里的"硬通货"——科名。

可以看出，1901 年后的学堂与科场之争仍是在科场场域里展开的。不过，这已经不再是停留在意见域的正统之争了，由士绅惯习所维系的信念域此时也成为话语争辩的空间。科场场域已被两种文化资本所切割。当然，从文化的特性看，儒教文化是具低度"生机控制性"且内控取向的文化，而西方基督教文化则是具高度"生机控制性"且外控取向的文化。[2] 学堂在科场获得合法性后必然构成对士绅惯习的强烈冲击，如下图所示：

---

〔1〕 陈学恂编：《留学教育》，上海教育出版社 1991 年版，第 69—70 页。
〔2〕 所谓"生机控制性"是指一个文化群体掌握其独立与发展所需有利条件的程度。对此概念的具体解析及中西文化在此方面的对比分析，参见叶启政：《制度化的社会逻辑》，台北：东大图书公司 1991 年版，第 171—174 页。

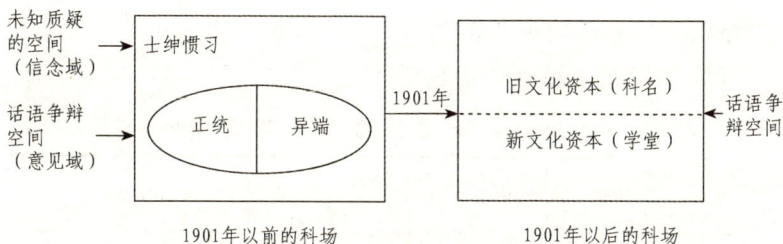

图 1-2

（二）"原子式竞争"下的士绅惯习

要考察 1895 年后的士绅惯习，我们首先要将科场行动者区分为两代人。从世代上说，每二十年左右必代代相接；但从社会来看，世代（generation）之间的交替主要与社会变迁的程度和速度相关。[1] 既然科场的根本性转折是从 1895 年开始的，那么，我们可以将 1895 年前已获贡生以上功名的士绅视为上一代人（因为他们是科场场域主要的既得利益者，有资格担任官职，其士绅惯习在科场场域遭受挑战前便已较稳固地获得，我们称其为"1895 届上层士绅"），而将此前仍处于科场底层的行动者（包括各类生员和监生、例贡生）视为下一代人，他们要当官则必须捐纳或通过更高等级的考试，我们称之为"1895 届下层士绅"。我们这里分出的两代人不是按照年龄来分的，而是按照其在科场场域的地位及与之相关的士绅惯习来划分的。[2]

1. 士绅惯习的变异（i）：1895 届上层士绅

湖南 1895 届上层士绅的人数估计超过万人。[3] 我们可以通过对其

---

〔1〕 K. Mannheim. *Essays on the Sociology of Knowledge*. London: Routledge, 1997: 276–322.

〔2〕 这种划分与张仲礼在《中国绅士研究》中对上层士绅与下层士绅的划分是一致的。

〔3〕 清代湖南各类贡生约 16500 名，举人 5800 名，进士 764 名，共计 23064 名，其中举人和进士有很大一部分是 1865 年后获得的（《湖南省志·教育志》，第 74—84 页）。因此，到 1895 年，湖南在世的上层士绅至少在万人以上。

中最负盛名的那些士绅的生活史勾勒，来探知士绅惯习的变异情况。

（1）1895届上层士绅：整体勾勒

表 1-1　湖南 1895 届上层士绅的生活史（1895—1905）选录

姓　名	出生年份	籍　贯	家庭出身	科名（1895 年前）	主要活动（1895-1905）
贝允昕	1865	浏阳	官宦	举人	书院山长，1904 年留日
陈家鼎	1878	宁乡	士人	举人	1904 年留日，次年筹建同盟会湖南分会
陈　荆	1869	湘乡	？	举人	营救自立军人士，组织反清诗社，1902 年留日习武，参加暗杀活动
陈炳焕	1860	湘阴	？	廪贡	留日学堂监督，中路师范学堂监督
崔　暕	1834	宁乡	仕宦世家	举人（1862）	早年曾以"天下第一伤心人"为名撰反教之文。晚年侨居常德，卖书画为生。1902 年逝
戴展诚	？	武陵	？	进士（1891）	参加公车上书，后自费留日
冯锡仁	1849	沅陵	？	进士	宦游回乡后任西路师范学堂监督
黄忠浩	1859	黔阳	富家	优贡（1888）	主讲书院，筹建新军，参办公司，支持明德学堂，任省教育会长，总理营务
黄自元	1840	安化	士人	进士（1868）	主讲书院，参办公司，参加《湘绅公呈》
贺金声	1853	邵东	？	附贡（1881）	1900 年卷入衡州教案，1902 年组织"大汉灭洋军"，同年被人诱捕致死
孔宪教	？	长沙	？	进士	书院山长，参加《湘绅公呈》
刘　煌	？	长沙	？	举人（1889）	参加公车上书
刘凤苞	？	常德	？	进士	参加《湘绅公呈》
罗亮杰	1865	安化	？	举人（1891）	书院主讲，参办学堂
罗正钧	1855	湘潭	贫家	举人（1885）	参加诱捕贺金声，赴日考察学务，任职省学务处
罗　杰	1866	长沙	？	附贡	留日，任学堂监督，组织反清团体"新华会"

姓 名	出生年份	籍贯	家庭出身	科名（1895年前）	主要活动（1895-1905）
龙湛霖	1837	攸县	官宦	进士	支持明德学堂，任总理
龙 璋	1854	攸县	高官	举人（1871）	捐助明德学堂，支持黄兴及华兴会活动
梁焕奎	1868	湘潭	官宦	举人（1893）	参办实业，留日学生监督，1903年应经济特科试
李树芳	?	慈利	富家	廪贡	入湘按察使幕，后辞职居长沙。受自立军一事的牵连于1900年遇难
欧阳中鹄	1849	浏阳	士人	举人（1873）	办浏阳算学馆，入湘抚幕
皮锡瑞	1850	善化	官宦	举人（1883）	清末湖南三大儒之一，书院主讲，南学会会长，学堂教习
彭施涤	1869	永顺	贫家幼丧父	举人	参加"公车上书"，1898年留日，1905年入同盟会
瞿方梅	?	保靖	?	举人（1895）	实业学堂副监督（宋教仁是其学生）
唐乾一	1878	衡阳	提督	举人（1895）	1904年留日，次年入同盟会，并在长沙办学
谭心休	1860	宝庆	?	举人（1879）	1903年留日，1905年入同盟会
王闿运	1833	湘潭	商人幼丧父	举人（1855）	书院主讲，清末湖南三大儒之一
王先谦	1842	长沙	士人	进士（1866）	清末湖南三大儒之一，岳麓山长，开办实业，倡办时务学堂，发起《湘绅公呈》，任省师范馆馆长
王礼培	1864	湘乡	?	举人（1893）	学堂监督
文俊铎	?	醴陵	?	举人（1891）	参加"公车上书"，参办学堂
吴 獬	1841	临湘	?	进士（1889）	书院山长，南学分会会长
熊希龄	1870	凤凰	军人	进士（1894）	时务学堂总理，开办实业，创设西路师范学堂，1904年赴日考察实业，1905年出洋考察宪政

姓 名	出生年份	籍贯	家庭出身	科名（1895年前）	主要活动（1895-1905）
杨 度	1875	湘潭	总兵过继；幼丧亲父	举人（1894）	参加"公车上书"，主讲书院，1902年留日办刊，1903年参加经济特科试，1904年参加护路斗争
叶德辉	1858	湘潭	富家	进士（1892）	参办实业，参加《湘绅公呈》，书院主讲
阎镇珩	1846	石门	士人	廪生[1]	加官不就，书院山长
左孝同	1857	湘阴	总督左宗棠子	举人（1885）	1897年在湘办保卫局
曾广钧	1867	湘乡	高官曾国藩孙	进士（1889）	曾与维新人士来往密切，也曾在湘开矿，后不问世事，埋首读书
曾 熙	1862	衡阳	？（幼丧父）	举人	参加公车上书，1903年中进士，学堂监督
张祖同	？	长沙	富家	举人	参办实业，参加《湘绅公呈》，学堂监督
涂启先	1834	浏阳	？	优贡（1874）	书院主讲，支持办算学社，主持小学堂

本表资料来源：湖南省志编纂委员会编：《湖南省志·人物志（上）》，湖南出版社1992年版；《湖南历代人名词典》编委会编：《湖南历代人名词典》，湖南出版社1993年版；郭汉民：《湖南辛亥革命人物传略》，湖南人民出版社2011年版；清史编委会编：《清代人物传稿》，辽宁人民出版社1982-1992年版；中国社会科学院近代史所编：《民国人物传》，中华书局1979-1983年版；政协湖南委员会文史委员会编：《湖南文史》总第43辑（1991）；常德市政协文史资料委员会编：《常德文史》第3辑（1991）；政协湖南省湘乡县委员会文史委员会编：《湘乡文史资料》第3辑（1988）；湖南省桃源县政协文史资料研究委员会编：《桃源文史》第3辑（1991）；政协湖南省醴陵县委员会文史委员会编：《醴陵文史》第7辑（1990）；湖南省郴县政协文史资料研究委员会编：《郴县文史资料》第2辑（1988）；湖南省长沙市政协文史资料研究委员会编：《长沙文史资料》第11辑（1991）。

---

[1] 阎镇珩只获得过廪生的正式科名，本不应归入1895届上层士绅，但阎镇珩学识渊博，著述颇丰，名震全国，且多次辞谢湖南巡抚提供的获得优贡的机会。所以，我把他作为特例归入1895届上层士绅。

在湖南上万上层士绅中，表1-1所列的40人是留痕史迹的人物。不过，他们的名气是和政治事件与个人选择联系在一起的：名冠"清末湖南三大儒"之首的王闿运不为任何时潮所动，一心沉浸于"帝王之学"；而他最得意的门生杨度则不仅与曾熙、彭施涤等一起参加了"公车上书"，而且在留日、办刊、参加经济特科试与护路斗争等各种浪潮中出尽风头。王先谦、熊希龄、叶德辉、张祖同等人曾携手共创实业，倡设时务学堂。不料，转瞬之间又分成水火不容之两股势力：熊希龄与皮锡瑞坚决地站在了维新队伍一边，王先谦、叶德辉、张祖同则会同黄自元、孔宪教等人上呈了一份痛斥"康门谬种"的《湘绅公呈》。同样曾卷入留日热潮中，回湘后有如罗正钧般循规蹈矩地服务于新政者，更有如谭心休、唐乾一那样以教育作革命手段者，还有如陈荆般投笔从戎乃至不惜以身相拼者。在政潮起伏中，既有阎镇珩这样稳驻书院不动者，也有黄忠浩这样从学界游走到商界，再从商界游走到军界者。从维新派到顽固派，从反（洋）教辟邪之士到保（儒）教劝学之士，从立宪党到革命党，从不党不群的"王术派"到夏曾佑所谓"革政派"——这形形色色的思想倾向都可在这一代士绅中找到。据表1-1统计，始终坚持走科场道路、在书院执教或保持其他传统文人生活方式[1]的只有5人，而另外35人中，有13人赴日留学或考察，18人在学堂或学务处任职，7人曾参与公司创办，2人致力于新军或警务，7人投身于反清革命中。[2]这些士绅的家庭出身多为富家。在表1-1可查考出身的

---

[1] 科场场域除了科场本身作为主体空间外，还将书院等传统教育机构覆盖在内。对于尚未拿到最高科名的人来说，其士绅惯习集中表现在积极参与科试上；而对多数已获进士头衔的人来说，尽管不用再出入科场，但仍是科场场域中的人，其士绅惯习表现在任教书院等传统生活方式的选择上。

[2] 对这35人的统计中，各项均有重复统计现象，因为很少有人留过学却又不致力于新式学堂建设，也很少人只办公司而完全不涉身学务。

23 人中，出身富家和官家的就有 13 人，出身士人 5 人，出身商人和军人的 2 人，出身贫家的仅仅 3 人。

由于我们所定义的这一代人横跨了近 50 年（表中年龄最大者在 1895 年是 62 岁；年龄最小者那时才 17 岁），所以，年龄自然可以被看作解释其士绅惯习之差异的一个因子。但年龄并非主要的解释因子。比如，37 岁的叶德辉在戊戌变法中表现出来的固守与 45 岁的皮锡瑞表现出来的激进姿态形成了鲜明的对照，更不用说 52 岁的龙湛霖以高官之身却对新政时创办的私立明德学堂寄予了极大的热情，甚至亲任学堂总理。事实上，既得利益的大小（如进士与举人不同，有实任官职与徒有虚衔的不同）、个别的家庭出身背景（权贵子弟与贫寒子弟的不同）、家居的不同地理位置（是位居省城、县镇还是孤守僻壤），尤其是个人生活史的不同轨迹是更重要的参数。这些参数的复杂组合决定了那代人 1895 年后对"道统"的固守程度和对西学的接纳程度。

如果我们把崔崃这类出身书香世家、去官遭讥仍坚守士绅惯习的情况视为士绅惯习变化的起始端，而把彭施涤这类既参加了挑战科场的"公车上书"又参加了反清排满的同盟会的情况视为士绅惯习变化的终端，那么这一代的多数士绅正是游走在这两端之间。至于在这个连续谱中到底占据什么位置，则受年龄、出身、出生地、既有地位诸因素影响而有所不同。不过，其中最重要的作用因素是个人生活事件。故此，我们在做了一个粗略的整体勾勒后，还须进一步作个案剖析。

（2）个案对比研究之一：王闿运与王先谦[1]

1895 年，62 岁的王闿运与 53 岁的王先谦有颇相近之位势：并

---

[1] 参见马积高编：《湘绮楼日记》，岳麓书社 1997 年版，第 1837—2706 页；王代功编：《湘绮府君年谱》，载《近代人物年谱丛刊》第一册，国家图书馆出版社 2012 年版，第 1—348 页；王先谦：《葵园四种》，岳麓书社 1986 年版，第 683—842 页；卞孝萱等编：《民国人物碑传集》，团结出版社 1995 年版，第 403—435 页；秦孝仪编：《中华民国名人传》，台北：近代中国出版社 1985 年版，第 3 册第 53—74 页，第 4 册第 77—84 页。

为名冠潇湘的大儒，同为著名书院的山长（王闿运主船山书院，王先谦主岳麓书院）。后人还常将其都看作是维新和革命时潮中的顽固派，只不过王闿运似乎是无声地在固守，而王先谦是公开地在卫道。其实，尽管他们出身小康之家，高踞举人、进士之名，享誉缙绅士子，但其士绅惯习均已发生了某种偏离。

王闿运的偏离发生在1895年前，他早年科场顺利、仕途前景光明：19岁成生员，22岁中举，后入肃顺幕，为其所赏识；但他成年之后就屡屡受挫：会试不中，又因肃党受牵连；入幕曾国藩后献策不被采纳，最后，他虽以经世高才自期却不能不蛰居故里。此后几十年，他一直执教于各书院，虽始终怀跃跃欲试之心，却历戊戌、拳变、新政各时潮而无异动。当然，他对1895年以后的西学西政日进之势是固拒的：他认为康党维新必不久长；他反对其得意门生杨度的留日之行；他还颇不以学堂之设为然，认为"今之弊政……根由起于学堂。……其宗旨不过弋名求利，其流极乃至无忌惮。此迂生所以甘跧伏而闭距也"。但是，他并非执意要维系既有的皇权专制格局。事实上，他的经学既重在与纵横霸道之术相通，又引入了老庄之道以作韬晦之策，因而其思想更多打着重政治事功的湘学烙印。他虽崇奉原儒（以《春秋》为本），却根本鄙夷宋明理学之道。郭嵩焘对王闿运有这样的评论："壬秋（王闿运字——引者注）力求绝俗，而无一不与道忤，往往有甘同流俗之见以畔道者。但论文章，友之可也，师之可也。至与辨人才之优绌，语事理之是非，其言一入，如饮狂药，将使东西迷方，玄黄易色，颠沛蹉失，而不可追悔。"对郭语最好的印证便是，王闿运在咸丰年间曾游说曾国藩南面而王。所以，他对新文化资本进入教育场域的态度可谓固守（他于1903年明言反对改变学制，并固辞学堂之请），但他并不卫道——在他那里本已无道可守。

与王闿运不同的是，王先谦的士绅惯习在1895年前后经历了某些蜕变。他生在文风最盛的长沙的一个士人之家，13 岁应童子试，16 岁中举，24 岁成进士后即得到钦点翰林院庶吉士的地位，可谓少年得志。此后他在国史馆等任过职，并历任云南、江西、浙江分试的正副考官，官至国子监祭酒、江苏学政。在这一道路上成长起来的王先谦对科场自有其特殊的感情。1875 年，王先谦曾坚决反对废八股的上疏，但另一方面，王先谦也受到魏源经世思想的影响，并与遭到许多士人围攻、讥刺的郭嵩焘、曾纪泽相交甚契。他 1889年回籍后接长的思贤讲舍正是郭嵩焘之推席相让。王"与侍郎（即郭嵩焘——引者注）日相磨德艺，纵论及瀛海，故晚有外国史地之作"。这为他在 1895 年后的思想转变打下了基础。

　　1895 年的国势使王先谦感到了"河山残列郡，天地胜危楼。……倚剑听哀角，吾生浩荡愁"。故此，他认为救世"切要之图，莫过于洋务"，并提出了"以制器为先"的主张。正是本着这一思想，王先谦在湖南由守旧中心而激变为维新中心的过程中扮演了极重要的作用。无论是宝善成制造公司的创设，还是时务学堂的倡立，无论是南学会的诞生，还是《湘报》的创办，均由王先谦领衔或得其大力支持。他甚至还毅然与"昨日之我"决裂，专门作了《科举论》，对八股取士径直提出了批评："今之时文，决裂横溃，其体已不能自立。昔人谓代圣贤立言者，去之弥远。"有不少论者说他到 1898 年时思想又发生了一次逆转，这倒未必如此。因为他在 1895 年所改奉的是张之洞式的中体西用观，而到梁启超、谭嗣同、皮锡瑞等明倡民权时，他挺身出来卫道，其实是在情理之中的，谈不上是什么逆转。他率先发起《湘绅公呈》表达出的是立中体西用为正统的诉求。所以，他虽在 1898 年主导了对时务学堂的绞杀活动，却又在 1902年出任省师范馆馆长，以后还出任过省学务公所议长——这表明他并非排斥学堂本身，只是要驱逐康、梁这样的异端而已。王先谦确然是以一个卫道士自任，但他所卫的道也已经不再是传统科场场域的"道"了。他这样的旧派可谓是"旧中有新"。[1]

（3）个案对比研究之二：熊希龄与杨度[2]

如果上面分析的王闿运和王先谦是所谓"顽固派"，那么，25岁的熊希龄与21岁的杨度就算得上是与时俱进的人了，但这两个在1895年前一年分别获得进士与举人科名的人在士绅惯习的变化上仍有很大的不同。

熊希龄出身于一个湘军将领之家。12岁成生员，18岁肄业于沅水校经堂，21岁入长沙湘水校经堂，并于同年中举，次年中贡士。当时因怕书法不好影响殿试成绩，所以专门练字两年。24岁熊补应殿试，获进士功名，并被授翰林院庶吉士之职，顺利登上了科场的最高峰。他此前完全是在传统教育的浸润下成长起来，士绅惯习自然随其少年得意之历程而积累。他当时虽颇有忧患意识，却是内忧甚于外患，对洋务不以为然。"今之谋国者，龄窃惑焉。言富强，则曰兴洋务，言战守，则曰习洋操。……中国之财为彼用也，中国之人为彼用也，量其轻重，权其缓急，孰得而孰失乎？"他既没有向西方学习的观念，也就只能从传统文化中汲取思想养料，其开出的救世处方不过是"兴教养""严吏治"的那一套。同时，他与多数湘士一样还沉迷于湘军的辉煌功绩中。但湘西强悍刚劲之民风与少年血气方刚的冲劲使熊在甲午战败（亦即他获进士的第二年）后恍然大悟，对洋务顿生趋步之心，并慷慨上书朝廷，说是"屈膝东洋倭寇之谬种……实乃养虎贻患也。与其坐而待亡，孰若

---

〔1〕 罗志田：《权势转移——近代中国的思想、社会与学术》，第115—160页。

〔2〕 参见北京市档案局编：《杨度日记》，新华出版社2001年版，第1—124页；湖南湘西州政协编：《湘西文史资料》第3辑（1982）；周秋光：《熊希龄与湖南维新运动》，《近代史研究》1996年第2期；秦孝仪编：《中华民国名人传》第5册，台北：近代中国出版社1986年版，第503—513页；吴祖缃编：《民国百人传》第3册，台北：传记文学杂志社1979年版，第313—326页。

革新庶政，与列强比垺，乃为上策。……吾愿为爱国同仁，鞠躬尽瘁，临危救义，以拯吾国"。不料这番表白被慈禧批了个"妄言以害国政，欲毁我二百年圣祖之基业"，并将他发落回湘。熊就是这样负气回到湖南来一展宏图的。

熊希龄1896—1905年的活动可分为三个阶段。第一阶段是1896—1898年。此时从宝善成制造公司到南学会，从时务学堂到《湘报》，从不缠足学会到鄂湘善后航船局，他几乎介入了湖南维新的所有活动。尤其是由他任总理的时务学堂更成了维新开展的一个标杆。他在此期间也完成了人生的第二次转变：从对"西艺"的学习进而向"西政"的借鉴。在当时激烈而复杂的斗争中，他实际上是站在了梁启超一边，为湖南的维新不惜舍身相拼。第二阶段是1898—1902年。他自戊戌被革职以来，被迫到衡阳、芷江蛰居闭户读书。第三阶段是1902—1905年。他重获起用，筹办了西路师范传习所（即西路师范学堂之前身）与常德中学，并于1904年赴日考察实业，回来后即兴办了醴陵瓷业及学堂。1905年他随五大臣出洋，随即开始了他的立宪活动。从熊希龄的生活史可以看出，他在1895年后已发生了不可逆转的士绅惯习的断裂：西艺西学西政已被他完整地接受，尽管其出发点仍是以夷治夷，寻求国家的富强成了他不可遏止的行为冲动。

杨度出身贫家，但天资聪明。幼岁丧父后由身为总兵的伯父抚养长大，19岁即获举人功名。次年，他参加了世人瞩目的"公车上书"。但杨度与熊希龄的一个不同之处在于，他是王闿运的得意门生，深受王氏帝王之学影响，所以，尽管他参加了"公车上书"，但他的士绅惯习并未受到太大冲击，1898年他又一次进京参加会试。当时正是新旧两党斗争白热化的阶段，他虽与谭嗣同等人交好，但却遵王氏之命回湘避祸。于是，他终成了戊戌维新中的逍遥派。这种情况到1902年才出现了变化，庚子拳变后的国势再无法让杨度"尽心听莺并看花，无心无事作生涯"了。他那时不顾其师的反对，决然赴日求学。同年，他与黄兴等人创办了《游学译编》。在杨度所写的发刊词中，明确可以看到梁启超"过渡时代论"与严复所译《天演论》对他的深刻影响。昔日作帝王辅的欣然自期为今日亡国之忧所替代："大忧乎今日之中国，方为世界竞争之中心点，优胜劣败之公例，必为天演所淘汰，自此以后，又将为黄白存亡王欧交代之过渡时代矣。悲夫！"尽管他仍不想放弃对科场的最高科名——进士的追逐，但他却已从旧学改为新学了。1903 年他回国参加经济特科试，虽名列一等二名，却终因被指为新党而被迫再度赴日避风，时潮就这样将王闿运这位弟子推到了风口浪尖上，异国成了他卷入一个接一个的风浪之间的暂时的栖息地。1904 年他回国参加护路斗争，后又被迫第三次赴日。但到 1905 年，杨度又卷入了立宪浪潮中。从杨度这一时期的行动可以看出：他终于已偏离了科场场域的思想行为准则，甚至也在某种程度上"反"出了王闿运的师门。不过，他并不像熊希龄那样真正接受西方，在他骨子里仍摆脱不了对帝才之兴的寄望，这实际上已埋下了日后他拥袁复辟的基础。

2. 士绅惯习的变异（ii）：1895 届下层士绅

对 1895 届上层士绅的生活史分析已经表明：除了一小部分人始终对时潮采取抗拒态度外，相当部分人的士绅惯习都开始发生变异，其行动的新趋向大致有三路：一是投身在新式学堂、学务机构中；一是参办实业，实现绅与商的渗透对流；一是投笔从戎，加入新式军队。如果说这代人由于年龄较大、地位较高，行动的分化还很模糊的话，那年龄较小、地位较低的士绅就可能有了更明显的分化。且不说那些已决然退出科场场域的人，就看那些留在科场场域的人，其情形又是怎样的呢？

（1）湖南 1895 届下层士绅的生活史：整体勾勒

表 1-2 湖南 1895 届下层士绅的生活史（1895—1905）选录

姓 名	出生年份	籍 贯	家庭出身	科名（1895 年前）	主要活动（1895—1905）
毕永年	1869	善化	官宦	生员	1897 年成拔贡；联络会党反清。后赴日，参加兴中会、自立军。1900 年参加惠州起义。后出家为僧
蔡锷	1882	邵阳	农民	生员	1898 年入时务学堂，次年赴日留学。1900 年参加自立军起义，后赴日。1904 年回国任军事学堂教职
陈应轸	?	龙阳	军人	优廪	参加 1900 年自立军起义
陈犹龙	1870	桃源	?	廪生	书院毕业，1900 年参加自立军；1901 年留日，办《二十世纪支那》，入同盟会
陈文玮	1855	长沙	巡抚	廪生	长沙学堂任职，1905 年弃文从商
陈润霖	1879	新化	贫家（幼丧父）	附生	就读岳麓；1901 年留日，1903 年回湘办教育
陈作新	1870	浏阳	士人	监生	入南学会，参与自立军，上学堂。1905 年入同盟会
程子楷	1872	资兴	士人	生员	1897 年成拔贡，1904 年留日，入同盟会
樊锥	1872	邵阳	贫家	生员	1897 年成拔贡，南学分会会长，支持《湘报》，参与自立军；1903 年留日，办刊，后在学堂任教
何来保	?	武陵	士人	生员	参加南学会，参加《湘报》等维新活动，后入校经堂就读；参加自立军
何衢	1871	湘潭	?	廪生	1905 年留日，任教学堂
胡元锬	1872	湘潭	官宦	生员	1897 年成拔贡；留日回来后致力于办学，创明德学堂

姓　名	出生年份	籍　员	家庭出身	科名(1895年前)	主要活动（1895—1905）
黄　兴[1]	1874	善化	士人	生员	书院就读；1899年赴日考察，1902年留日，参办《游学译编》，组织反清革命；1903年到明德学堂任教，发起华兴会，1904年到民立第一女学、实业学堂等校任教，1905年筹建同盟会
刘揆一	1878	湘潭	湘军差役	生员	就读于岳麓，参加自立军活动，1903年留日，后回湘任中学监督，参创华兴会
刘佐楫	1850	醴陵	？	廪生	留日，后在明德任教
刘师陶	1876	醴陵	？	生员	1905年留日
刘鼎和	1870	善化	贫家(幼丧父)	生员	1905年留日
李执中	1853	石门	？	生员	1897年成拔贡，1902年中举，1904年任中学监督；创湘西公学
龙纪官	？	湘乡	？	附生	1902年留日，后任学堂监督
欧阳振声	1881	宁远	？	附生	1902年入学堂，1904年入华兴会、科学补习所
彭兆瑾	1873	湘阴	？	廪生	1904年留日，参加华兴会、科学补习所
彭润祥	？	长沙	官宦	优廪	参加自立军
仇　亮	1879	湘阴	？	廪生	1903年留日，办刊，次年任同盟会湖南分会长

---

[1] 黄兴及刘揆一均是在1896年获得生员科名的，本不属我们定义的研究范围。但考虑到他们在湖南近代史上的典型性及其获科名的年份非常接近1895年，所以，我们仍将其纳入研究对象中。

姓 名	出生年份	籍 贯	家庭出身	科名(1895年前)	主要活动(1895—1905)
苏 舆	1874	平江	士人	生员	1897年成拔贡，1904年中进士。主编《翼教丛编》，攻击维新，驱逐樊锥。后赴日游学
宋教仁	1882	桃源	士人(幼丧父)	生员	书院就读，1903年入学堂；1904年创华兴会，组织科学补习所；后赴日留学，参筹同盟会
谭延闿	1880	茶陵	总督	生员	1902年中举，1904年得会元、成进士。后回湘办学，任中路师范学堂监督。领导立宪运动
谭人凤	1860	新化	农民	生员	联络会党组织反清起义；办小学；1905年留日
唐才常	1867	浏阳	士人	生员	1897年成贡生。办算学馆，编《湘学报》，讲学时务，创南学会。后留日；组织自立军起义。1900年遇害
唐才中	1875	浏阳	士人	廪生	入时务学堂（唐才常弟）
唐才质	1880	浏阳	士人	生员	入时务学堂；后留日（唐才常弟）
沈 荩	1872	善化	商人	生员	进岳麓书院，留日；参加自立军
石陶钧	1880	邵阳	寒士	生员	入时务学堂，留日
田兴奎	1874	凤凰	？	生员	1897年成贡生；就学新式学堂；1904年留日，1905年入同盟会，回湘办学
王天曙	1866	江陵	富家	生员	后成贡生，捐家资支持自立军。1900年遇害
文 斐	1872	醴陵	？	廪生	书院就读，又入湖南师范馆，1905年留日，入同盟会

姓　名	出生年份	籍贯	家庭出身	科名（1895年前）	主要活动（1895—1905）
杨笃生	1872	长沙	富家	生员	1897年中举，1898年成进士；任教时务学堂，后留日，编《游学译编》
杨昌济	1871	长沙	士人	廪生	留日；学堂任教；后又留英
俞诰庆	1879	善化	？	生员	1897年中举。1902年留日，回湘后任学堂监督
俞蕃同	1875	善化	高官	监生	1902年留日，回国后办民立学堂
颜昌峣	1868	湘乡	？	廪生	留日，任学堂监督
左学谦	1876	长沙	士人	生员	任教学堂
姚生范	？	慈利	？	生员	1900年参加自立军，入狱三年；1903年留日，回国后参加廷试为举人
赵学圭	？	邵阳	？	廪生	1902年参加乡试的途中加入贺金声的"大汉灭洋军"，事败后去日
袁吉六	1868	保靖	士人（3岁丧父）	生员	1897年成拔贡，书院主讲，学堂教习（陈天华为其学生）
余焕东	1877	汉寿	？	生员	就读书院，留日回国后考取工科举人；任师范馆监督
张通典	1859	湘乡	？	生员	入幕湘抚，参与维新。曾参与自立军事。后致力于办学

资料来源：同表1-1。

　　表1-2所列的46人是成千上万下层士绅中有代表性的人物。由于1895年时他们平均年龄只有23岁（统计其中知道出生年份的40人而得），所以他们面临着两个基本路向的选择：一是在1895年到1904年间继续攀援着科场阶梯由底层进到上层，一是到国内新式学堂或日本接受再教育，走出与科场别样的一条路来。在这46人中，

只有 4 人选择了前者，[1] 余皆选择了后者，或说是被推向了另一条路。不过，这两条路并不是没有交叉，因为一方面在 1895 年后（尤其是 1902 年后）的科试中已渗透进大量的新学内容，另一方面，留学本身也是获取科名的重要手段。谭延闿以进士身份转而致力于新式学堂建设，姚生范以前党人之身留日回国后在廷试上获举人功名，即两例最好的说明。当然，同样是走学堂的新路，也自有其迥异的意旨：既有如黄兴般寓身于学堂的坚决的革命党人，也有如俞诰庆般忠实地将学堂作为巩固既有秩序手段的学监；既有如杨昌济般倾心于教育救国的人士，也有如谭延闿般以学堂作为谋取地方自治手段的立宪党人。但无论怎样的分化，这一代士绅在共同向西学靠拢的过程中，其士绅惯习已较上一代士绅发生了更大的变异。两代人的一个重要不同在于：1895 届上层士绅中像陈荆那样去操刀动戈、组织暗杀的人是极个别的，但在下层士绅中像黄兴那样虽然寓身于学堂但实际上已成为职业革命家的人却屡见不鲜了。

（2）个案对比研究之三：谭延闿与黄兴 [2]

从表面上看，谭延闿与黄兴甚少共同之处。谭延闿出身于巡抚之家，即使是在 1895 年以后也一心走着传统科场之路，直到 1904 年他 24 岁时，在帝制最后一场会试中高中会元，被授翰林院编修。随后他回湘结交官绅商界，参与办学，为其日后成为湖南立宪党首领打下了基础。黄兴则出身于乡间一般士人之家（其父为岁贡生，在乡间设馆授徒）。直到 1896 年他 22 岁那年方获得个生员科名，以

---

〔1〕 这里要排除 1897 年徐仁铸作学政时得以由生员而成拔贡的那批人，因为西学在那次选拔中所占的分量极重，与传统科试迥然有别。

〔2〕 参见毛注青编：《黄兴年谱长编》，中华书局 1991 年版，第 1—46 页；中国国民党党史委员会编：《谭祖安先生年谱》，台北：中央文物供应社 1979 年版，第 1—70 页；《光绪甲辰恩科会试同年齿录》（1904）；政协湖南省委员会文史资料委员会编：《湖南文史资料选辑》第 22 辑，湖南人民出版社 1986 年版。

至他自述"在校经堂读书时（时为 1898 年——引者注），尚无革命思想，惟觉科举之制贻害无穷"。他在 1899 年赴日考察后逐渐生出反清革命思想，并在 1902 年正式留日就读时成为革命社团的组织者，到 1904 年，他已作为著名的革命领袖而身陷囹圄了。

尽管有如此之差别，两人还是因为共同经历新旧两种教育而相连。正如曼海姆在分析西方现代知识分子时所指出的："是教育使他们跨越了出身、地位、职业与财富差别，将所有受过教育的人联结在这个基础上。"这个基础的独特性在于使许多千差万别的因素在此保留下来，也使许多相互对立的派别都可从中运作。[1] 谭延闿虽长期置身于科场中，但 1895 年后科试内容上的许多改变不容他不勉力去学习、接受新的文化。1904 年会试中的一题即有关新式学堂的："学堂之设，其旨有三，所以陶铸国民、造就人才、振兴实业。孰为最急策。"在这次考试中高中会元的谭延闿以恢宏之笔论述了"陶铸国民乃学堂之设的要旨"，表明了他对新学的鲜明态度。他在中进士后没有留京做官，而是回乡担任中路师范学堂监督、省学务公所议长。他甚至变卖其妻陪嫁的部分金器来捐助明德学堂办学，学堂被谭视为权力场域争斗的焦点之一。同样的，对于曾从旧式教育中走过来的黄兴来说，尽管他曾愤然作书："朝作书，暮作书，雕虫篆刻胡为乎？投笔方为大丈夫。"但他并没有像不少同龄人那样从此投身军营去操刀动戈，他从日本留学归来后仍选择学堂作为进行革命活动的基地。这样不仅仅是因为可以教员为身份掩护，而且更重要的是可以借此在新生代中播下革命的火种。故此，立宪派的谭延闿便与革命党的黄兴在湖南新式学堂楷模——明德学堂中有过一段相携又相抗的历史，加上王先谦的门生刘佐楫等也在明德学堂任职，于

---

[1] K. Mannheim. *Ideology and Utopia*. New York: Harcourt, Brace&World, Inc., 1936: 138; 应星：《曼海姆的知识分子观述评》，《国外社会学》1995 年第 5—6 期。

是，明德学堂就成了当时湖南所有新旧势力交汇斗争之地。

（三）士绅行动的分化与废科事件的发生

从上述对 1895 届两代士绅的分析中可以看出，在科场场域尚未崩裂前，士绅惯习使不少人仍汲汲于科名之得，那些在科场上已获得上层地位的人是将其士绅惯习与既得利益联结在一起的，而那些千辛万苦拿到低级功名的人也不愿轻易放弃向更高功名爬升的机会。但与此同时，西学已作为新文化资本在科场场域里获得了合法性，这即别开了另一进身之阶。两种资本的并存既然改变了士绅惯习垄断科场的局面，那么，昔日一心扑在科场上的统一的行动模式也随之被打破了。既有以旧文化资本作为争夺新文化资源手段的（即由绅而学），也有以新文化资本作为争夺旧文化资本手段的（即所谓"奖励出身"），还有以新文化资本谋求彻底颠覆科场背后的社会支配结构的（即以新学为革命手段），当然，仍有坚持走科场、书院正统道路的。

1895 年后，西方列强对中国的支配关系的确立逐步蛀空了科场场域存在的外部基础，而西式学堂所负载的新文化资源以其强劲的生机控制性使科场场域赖以运转的士绅惯习被破坏殆尽——从这一意义上说，废除科举是科场衰败后的必然结果。

废科事件在这里值得研究的已不再是废科本身为什么会发生，而是这一事件为什么会提前九年发生。因为，按照清廷 1904 年 1 月批准的张百熙、张之洞等人的奏折，是计划自 1906 年始分三科减尽科试取额的，但到 1905 年 9 月 2 日，清廷就改采袁世凯等人的主张，决定次年即停止全部科试。按照袁世凯奏折上的说法是："现在危迫情形，更甚曩日，竭力振作实同一刻千金，而科举一日不停，士皆有侥幸得第之心，以分其砥砺实修之志。民间更相率观望，私立学堂绝少，又断非公家财力所能普及，学堂决无大兴之望。就目前而论，纵使科举立停，学堂遍设，亦必须十数年后，人才始盛。……强邻环伺，岂能我待。"[1] 归纳起来即两点：一是"强邻环伺"之外来威胁；二是"科举一日不停，士皆有侥幸得第之心"，而学堂则无以发展。前一点表明时人已经认识到列强对中国的支配关系有一种加速深化的趋势。在费正清所称之为"条约制度"[2] 的整个发展过程中，列强在中国的支配权力从1840到1895年这半个多世纪的扩展速度远不及1895到1905年这十年的扩展速度。从《马关条约》到割地狂潮再到《辛丑条约》，列强的支配力已经到了可以将清统治者逐出皇城的地步。而1905年在中国发生的日俄战争给中国的刺激不仅是被迫置身局外的蒙羞，而且是由日本获胜所再次显示出的立宪政体对君主政体的巨大威慑力。而袁世凯等人所说的第二点表明科考对学堂学生仍具有无法抗拒的吸引力，导致无心向学者众；与此同时，学堂的发展却又销蚀了科考的合法性，因而造成科考与学堂两不相宜，既无法让老树接新枝，也无法让新瓶装旧酒。加上1905年议修京师贡院之事引发了以兴学为急务的部分督抚的危机意识，因此通过权谋改变决策层人事，通过非常规的决策程序催生了将减额渐停改为立停科举的诏令。[3]

四　社会支配关系的再生产与后科场场域：
1905—1913年的湖南社会

正如科举制度本身并不足以建构起科场场域一样，废科兴学的制度变迁并不意味着科场场域就会被新的学堂场域所替代。是否产生了一个新的学堂场域，还要看学堂与权力场域的关系构型、新文

---

〔1〕《中国近代学制史料》第二辑上册，第110—114页。
〔2〕费正清编：《剑桥中国晚清史》，第233—291页。
〔3〕关晓红：《科举停废与近代中国社会》，社会科学文献出版社2013年版，第134—136页。

化资本以及新惯习的出现与否。

（一）学堂与权力场域的关系

在科场衰败之初，虽然西方列强的支配权力已经通过中国的学堂初步实现了合法化，但由于中国学堂与西方学校场域尚未建立制度化的关系，其支配权力的合法性并不稳固；另一方面，中国本土的中央与地方之权力纷争也不凸显。在废科之后，这种格局被打破了：不仅以留学为桥梁在中国学堂与西方学校场域之间形成了"边缘—中心"的关系，而且学堂与本土的权力场域之关联也被分割成与国家权力和地方权力的各自关联。

1．学堂与西方的学校场域

在学堂大兴之际，面临的一个主要问题是师资。当初主政者恨不能施展魔法将师资从地底下唤出来——结果，地底下唤不出，近邻倒成了主要的借师之地。所谓借，一是直接从国外尤其是从日本聘人来中国新学堂任教，一是大量派遣留学生出外受教。前者只是解决师资的应急之计，在数量上远远适应不了学堂所需。湖南1897—1907年间仅有18名日本教习，且集中在长沙、衡阳和常德等几所专门学堂与师范学堂里，[1] 而且外国人主校也不符合既定的"中体西用"原则，于是，后者成为主要的解决渠道。

早在1872年，容闳等十几人就作为第一批留学生赴欧受教，后来又在李鸿章的支持下组织过留美教育。但当时留学还只是科场场域中的边缘行为，不曾发挥主导性影响；况且，留学欧美的费用高，难以大量发展。1895年的甲午战争使中国重新认识了日本。留日成为留学教育的新方向，其中尤以张之洞的《劝学篇》为指针。在其"游学"章中，张之洞提出三把比例尺：（a）入外国学堂一年胜于中

---

[1]《中国近代学制史料》第二辑上册，第58—59页。

国学堂三年；（b）幼童不如通人，庶僚不如亲贵；（c）西洋不如东洋——因为省费，可多选；离华近，易考虑；东文近于中文，易通晓；东人已对西书繁要加以酌改。[1] 新政大量发展留日教育即以此为由。对日本而言，自明治维新以来成功地移植了西方学校制度，故而在教育上面目一新。中国当时把日本的学校作为向西方学习的桥梁。所以，留日生受到的影响不仅来自日本，而且首先来自西方。

留日正式发端于 1897—1898 年间，1902 年后一步步被推向高峰。湖南作为张之洞的辖区，留学教育的发展在全国首屈一指。到 1904 年 10 月止，2852 名留日生中就有 401 名湖南人，占了其中的 14%。不过，这 401 名湖南留日生中竟有 110 人挤在弘文学院的师范速成科里，41 人在法政大学速成科里，可见当时留日以成人速成教育居多，这在很大程度上是原有旧学根底者在日本所做的新式包装。[2] 从 1906 年开始，清政府开始限制留日规模，整顿速成教育，粗制滥造的"留日包装"有所减少。游美学务处与留法俭学会于 1909 年和 1912 年先后成立后，留学欧美的风潮逐渐取代了留日潮。中国的学堂由此与西方的学校建立起了直接的对应关系：中国许多学堂特别是大中学堂的监督（校长）和教师都是由西方学校的毕业生来充任的。希尔斯在研究印度知识分子时就发现留学的发展不仅没有能改变印度社会的边缘位置，而且恰恰成为西方社会作为中心对印度社会作为边缘的支配关系发生作用的中介。[3] 按张之洞对留学的理想设计，西学不过为中体所用之物，但中西两种文化不同强度的生机控制性[4] 却注定了中国留学生要成为建构西方学校对中国学堂的支配关系的中介。留学加剧了

---

[1] 张之洞：《劝学篇》，广西师范大学出版社 2008 年版，第 71—73 页。
[2] 《清国留学生会馆第五次报告》(1904)。
[3] 希尔斯：《传统和现实之间：一个东方文明古国的科技与文教界》，李凭等译，山西科学技术出版社 1991 年版，第 1—31 页。
[4] 叶启政：《制度化的社会逻辑》，第 153—187 页。

本土文化的自卑、萎缩、退化与西方文化的挑战力和征服力，使西方国家对中国国家的支配关系的合法性被不断再生产出来。[1]

2. 学堂与中央权力场域

中央权力场域中有皇帝与科层官僚两种位置，前者行使统治权，后者行使管理权。科举事务虽由礼部主掌，但由于科场场域与统治权的特殊联系，所以真正主宰科场场域的是皇帝本人——正是由他来决定三年一任、与督抚平权的各省学政人选，圈选乡试和会试的正副主考，并亲自主持殿试。科场从理论上说是皇族行权的私家园地。新式学堂兴起后，其归口的不再是礼部而是京师大学堂。1905 年废止科举后设立了学部，国子监归并学部；各省学政被裁撤，改设归督、抚节制的提学使。昔日，科层官僚对科场事务插手的余地很小，而今，学堂正式被纳入了国家科层的常规管理渠道，皇权的作用被大大削弱了。

同时，科场场域与国家权力的特殊亲和关系已不复存在。学堂虽然仍是权力角逐的重要阵地，但其重要性已相对下降了。军事与经济力量的分量在清末的陡然加重表明维系了几百年的文官主导的政治格局已被打破。虽然文化人仍然构成特权阶级的多数，但是另一些人已经通过工商业、军旅生涯和技术工作使自己跃居平民之上，挤进了上层阶级中。对宗族来说，教育只具有某种边缘价值，它不再代表主要的机会。[2]

3. 学堂与地方权力场域

在科举时代，地方上只有由士绅主导的民间统治场域（士绅既控制着有某些自主性、以书院为主干的民间教育系统，也参与对科场的实际操纵），地方官僚虽与中央官僚一起参与对科场的操纵，但

---

[1] 留学的普遍开展也同时产生了一个似乎足以反拨西方主宰地位的现象：即政治民族主义情绪的普遍唤起。不过，政治民族主义与对西方的文化认同可以并存于留学生中。

[2] 巴斯蒂：《社会变化的潮流》，载费正清编《剑桥中国晚清史》，第 653、673 页；罗兹曼编：《中国的现代化》，第 383 页。

并没有太多独立于中央的活动空间。在废科之后，一方面国家权力进一步分化，地方官僚的权力不断上升（尤其是在回避制度逐渐被破坏后，地方官僚开始名副其实地地方化了）；另一方面，地方士绅在推广新式教育等方面权势日重。民间统治场域为地方官僚与士绅交叉作用的地方权力场域所代替了。

1906 年各省学政遭裁撤，改设提学使。这使教育权很大程度上落入了地方。因为提学使名义上要接受学部考查，但实已成为督抚的属官。同年，又新设了省学务公所——它为地方士绅正式介入学务提供了合法的渠道。在湖南学务公所中有士绅 20 名，湖南籍士绅就有 13 名，担任了包含议长、副议长在内的所有重要职务；7 名外地士绅有的担任一个课长，更多的仅为课员。[1] 州县设劝学所，州县以下设劝学员，其职员均由当地士绅充任。同时，官方还允许士绅自行在省、府、州县设教育会，"藉绅之力以辅官力之不足"。原由皇权专控的教育一下成了"官绅并用，不得妄分畛域"之场域。1904 年前，官办学堂占 85% 以上，而从 1905 年开始，公私立学堂一跃而上，公立学堂更占了 2/3 以上。1909 年，湖南 1262 所学堂中，官立仅 400 所，占 31%；而公立、私立学堂已占其 69%。[2]

统治者将学务一下拱手让与地方，并非心甘情愿，而是因经济状况迫不得已。1895 年以后，清政府庞大的军费开支及高涨的战争赔款，加上不得不偿付的巨额外债，使它一天天捉襟见肘，面临财政破产之境地。1902 年开始的新政又在军警编练上耗费甚多，结果，能用在教育上的开支屈指可数。1911 年清廷的国家行政经费为 2 亿 6 千万两白银，而用于学务上的仅 274 万两不到，占行政经费的 1%。1909 年，

---

〔1〕《学部官报》，1907 年 12 月 25 日，第 43 期。
〔2〕宣统二年学部总务司：《宣统元年分第三次教育统计图表》(1909)。但在 1909 年湖南学堂总数上，该资料前后统计不一：在分官立、公立、私立统计时是 1262 所，在分各级学堂统计时又为 1437 所。因出入尚不太大，本书分别不同情况而并用之。

湖南省学务开支100万元，而清廷拨给官款仅40万元，所差的60万元均需靠地方筹措。[1] 不仅传统的地方教育公款，如学田、书院公产等均由士绅掌握，而且筹措新的地方公款也均需由地方士绅出面。学务公所也好，劝学所也好，实际上都以筹款为要务。因此，清政府的《劝学所章程》即规定，学堂经费由绅董"就地筹款，官不经手"。同年，清政府颁布了《城镇乡地方自治章程》，进一步确认学务为地方自治的内容，教育会、劝学所及各级学堂均被归入地方自治事务的范围。学务地方化成为日后地方割据的重要促成因素。

当然，将学务委之于地方也激化了地方上的矛盾。如许多新学堂设址是取之于对佛道寺观田产的占用（按张之洞的方案），这自然引起了僧道信徒对新学的敌视。而大量派下的学捐使本就"贫"不聊生的人家将斗争的矛头直指学绅。在辛亥革命前十年如火如荼的民变中，乡民抗学捐毁学堂的事件不绝如缕。在1910年波及湖南全省的"抢米风潮"中，中路师范学堂、长沙府中学堂、路矿学堂等学堂都被饥民放火焚烧。[2] 在科举时代，民众与统治者发生正面冲突时，士绅常常是居间斡旋的力量，有时甚至成为反叛民众的代言人。而在科举被废后，由于教育权的下放，民众与士绅的直接对立凸显出来了，这时官府在某些情况下反倒成了一股"中间力量"。[3] 由于新学堂都设在城市，除了进城居住并努力在学堂占据有利位置的学绅外，那些仍留居乡间的士绅已越来越多地堕落为所谓"土豪劣绅"，士绅阶层发生了巨大的分化。

对于学堂与权力场域的关系较科场场域与权力场域的关系的变化，我们可以图示如下：

---

[1] 《宣统元年分第三次教育统计图表》（1909）。
[2] 湖南省志编纂委员会编：《湖南省志·湖南近百年大事纪述》，第286—287页。
[3] 孙立平：《辛亥革命中的地方主义因素》，《天津社会科学》1991年第5期。

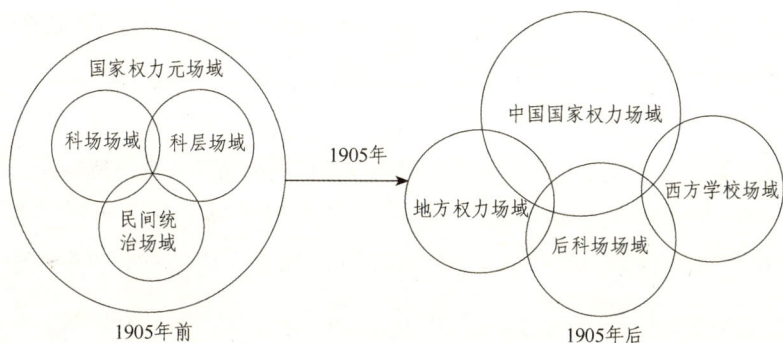

图 1-3

1895—1905 年间科场场域与权力场域的关系变化主要表现在科场场域已不再为一个皇权元场域所覆盖，而 1905 年以后原来位于科场场域内的学堂与权力场域的关系发生了更大的变化：西方学校在中国学堂获得了支配权力，皇权在学堂的支配力大大下降了，地方官绅对学堂的支配凸显出来。在这一意义上，我们可以将 1905 年的废科事件看成是科场场域的一个切口。但这个切口是否给以往的被统治阶级带来了更多的上升机会呢？在这个切口上显现的是怎样一种社会支配结构呢？这就需要进一步从学堂内部来分析。

（二）学堂：作为新文化资本的支配结构

如前所述，学堂初兴时就实行了"科名奖励"制度。1905 年后虽然科试停止了，但科名奖励制度一直实行到 1911 年。学堂与科名的相连使人们从对科名的追逐自然地转向了对学堂经历的追逐，而科名所具有的文化资本属性也被一起"嫁接"给了学堂。新式学堂一方面具有与科名显见的文化异质性，另一方面它又顺利地继承了科名的可交换性与可积累性，因此，学堂经历在 1905 年后已成为唯一的文化资本。正如张之洞等人曾提出的，废科后要使"天下士子，舍学堂一途，别无进身之阶"。这种新文化资本是否体现出了一个崭新的支配结构呢？

1. 出身分析

我们可以先来分析一下维新时期在湖南兴起新式教育的情况。当时有一个很响亮的口号是"开民智""兴民权"。而所谓"民智"或"民权"，正如梁启超当年在《论湖南应办之事》中所指出的："今之策中国，必曰兴民权。兴民权斯固然矣，然民权非可以旦夕而成也。……欲兴民权，宜先兴绅权；欲以绅权，宜以学会为之起点。"[1] 湖南的维新运动几乎都是围绕着"地域绅权"而展开的。且不论专于教诲士绅的南学会，即使是如时务一类新式学堂也强调以旧学已有根底为入学资格，因其培养目标是"学通中外、体用兼赅"。尽管儒学与西学是两种异质文化，但在维新时期，无论新派还是旧派，都将儒学教育自觉不自觉作为西学教育的起点。从最早那批无师自"通"（其实大多只是一种认同）西学的人来看，其主力都是科场中的过来人。出于多种偶然的原因而自小就接受西学教育的人诸如容闳、唐廷枢不仅大多家居于柯文所谓"香港—上海走廊"沿岸，而且其在中国社会文化上的影响也始终是边缘性的。在科场场域内首先掀起轩然大波的无一不是像康有为、梁启超、谭嗣同那样出身富绅之家又跻身上层士绅行列的人。这里我们可以看到一个有趣的现象：如果说新文化资本的边缘获益者多是因缘于家贫之苦（无法供其进入科场参加角逐）与地利之便（沿海教会势力强大），那么新文化资本的核心获益者则是缘于他们已跻身于科场上层的特殊地位。因为只有他们才能利用家庭财力及赴考生涯中的各种关系、机会跨越地理障碍，最早接触到在沿海地带流传的西书西刊；只有他们才能在周期性的投考会聚中相互砥砺，沟通资讯；只有他们的基本文化素养才能感悟、辨析西学的意蕴；也只有他们才

---

[1] 梁启超：《饮冰室合集》第 1 册，文集之三，第 41 页。

能有机会成为最早出去留学访问，沐浴欧风美雨的人。以"公车上书"作为新文化资源进入中心地带的标志，这并不是偶然的。为此，我们可对时务学堂作一个个案分析。请看下表：

表1-3　湖南时务学堂绅董、教习名单

姓　名	籍　贯	家庭出身	教育背景	学堂任职
王先谦	湖南长沙	士人	进士	绅董
熊希龄	湖南凤凰	军人	进士	绅董、总理
谭嗣同	湖南浏阳	巡抚	（自学）	绅董
蒋德钧[1]	湖南湘乡	高官	（前任知府）	绅董
张祖同	湖南长沙	富家	（候选郎中）	绅董
黄自元	湖南安化	富家	进士	绅董
李维翰	湖南	？	？	绅董
陈海鹏	湖南	？	？	绅董
邹代钧	湖南新化	士人	生员	绅董
陈三立[2]	江西义宁	巡抚	进士	筹办人
梁启超	广东新会	士人	举人／万木草堂	中文总教习
韩文举	广东番禺	？	监生／万木草堂	中文教习
叶觉迈	广东东莞	？	万木草堂	中文教习
欧渠甲	广东归善	商人	附生／万木草堂	中文教习
王史	福建龙溪	？	？	教习
李维格	江苏吴县	？	（候选州判）	英文总教习
杨自超	安徽石棣	？		监督
唐才常	湖南浏阳	士人	贡生	中文教习
许奎垣	？	？	？	数学教习

本表资料汇自《中国近代学制史料》、《湖南历代人名词典》、中国史学会编《戊戌变法》（上海书店出版社2000年版）。

---

〔1〕　蒋德钧、张祖同等人的教育背景虽无从查考，但可从其官职判断其士绅身份。谭嗣同的情况比较特殊：他虽因父命而有候补知府之身份，但其思想所受的熏染几与科场无涉。

〔2〕　陈三立虽未在正式的学堂任职，但他在筹办学堂中发挥了不容忽略的影响。

从表 1–3 可以看出如下特点：(a) 在可查考的 18 名绅董、教习的籍贯中，有 8 名来自湖南省外，甚至远达广东、福建——这是旧式书院很少有的情况。(b) 在可查考的 11 人的家庭出身中，没有一位出自贫家。他们不是士人富商之家就是官宦军人之家，其中三人都有头品顶戴的显赫家世。(c) 在可查考的 14 人的教育背景中，估计有 12 人受过系统的传统教育并已在科场获得上层功名（仅已知的进士、举人就有 5 人）。谭嗣同可说是极少受科场熏染之人，但他本人却出身于巡抚之家。大概只有担任中文教习的叶觉迈是出身平民而接受过新式教育者。[1] 因此，从跨省区的流动、家庭背景以及教育背景看，新式学堂的教师辈几乎清一色地来自那些原本就掌握着旧文化资本的家庭。

那么，时务学堂的学生情况又如何呢？时务学堂前后共招三班，头班 40 人，二、三班各数十人，加上外课生合计 200 多人。[2] 现在要对这 200 多学生的身世进行查考似已不可能了，但我们可以从几个侧面进行推测。报考者必得官绅保送。"距省近之府县，由绅士保送，距省远之府县，由官绅保送。……距省近者，必须保送绅士带领同到学堂报名（如系巨绅所保则须有亲笔信为凭）。距省远者，以府县官印文为凭。报名时自行填写三代籍贯。"[3] 绅董之一的张祖同甚至提出 7 名绅董应每人占额 4 名，将各有情面之子弟直接送入学堂，免予考试。此提议虽为熊希龄所拒，但它仍提醒我们注意士绅在保送上的影响力。尤其要提到的是，时务学堂之毕业生可有三条出路："或给予科名仕进之阶……作为生监，一体乡试，或资送京师

---

〔1〕　据苏云峰（《康有为主持下的万木草堂》，《"中央研究院"近代史研究所集刊》1972 年总第 3 期下册）的分析，万木草堂要求学生交纳学费、自备膳宿，甚至还须为学堂提供某些房屋，所以，入学者大多来自小康之家。

〔2〕　《中国近代学制史料》第一辑下册，第 352 页。

〔3〕　《中国近代学制史料》第一辑下册，第 274 页。

大学堂及出洋学习，或保荐为使署翻译随员，与南北制造等局。"第一条出路意味着学堂成为继捐纳外又一条跨越院试直接进入乡试或获科名的渠道。因此，在以往科场场域内外进行的权争必然渗透进学堂中。据熊希龄称，他在办学堂中先后接到几百张的条子，但都付之一炬了。[1] 尽付之一炬之说是否属实且不论，但显然可见的是，作为学堂总理的熊希龄面对着由官绅富商织就起来的厚厚的关系网。此外，在学生名额的地理分布上也有可思之处。在初定 120 名生额中，长沙府占了 24 名，衡州与永州府各占 12 名，岳州、宝庆、常德各占 10 名。据统计，湖南在晚清（自 1821 至 1905 年）时期出了 385 名进士，其主要分布地是长沙府（254 名）、衡州府（27 名）、岳州府（24 名）、宝庆府（22 名）、常德府（20 名）、永州府（12 名）。[2] 在这两个分布中，除永州府有些例外，其余有惊人的对应关系。士绅聚集的地方正是学堂生额最多的地方，而黄自元还向熊希龄抱怨说给长沙府的名额太少。为了进一步证实时务学堂学生与官绅商富出身之间的关系，我们对时务学堂常为人称道的优秀毕业生的家庭出身进行了查证：唐才质，士人；蔡艮寅（蔡锷），农民；李炳寰，幕僚；蔡钟沆、蔡钟浩，士人；田邦睿、田邦瑜，士人；林圭，富家；范源廉，士人；杨树达、杨树谷，士人。[3] 以上 11 人虽不过是时务学生的一小部分，但也可大致看出学堂学生以出自士绅家庭者为多。此外，兄弟双双入学的情况并不罕见，它表明某些士绅家庭执意希求其子弟接受新式教育，哪怕是以此作为获取科名的

---

〔1〕 熊希龄：《上陈右铭中丞书》，载中国史学会编《戊戌变法》第二册，上海书店出版社 2000 年版，第 597—598 页。

〔2〕 张伟然：《湖南历史文化地理研究》，第 34—35、229 页。

〔3〕 以上资料汇自《自立军史料集》（杜迈之等编，岳麓书社 1983 年版）、《湖南历代人名词典》等。值得一提的是，时务学堂日后最著名的学生蔡艮寅（蔡锷）虽然出身贫家，但他的母舅樊锥却是身为南学分会会长的拔贡。

手段。

我们现在再来看看新政时期究竟又是谁在办学，谁在受教。由于新政一开始就明言废科举是迟早之事，所以尽管旧文化资本在1905年前并未丧失合法性，但在竞争中已落下风。稍有见识的人已预感到：学堂将成为主要的进身之阶，因此，士绅利用既有的文化优势成为学堂师资的最主要来源：有些经过了留学的"热加工"，有些则以上层士绅的身份摇身而变为学堂监督。1902年，湖南派出第一批共12人赴日短期游学者，其中有举人3人、拔贡1人、监生2人、廪生3人、附生3人。[1] 他们后来成为湖南各新学堂的主要负责人，如举人俞诰庆先后成为官办省高等学堂和半日学堂的总理、监督，拔贡胡元炎成为私立明德学堂的创办人。但"热加工"的数量远不能满足学堂师资的亟缺情况，于是，或所谓望重，或所谓趋新的士绅便成了主要的人选。属于前者的情况有：翰林张鹤龄被聘为省学务处总办兼游学预备科监督，巨绅王先谦由岳麓山长而一跃为省师范馆馆长。属于后者的情况有：师范分路办学后曾分任中路与南路师范学堂监督的戴展诚、曾熙都是公车上书的参与者，原时务学堂的总理熊希龄则担任西路师范学堂的绅董。[2] 在一份1908年统计的湖北学堂3121名教职员身份表中，具进士身份的2.24%，举人9.68%，贡生13.1%，生员40.6%，监生7.3%，有官职衔者9.2%，其他仅占17.84%。[3] 这即是说在1905年废除科举后都还只有17.84%的学堂的教员完全没有科场或官场背景，那么在1905年之前这个比例应当高得多。虽说其统计的对象并非湖南，但考虑到目前尚未发

---

〔1〕　张朋园：《湖南现代化的早期进展》，第187页。

〔2〕　政协湖南委员会文史资料研究委员会编：《湖南文史资料选辑》总第22辑（1986），第73—92页。

〔3〕　贺跃夫：《晚清士绅与近代社会变迁》，广东人民出版社1994年版，第103页。

现湖南这方面的史料，而湖北与湖南毗邻，同在张之洞治下，[1] 该资料对湖南的参照意义还是很大的。

如果说士绅作为最初办学的主体是很容易理解的话，那么受教一方的情况又如何呢？这里我们以中学堂为界，将各式学堂大致划为高级学堂与初级学堂。高级学堂因其在很大程度上旨在为各类学堂造就师资，所以其招生对象多明文规定为生员以上或具中学根柢者。如京师大学堂师范馆1902年至1906年共有师范生512人，其中422人有传统功名（含举人1人、贡生48人、生员232人、监生84人等），占82%。其中，湖南师范生29人，举人1人，贡生7人，监生7人，廪生3人，增生1人，附生7人，有官职者2人，其他类仅1人。[2] 这类由士绅受西学再教育后又成为办学者，也即所谓"学绅"。学绅既是高级学堂的学生主体，又是初级学堂的教习主体，因而成为二者的桥梁。初级学堂面向的主体是年龄较小的无功名者。问题是贫家子弟是否就此得到较以前更多的受教机会呢？1902年学堂初兴时，湖南曾决定在省会先办12所半日学堂，专门招收贫家不能就读者，半日读书半日佣生，每生可得日给津贴缗钱10文。到1905年春，半日学堂被改为初等小学。当时长沙已有小学堂40所。为达到多设学堂目的，便将每所学堂费削砍到每年360串以内，原来半日学堂给学生的津贴被取消，仅供其书籍、纸笔、墨砚及每年每人一套衣服。这40所初小的分布是：有27所集中在城厢内外，离城不到5里；而其余13所分散在离城10里到120里的广袤乡土上，平均8里多才设有一所初小。[3] 考虑到长沙作为省会城市对教育的相对重视，其他地方在方圆多少里才会有一所初小就要大打疑

---

〔1〕 周锡瑞在他的《改良与革命：辛亥革命在两湖》（中华书局1982年版，第3—7页）中详述了将两湖连在一起来研究的缘由。

〔2〕 房兆楹编：《清末民初洋学生名录初辑》，台北："中央研究院"近代史研究所1962年版。

〔3〕 《湖南文史资料选辑》总第22辑（1986），第11—14页。

问了。对贫家子弟而言，按额取士这道有形的限制取消了，但仍面临着无形的限制：日见高涨的教育费用（详见稍后的分析）。无论是学费之高，还是地距之远，都使新教育之于贫家子弟成了一种奢侈品。

由此可见，新文化资本从一开始并没有给被统治阶级带来多少机会——它无论是在教习还是在学生方面，基本上掌握在权贵富绅之家。新旧两种文化资本的颉颃体现出的不是统治阶级与被统治阶级的对抗，而是统治集团内部的流动与惯习的再塑造。

这种情况在 1905 年后有没有发生什么变化呢？根据表 1-1、表 1-2、表 1-3 与下文的表 1-6，我们可对湖南清末民初受过新式教育的 73 人作一个出身分析，结果发现：出身官宦的 25 人（含高官出身 12 人），出身士人的 26 人，出身富家与商人的 10 人，出身农民与贫家的 12 人。文武官员、士绅富商的子弟在其中占了 83.6% 之多。我们再以手头可得的湖北与广东的资料来对湖南的情况作对照。苏云峰与贺跃夫分别估算出清末受过近代"再教育"的湖北、广东士绅各为 21837 人与 25070 人。[1] 据《宣统元年分第三次教育统计图表》，湖北、广东学生数分别为 99064 人与 86437 人。因此，我们可以估算出这两个省士绅在学生总数中所占的比例分别约为 22.0% 与 29.0%。尽管获科名者中确有一部分系贫苦出身，但因为学堂里还有相当多未得科名的权贵出身者，故可以推断，这两省官绅富商的子弟在学堂学生中的比例应该远高过 30%。[2]

再从史料细察我们所研究的湖南那些出身寒士与贫家农民的进

---

[1] 贺跃夫：《晚清士绅与近代社会变迁》，第 91 页；苏云峰：《中国现代化的区域研究——湖北省》，台北："中央研究院"近代史研究所 1981 年版，第 472—473 页。

[2] 初级学堂既以十余岁左右的少年为主，则时势之骤变会使许多权贵子弟来不及获取科名便会被送入学堂这一新的进身之阶。所以，在学堂学生中，未得科名的官绅富商子弟数远比有科名的贫寒子弟数多。

学者的家庭背景，可以发现几代赤贫出身的人极少，而由原来的殷富而堕入破败的人（即所谓"破落户"）占了不少的比例。家庭破落各有其具体情况，但失父是主要的原因之一。因为中国历史上长期是一个男权社会，父亲是一个家庭的核心，父亲早逝会给一个家庭（哪怕是原来的官绅之家）带来几无可阻的地位下降。在上述那四个表中仅就已知材料统计，受新式教育者中有3位士人出身、4位贫家出身、2位商人出身、2位不明出身，合计11人早岁丧父，占统计数的15.1%。最引人注目的是，我们的统计对象中只有12人出身贫家，而其中竟有4人幼年失父。为什么那么多破落户执意让子弟进入新学堂呢？韦思蒂曾在分析江西山区新式教育的最初发展时指出：破落的下层精英户比一般人更急于抓住新式教育这个机会——培养出一个新生的才子是挽救中衰家运的最后一线希望。[1]这个分析观之于湖南，也很有启发。中国近代教育史研究的开创者、湖南19世纪90年代出生的舒新城在其自述中便专门分析过小家庭中母子的关系类型对孩子受教育期望值的影响。[2]也许学堂只有对那些在科举时代从富贵阶层败落下来的家庭才意味着是某种重新上升的机会；而对几代赤贫出身的人来说，无论是科场还是学堂都不可能给他们带来多少上升的机会。当然，证实这一点还须作进一步的分析。

2. 总量分析

废除科举使前此几年一直在迅速爬升的留日潮在1905年当年达到了高潮。我们未见到该年湖南留日学生数的统计史料，但可以作一个粗略的估算。在1904年10月的留日生统计中，湖南籍学生有

---

[1] 韦思蒂：《江西山区的地方精英与共产主义革命》，王笛译，载孙江编《事件·记忆·叙述》，浙江人民出版社2004年版，第85—113页。

[2] 舒新城：《舒新城自述》，安徽文艺出版社2013年版，第4—8页。

401 人，占全部留日生数 2852 人中的 14%。[1] 如果仍参照这个比例数，那么，在 1905 年全国留学生猛增到 8000—10000 人的情况下，[2] 湖南留学生可能有千人之多。此后，清廷对留学政策进行了调整，要求国内中学堂以上毕业的方可出洋。这才使留学热逐年降下来，学堂则得以蓬勃发展起来。湖南的新式学堂发展情况见表 1-4。

表 1-4　湖南 1905—1909 年的学务统计（括号内为该项占全国的比例）

年代	1905	1906	1907	1908	1909
学堂	245 (2.96%)	486 (2.0%)	731 (1.93%)	1027 (2.14%)	1437 (2.4%)
教员	?	?	2593	3372	4069
学生	10232 (3.95%)	19825 (3.6%)	30201 (2.9%)	41996 (3.2%)	52229 (3.18%)

（资料来源：《宣统元年分第三次教育统计图表》；王笛：《清末学堂与学生数量》，《史学月刊》1986 年第 2 期。）

我们可以就湖南的学堂师生数与以往的士绅数作一比较。1909 年，湖南学堂学生为 52229 人，姑且以湖南 1910 年的 2058 万人口数来估算头一年的人口数为 2000 万，则学生在全省人口中的比例数约为 0.26%。而据张仲礼的估算，湖南在太平天国后士绅阶层在人口中的比例为 2.2%。[3] 张仲礼这里所说的士绅阶层包括了士绅的家庭成员。按照每户士绅家庭平均 4—5 口人，那么，我们可以估算湖南士绅在全省人口的比例约在 0.48%—0.6% 之间。这说明作为士绅的替代——学堂学生（其老师也多是从学生生涯中走过来的）在人口中的相对比例不是增加了而是下降了。从全国来说，在新式教育发展最快的 1909 年，学生在全国人口（约 4 亿人）中的比例也不过

---

[1] 清国留学生会馆：《清国留学生会馆第五次报告》（1904）。

[2] 实藤惠秀：《中国人留学日本史》，谭汝谦等译，生活·读书·新知三联书店 1983 年版，第 36 页。

[3] 张仲礼：《中国绅士研究》，第 93 页。

0.41%。这个比例不仅远远不能与日本同期的比例（12.65%）相比，而且比之太平天国起义后士绅阶层在全国人口中的比例（1.9%）也是大大减少了。[1]

3. 学费分析

如前所述，要能进入科场，首先就得有一定的经济条件与闲暇时间。不过，由于多数传统教育机构（如书院、义学和私塾）或免费或收费极低，而以"四书五经"为经典、以死记硬背为诀窍的传统教育也无须多少书本笔墨等费用，所以，进科场本身的主要费用是周期性的赶考费用。现在要进学堂同样必须有金钱与时间，而这两方面的要求都远高过科场。

首先从学堂的布局来看。越是高级的学堂越是设在大城市，而学堂教育的真正重心也在高级教育上。实际上，在张之洞等人制定的学堂层级中还有两个比京师大学堂毕业更高的层级未及言明：即留学西洋与东洋。当时流行着所谓"西洋一品，东洋二品，中国三品"之说。从县城经中等城市、省会到京城、东洋和西洋的地理距离也正是各级学堂间的社会距离。要真正将新文化资本操持在手，就必须至少有毕业于中学堂的资格。因为按照《学堂奖励章程》，优级师范学堂以上的毕业生可以获得举人以上科名，而要获贡生以上的科名，至少得毕业于中学堂。学堂出身的层级越高，获得

---

〔1〕 如果考虑到那些曾上过私塾、社学或书院但不曾考取生员的人数，那么，新式教育的普及面就显得更少了。据罗友枝（E. Rawski. *Education and Popular Literacy in Ch'ing China*. Stanford University Press. 1979: 23, 241）的测算，在 19 世纪 80 年代，男人的识字率在 30% -45% 之间，女人在 2% -10% 之间，其低限平均在 16.6%-20.5%，其高限平均在 24%-28% 之间。但在私塾、义学为新式学堂所取代的情况下，识字率已达不到这样高的水平了。20 世纪开始屡屡发生的乡民毁学堂的事件表明老百姓对新式教育所感受到的只是他们不得不交纳的沉重的学税以及学堂对宗族庙宇、祠堂的占用，所表达的是他们多数人被迫退出教育场域的愤恨与仇视。参见王先明：《变动时代的乡绅——乡绅与乡村社会结构变迁（1901—1945）》，人民出版社 2009 年版，第 1—29 页。

新文化资本的竞争力也越强，但要跻身于这个竞争中，首先就得有跨越地理障碍的资本。去学堂的路费和宿费比以往的赶考费用高得多。1906年留学英国的每年官费为192英镑，留学法国的每年官费为4800法郎，留学德国的每年官费为3840马克，留学美国的每年官费为960美元（折合大洋1716元），留学日本的每年官费大约为840日元（折合大洋600元）。而官费生比例自1906年后逐渐下降。1906年官费生占留学生的65%，到1910年官费生仅占留学生的50%了。[1] 显然，自费留学是连小康家庭都难以支撑得起的。对于多数农家子弟来说，往往难以筹足到国外或京城、省城乃至各府所在地上学所需的那笔旅费、宿费。从这个意义上说，各级学堂间的地理布局既是文化资本的布局，也与经济资本的分布密切相关。

再从时间来说。学堂几乎实行的都是全日制教学，且中学堂以上的学堂大多要求学生住校，因此，学生进入学堂必须把全部时间都投在学堂里。这与参加科举的人大部分时间住在自己家里的情况完全不同。

而更大的变化则是学堂要求交学费。在《癸卯学制》中明确指出："除初等小学堂及优级初级师范学堂均不收学费外，此外各项学堂，若不令学生贴补学费，则学堂经费必难筹措，断无多设之望，是本欲优待而转致阻碍兴学矣。"[2] 另外，学生所需的书本笔墨等费用也较前增高了许多。那么，到底需要多少学杂费才有望入学呢？我们可对湖南1909年的情况作一粗略估算。该年学堂岁入中有41452元来自学生缴纳。[3] 以52229名学生平均计算，每名学生每年须缴纳4.6元。由于小学生人数比例达38%之多，所以可以推

〔1〕 汪一驹：《中国知识分子与西方》，第46、91、93页。
〔2〕 《中国近代学制史料》第二辑上册，第95页。
〔3〕 《宣统元年分第三次教育统计图表》(1909)。

断，中学堂以上的学费远不止这个平均数。但即使是这个数字，较之传统初级教育（如私塾）的学费也是成倍增加了。如果加上前述的旅费与宿费等，则总的学杂费更超过了这个平均数。据张謇对江苏南通地区的估算，在 20 世纪初，一个家庭要送一个孩子上初等小学，每年需花 35—50 元的总学费（而传统私塾的学费不过是几元）。当时，一个普通农民每年平均收入仅 12—15 元，而在张謇工厂的工人每年也只有 50—100 元的收入。1912 年 35 元相当于 18 亩中等地的年租或该片地 40% 的收成，而当时农民平均占地仅 14 亩。[1] 1906年湖南西路学堂每学期的膳宿及杂费就高达 50 多元，一年即要 100多元。[2] 汪一驹对 20 世纪 30 年代的学费有一个测算：一个家庭有30 亩地才能支持两个小孩上初小，有 50 亩地才能支持一个小孩上高小。[3] 比较一下这几个测算，就可以看出他们所提供的情况是大致相当的，所以，舒新城将当时的情形称之为："学堂重地，无钱免入。"[4]

如果说科场场域以考试的方式来实现文化资本的积累还有一定风险性的话，那么，在学堂体系中尽管依然存在着考试，但它在实现学堂经历所代表的文化资本的垄断与积累上已不构成阻碍了。是否完成学业并不影响其地位获得，这里最重要的是入学资格的取得和维持——它在很大程度上体现的是文化资本与其他资本尤其是经济资本的直接交换关系。在留日潮与学堂热中，1901—1909 年曾有34080 人留日，仅 1458 人正式毕业，占留日生总数的 4.3%。1909 年国内学堂有在校生共 1639641 人，可是，1905—1909 年五年累计的

〔1〕 M. Bastid. 1988. *Education Reform in Early 20th-Century China.* Harvard University Press. 1988: 160.
〔2〕 舒新城：《舒新城自述》，第 61 页。
〔3〕 汪一驹：《中国知识分子与西方》，第 92 页。
〔4〕 舒新城：《舒新城自述》，第 61 页。

毕业生才 68082 人，不到 1909 年在校生数的 4.2%。[1] 但无论有否毕业文凭，只要有高等学堂经历（尤其是留洋经历），便可以在当时的社会位居上层。汪一驹曾统计了 1916 年 380 名各方面上层人士的教育背景，发现有 15.5% 的人出身国内新式学堂，33.7% 的人曾留过日，16.2% 的人曾留学英美等国，只有 35% 的人出身于传统教育。[2] 这个统计表明了在 1905 年后谁有过学堂经历尤其是谁有留学经历，谁就可能在过渡社会中占据支配地位。

4．结构分析

从表 1-4 可知：湖南的学堂与学生数在 1905—1909 的五年内分别增长了 4.86 倍与 4.10 倍，教师数则在三年内增长了 0.57 倍。这个涨幅是不小的；不过，其绝对数在全国所占的比例并不大。我们以 1909 年的数据为例来进行两项比较分析。首先是对比湖南学生数在全国的数量比与位次。在清学部第一次教育统计中，湖南的学生总数在全国仅占 3.18%，这个偏低的比例在全国当时 23 个省中还能排在第 9 位。这证明学堂在各地的分布是极不平衡的。事实上，仅直隶、四川两地合计的学堂数与学生数就分别占全国总数的 37.0% 与 35.8%。与此同时，黑龙江、新疆两地合计的学堂数与学生数却仅占全国总数的 1.10% 与 0.86%。[3] 科举时代学额的规定维系着各地区间士绅数的大致平衡。而今学额的取消使各地因经济文化基础、地方官绅的态度等各种因素而在学堂发展上呈现出巨大的差异，沿海与内地、内地与边疆的差异尤为明显。这实际上为一些地区对另一些地区的支配提供了可能，并促成了地方主义在日后的兴盛。

---

[1] 实藤惠秀：《中国人留学日本史》，第 451—453 页；王笛：《清末新政与近代学堂的兴起》，《近代史研究》1987 年第 3 期。

[2] Wang Y. C. *Chinese Intellectual and the West*. The University of North Carolina Press, 1966: 177.

[3] 《宣统元年分第三次教育统计图表》(1909)。

再从学堂体系来说。1904年后，从蒙养院到高等学堂的各级学堂发展得很不平衡。我们将湖南1909年的情况列入表1–5。

表1-5 湖南1909年各级学堂的统计

	学堂数（所）	学生数（人）	教员数（人）	出入数（元）
专门学堂	7	1060	64	10095
实业学堂	17	1531	100	139036
优级师范学堂	1	320	25	53816
初级师范学堂	15	1647	142	135143
中学堂	47	3992	428	246880
高等小学堂	141	8740	773	302391
两等小学堂	166	8509	671	133606
初等小学堂	833	25061	1680	155297
蒙养院	1	100	3	2734
半日学堂	11	283	12	718
女学堂	22	992	111	16494
合计	1261	52235	4009	1196210

资料来源：《宣统元年分第三次教育统计图表》（1909）

从表1–5可见，湖南1909年中学堂以上的学堂仅87所（占全省学堂数的6.9%），学生数仅8550人（占全省学生数的16.37%），教师数仅759人（占全省教师数的18.93%），但其岁入数竟高达584970元，占全省学堂岁入的48.90%。也即是说，中学堂以上的学堂每所平均岁入达6723.79元，而中学堂以下的学堂每所平均岁入仅520.65元，二者相差近13倍。在清末的学堂教育中，整个资产重点都投在中学堂以上的高级教育上，中学堂以下的初级教育尽管对象较多，却因学堂散布、资产紧缺而多处于发展无力状态，许多小学堂仅是对原来的书院加以简单的改装门面而成。这种不平衡联系到学堂居所就更加凸显。京师大学堂、高等学堂、专门学堂、实业学堂、师范学堂全部集中在京城、省城或其他重要的城市，中学堂基本上都设在各府、厅、直隶州的所在地，小学堂也多设在州县所在地。这即是说，学堂如此布局基本上将农村排挤出去了：新文化资本成了城市的专利，城镇对乡村的文化支配结构也由此而确立。而在学堂体系内部，由于对高级学堂的倾斜，又确立起大城市对中等城市，中等城市对县城的文化支配。在科举时代的大部分时候，科场层级尽管实际上体现了权贵富家对平民寒士的支配，但并没有明显地与城乡分割结合起来。传统礼仪规定的为父母丁忧使宦游在外的官员与其农村家乡始终相连，而多数士绅也愿意留居乡间充当一位民间领袖的角色。不过，自 17 世纪以来，由于商业的发展，城市的繁荣及乡村的动荡等原因，乡居的绅宦家庭越来越多地向城镇迁移，"不在村地主"日渐增多，城乡分割线与经济资本支配线开始重合起来。周锡瑞将中国士绅城市化的产物就称之为"城市改良派上流阶层"（即新的上流阶层明显有别于旧式士绅阶层，又还未成为资产阶级）。[1] 学堂的布局进一步使城乡分割线与文化资本的支配线相合。

总的说来，虽然 1905 年后学堂经历是一种新的文化资本，但把持这种文化资本的仍主要是原来的官绅富商之家。学堂提供给平民寒士的上升机会在总量上相对下降的情况下，能够孤注一掷抓住那点滴机会的大多是已没落下来的富家，新文化资本并未成为原来的被支配阶级用以改变自己命运的有力武器。

不过，1905 年后社会支配关系也发生了一些非常重要的变化。首先，统治阶级的内部结构发生了变化。在科场中，绝对意义上的统治

---

[1] 周锡瑞：《改良与革命》，第 122—130 页。

者只有皇族，官绅富商都是统治阶级内部的被统治者，他们至多只能获得对科场的部分控制权。而在学堂中，皇权被虚置了，官绅富商获得了全面的控制权。其次，遮蔽支配关系的合法化机制被破坏了。科场"前台"的一整套机制不仅使统治阶级内部得以整合，而且还使被统治阶级也认同了这种支配关系从而使这种关系有了合法性；但在学堂中，受教育者对未受教育者、受高等教育者对受初等教育者的支配关系是与富人对穷人、城市对乡村、沿海对内地（及内地对边疆）的支配关系不加遮掩地结合在一起的。所以，学堂已经无法使既有的社会支配关系合法化了。无论贫富贵贱均被科场所吸附的场景与顽绅拒斥学堂、乡民怒烧学堂的场景构成了鲜明的对照。

（三）学生的反体制冲动：一种特殊惯习的形成

在科场场域中，是士绅惯习推动着社会支配关系的再生产。既然社会支配关系未发生根本性变化，那士绅惯习是否还会继续作用于学堂呢？我们先来分析第一代新式学生的生活史。我们这里所说的第一代新式学生是指那些 1895 年后未曾进过科场，或未获得过科名，或至多获得过生员科名、主要在新式学堂受教的一代人。

1. 湖南第一代新式学生的生活史

表 1-6　湖南第一代新式学生的生活史（1895—1913）选录

姓　名	出生年份	家庭出身	教育经历	主要活动
宾步程	1879	？	两湖书院；1900 年赴德入柏林工业大学	在德入同盟会，回国任湖南高等工专校长
陈天华	1875	寒士	资江、岳麓书院；求实学堂；1903 年留日	参加拒俄运动，撰《猛回头》，组织华兴会，参加同盟会，后以死警世
曹典球	1877	官宦	时务学堂；留日	1903 年应经济特科试成进士。在学堂与湖南学务公所任职

姓　名	出生年份	家庭出身	教育经历	主要活动
方克刚	1887	?	学堂	任教学堂；1910 年办妙峰中学
葛　谦	1885	?	长沙农校，留日	参组光华会，入同盟会，谋杀权贵不成。后任教学堂，又参与起义，遇害
何炳麟	1871	士人	书院，1900 年成生员，后入学堂，1903 年留日	学堂任教，办南路公学
胡　瑛	1888	?（幼丧父）	学堂；留日	入光华会，组织科学补习所，参加同盟会。因参加起义坐牢
黄　瑛	?	?	学堂	1903 年办女学，1909 年任议员
焦达峰	1887	士人	县小学堂、湖南高等学堂，留日	联络会党组织反清活动，组织共进会，1911 年任湘都督，后遇害
焦达人	1891	士人	1907 年入学堂，后留日	入同盟会，组织会党
蒋翊武	1885	工人	1904 年入西路师范，1906 年入中国公学	因参加革命被西路师范开除。1906 年入同盟会；组织文学社
宁调元	1883	士人（幼丧父）	书院；1903 年入明德学堂，1904 年留日	入华兴会；办中国公学、办报刊。1906 年主持陈天华、姚宏业的安葬
李剑农	1880	富农	中路师范；留日、留英	入同盟会
李六如	1887	商人（幼丧父）	经馆；小学堂；留日	在新军参加反清活动
李锡畴	1891	?	小学堂、中学堂，留学东京工业学校	入同盟会，参加学生军，1913 年组织暗杀团
黎锦熙	1890	士人	1905 年成生员，1912 年优师毕业，留日	学堂读书、任教
凌盛仪	1872	富家	1904 年留日	入同盟会。1907 年毁家资办学
刘道一	1884	差役	1904 年留日	入华兴会、同盟会，参加反清革命

姓　名	出生年份	家庭出身	教育经历	主要活动
林　圭	1875	富家	时务学堂，留日	参加自立军起义，后遇害
林伯渠	1885	士人	西路师范；1904 年留日	1905 年入同盟会，后在长沙办学
聂雁湖	1870	？	留学日本早稻田大学	参加自立军起义，入同盟会；任教学堂，办地方自治讲习所
欧阳予倩	1889	巡抚	1903 年留日	学堂读书
欧阳振声	1881	？	学堂，留日	入华兴会、科学补习所、同盟会，参加反清革命
仇　鳌	1879	士人	生员（1902 年）；留日	入华兴会、同盟会，办学
任凯南	1884	？	学堂、留日	入华兴会、同盟会，参加反清革命
舒新城	1893	农民	书院；学堂，留学预备科	在各学堂任教
苏　鹏	1880	？	留日	参组拒俄运动与暗杀团；学堂任教
栗戡时	1882	？	留日	1909 年任副议长；参加护路运动
唐群英（女）	1871	提督	1904 年留日	入华兴会、同盟会，学堂任教，办报刊，办女学
覃　振	1884	士人	书院；常德中学	参加反清革命，入同盟会
田兴奎	1874	提督	肄业于西路师范，后留日	入同盟会，在湘西办学办报
危道丰	1884	？	1902、1904 年两度留日	任教南路师范
吴景鸿	1876	？	书院；1910 年入明治大学	参加华兴会、同盟会，任教学堂；1912 年任湖南教育司长
徐特立	1877	士人（过继）	学堂；1902 年留日	在湘办学，入同盟会
萧翼鲲	？	？	明德学堂；留日	入华兴会、同盟会，参加反清活动，1912 年任议员，法政学校校长

姓　名	出生年份	家庭出身	教育经历	主要活动
向　桑	1864	?	留日	学堂监督，1909 年任议员
杨树达	1885	士人	校经堂，时务学堂；留日	任教学堂
禹之谟	1866	商人（30岁丧父）	1900 年留日	参加自立军起义，开办实业，创办中学，入同盟会，任湘商会与教育会会长，发起公葬陈天华、姚宏业
姚宏业	1881	?	1904 年入明德学堂；留日	1905 年入同盟会，参加学运；回国办中国公学；1906 年以死明志
周震鳞	1875	官宦	两湖书院，1905 年入日本法政大学	在湖南高等学堂任教务长，参创华兴会，入同盟会
朱剑凡	1883	官宦	留日	1905 年办周南女学
曾宝荪（女）	1893	高官	浙江高等女校，留学伦敦大学	学堂任教
张汉英（女）	1872	?	长沙女学；留日	1905 年入同盟会；后办女学

本表资料来源：同表 1-1。

　　上表所列的 43 人同属中国第一代新式学生，他们在 1905 年废科之时平均年龄才 25 岁。尽管早年或多或少都接受过传统教育，个别人还获得过生员科名，但他们自青年起所受的新式教育显然对其人生观的形成有更显著的影响。这时候很多人已不再像上一代人那样都挤在速成教育大军中了。他们中有了毕业于德国柏林工业大学、英国伦敦大学、日本早稻田大学、明治大学这样的名牌院校的学生，有了从县立小学堂到中学堂再到高等学堂接受完整新式教育的学生，也有了若干在近代史上第一次走进新式学堂或出洋留学的女学生。不过，他们的最大特点还不在此，而是在于他们与政治活动尤其是反体制活动有如此深的纠葛。在这 43 人中，仅参加自立军、华兴会、同盟会等革命活动的就有 28 人，还有 3 人成为第一届省咨议局的议员。第一代学生中尽管开始出现科技人员、新闻记者、现代学者、实业家、艺术家，但涌现得最多的、最突出的显然是政治斗士、职业革命家。同盟会成立最初两年即以学生为主体，而在 979 名会员中，湖南人就有 158 人，占了 16%，是各省人数最多的。[1] 读书与政治的密切联系一如既往。但在科举时代士绅是与清廷的一官半职相连的，而在 1905 年以后学生是与立宪改革或反清革命相连的。正如巴斯蒂所指出的，士绅（她将第一代新式学生包含在"新士绅"行列中）与统治者的关系在 1906 年前后发生了断裂：即在 1901—1906 年时，两者基本上属于合作关系；而在 1907—1912 年时，两者已变成了对抗关系。[2] 究其实，是因为统治者要将教育作为维系政治秩序的工具，士绅则要将教育作为变革政治秩序的工具。废科兴学本来是两者基于应急救时的共识，但统治者要救的是自己的地位，而士绅要救的则是日塞的国势。当然，我们应该在此做一点重要的补充：对于许许多多为士绅惯习所浸染的人来说，本来已对科举寄托了多年的梦想、付出了如许的心血，而今科举的废除破除了他们的梦想，也使其心血为之白流。尽管为了谋得已经大大贬值的科名与可能性骤减的官职，他们如今不得不改换门庭，进入学堂或出洋留学，但他们的利益被侵害使其难以对晚清统治者抱着死心塌地的忠诚了。[3] 事实上，在立宪与革命队伍中有相当多的学生，主要不是出于民族主义的激情，而是出于追逐个人利益混迹其中。不过，民族主义之追寻也好，个人利益之诉求也

〔1〕 中国史学会编：《辛亥革命》（四），上海人民出版社 1957 年版，第 275—311 页。

〔2〕 M. Bastid. 1988. *Education Reform in Early 20th-Century China*. pp. 84—94, 154—173.

〔3〕 参见刘大鹏：《退想斋日记》，乔志强标注，山西人民出版社 1990 年版，第 1—174 页。

好，都是与清廷离心离德了。

正是在这一背景下，出现了一个奇特的现象：科举时代主要产生的是体制内知识分子，而在 20 世纪最初的几十年中反体制知识分子却成了对中国社会影响最大的知识分子类型。

我们把 1895 年的公车上书视为科场场域的转折点，其理由之一是它可谓科场发生的第一次大规模的集体行动。科场的一大特点是考生集体行动的可能性极低。赴考前考生多分散在规模很小、带浓厚私人性质的家塾、蒙馆、经馆与书院里，相当规模的集结只是在应考那几天短暂的时间里。而考生又是被无数迥异的背景线所分割开来的，其唯一的共同纽带只是参与对科名的残酷争夺。在科场上，考生是以某个个体及其站在他背后的家族单独面对着考官及其理论上所代表的唯一仲裁者——皇帝。如果说他们还有什么集体行动的可能的话，那只能是他们发现了对其科名及其所代表的文化资本的共同威胁的存在。比如，1841 年 9 月，广州府试诸生曾联合罢考知府余保纯主持的"汉奸试"。又如，1875 年，湖南乡试诸生在北京玉泉山集会，商议捣毁被当时士人指为"不见容尧舜之世"的郭嵩焘的住宅。[1] 当然，在科名被预先"出售"殆尽的情况被披露时，罢考也会成为多数考生的选择。但正如闵斗基所指出的，科场内纵有集体行动，也只是为了考生的个人利益。[2] 在这种前提下，我们可以想见：科场内发生集体行动的可能性与组织化程度都是极低的。而学堂的情况则判然有别——它天然成为培植学生集体行动的场所。

2. 学堂与学生的反体制冲动

我用"学生的反体制冲动"一词来描述学生热衷于政治的社会

---

[1] 魏斐德：《大门口的陌生人》，王小荷译，中国社会科学出版社 1988 年版，第 78—79 页；郭嵩焘：《郭嵩焘诗文集》，岳麓书社 1984 年版，第 34 页。

[2] Min Tu-ki. *National Polity and Local Power*. Harvard Unviersity Press, 1989.

心理动因，这种冲动主要是在新式学堂的特殊环境下孕育出来的。

（1）学生与家庭纽带的松动

科举时代的读书应试都绝非只是考生个人的事，而是关系到整个家庭乃至宗族的维系（对富家来说）或获得（对贫家来说）。所以，一个孩子的读书应考生涯从一开始就寄寓着一个家族多年的心血，而他一旦金榜题名也必负载着对这个家族的照顾、提携义务。考生既受着全方位的关心，也同时受着全方位的牵扯。他首先是属于他的家族而非他自己，他在父母身边读书备考，随时受到父母的关心与监督，富家子弟到书院读书甚至有仆人陪读侍候。但位居于大大小小城市里的学堂则几乎无一例外地要求学生长年累月地过着寄宿生活。尽管学生的读书费用全靠家庭提供，但他们与家庭互动的时间较以前少了很多。正如莎瑞所指出的：对于一个从十余岁就开始长年在远离家乡的学堂生活的孩子来说，尽管他仍知道肩上背负着家庭的厚望，但老一辈士绅惯习对他的思想影响日渐式微。[1] 如果说上一代在严父慈母身边难以成长起一个独立于科场规制之外的自我来，那么，对学堂一代来说，已然松动的家庭纽带使他们有了充分发展自我的机会。对于大户人家中陈腐专制气氛的不满，是许多受过新式教育的学生产生反体制冲动的最初原因。著名作家巴金的《家》写出了一代士绅子弟叛逆的心路历程。他这样表白自己的写作动机："那十几年的生活是一个多么可怕的梦！……那十几年里面我已用眼泪埋葬了不少的尸首，那些都是必要的牺牲者，完全是被陈腐的封建道德、传统观念和两三个人的一时的任性杀死的。我离开旧家庭，就像甩掉一个可怕的阴影，我没有一点留恋。"[2] 因此，早在废科前一年就赫然出现了

---

〔1〕 J. Sarri. *Legacies of Childhood: Growing Up Chinese in a Time of Crisis, 1890—1920*. Harvard University Press, 1990.

〔2〕 巴金：《家》，人民文学出版社 2000 年版，第 384 页。

这样的言论："家庭革命者何也？脱家庭之羁轭而为政治上之活动是也，割家族之恋爱而求政治上快乐是也，拒家族之封建而开政治上之智识是也，破家族之圈限而为政治上之牺牲是也，去家族之奴隶而立政治上之法人是也，铲家族之恶果而收政治上之荣誉是也。"[1] 从这位号称"家庭立宪者"的作者与家庭的决绝态度看，他想必是新式学堂的过来人。实际上，上过高级学堂、留过洋的学生很少再回到他们的父母身边了：农村或大大小小城镇出身的人大多集聚游移在京城、省会或少数几个大城市中。因此，他们对父母的反叛是少有后顾之忧的。学堂已使他们成了曼海姆所谓"无社会依附的知识分子"（socially unattached intelligentsia）了。[2]

（2）同质群体的碰撞激荡

在科场上，同蒙"考生"之名，但无论是家庭背景还是在年龄地位上都有着巨大的差异。1905 年后的学堂虽仍有部分三四十岁的老童生，但十几、二十岁的少年已构成了学生的主体。如前所述，由于新教育的费用高昂，所以，能走进同一所学堂的学生，其家庭背景的差距一般不会过于悬殊。即使有，同样的少年意气、血气方刚也会使城市气息与乡土文化相撞而又相融，同样的青春的激荡、理想的召唤也会填平家庭背景与生活习惯间的距离。他们刚刚从家庭的怀抱中挣脱而成长出一个萌芽状态的自我，现在又自然地让这些稚弱的自我相互呼应联结起来，增添独立成长的勇气与能力。

（3）书刊的鼓动与社团的组织

如果说一个学堂只是上百名学生的集结地，则在那里发生集体行动的规模既不会很大，也难以与其他学堂的类似行动相互呼应和

---

〔1〕 家庭立宪者：《家庭革命说》（1904），载《辛亥革命前十年间时论选集》第一卷下册，第 834 页。

〔2〕 K. Mannheim. *Ideology and Utopia*. p. 155. 中译见曼海姆：《意识形态与乌托邦》，李步楼等译，商务印书馆 2014 年版，第 192 页。

联结。但事实上，学堂内外书刊的流传与社团的组织活动使学堂成了学生进行更大规模联结的基地。我们这里所指的书刊不是学堂的教科书，而是私下流传的启蒙性书刊。在 1895—1913 年间走在思想最前列的康有为、梁启超与孙中山、黄兴等人都极其重视报刊宣传工作。早在湖南戊戌维新时期，《湘学报》与《湘报》便成了维新的思想阵地，而时务之类新学堂正是传播这些报刊的主要渠道之一。维新失败后，思想阵地转到了日本。仅由湖南留日生主办的著名报刊就有秦力山 1901 年办的《国民报》、1902 年由杨度等湖南留日同学会办的《游学译编》（杨度于 1907 年又办了《中国新报》）以及宋教仁于 1905 年主持的《二十世纪的支那》等。同时，还有杨笃生的《新湖南》、陈天华的《猛回头》等著述以小册子的形式广为散布。[1] 由于湖南留日学生数量很大，而他们回国后又多曾在各式学堂任教，所以，那些被官方视为"洪水猛兽"的禁刊禁书就这样势不可当地冲进了学堂，深深影响了正处于欲求独立却又还不知所向的学生们。严格说来，每一代人从根本上塑造了自己一生路向的书刊大抵都是少年时期由于某种因缘偶然读到的某几本书刊。对于 1895—1910 年在学堂里成长起来的那一代人来说，产生这般刻骨铭心般影响的无疑是严复的《天演论》与梁启超主笔的《清议报》《新民丛报》。[2] 自 1889 年 4 月《天演论》初版以来，在随后十余年里就发行了三十多个版本。直到新学兴起，其盛誉历久不衰，成为中国出版史上空前的景象。而梁启超在 1898—1907 年主笔《清议报》和《新民丛报》时，以一支"如椽之笔"打动了整整一代学生。即使是那些后来选择了革命道路的人也少有例外地是由

---

〔1〕 方汉奇：《中国近代报刊史》，山西教育出版社 1981 年版，第 202—206 页。

〔2〕 参见史华兹：《寻求富强：严复与西方》，叶凤美译，江苏人民出版社 1989 年版，第 226—235 页；张灏：《梁启超与中国思想的过渡》，崔志海等译，江苏人民出版社 1993 年版，第 1—5 页。

严复或梁启超打开他们最初的视域，播下最初的变革火种的。学生们借此意识到自己不仅仅是属于一个家庭或一所学堂的，而且首先是同属于这个梁启超所谓"过渡时代"的。正如1904年《湖北学生界》中有人所说的："二十世纪之中国，学生之中国也。其兴也惟学生兴之，其亡也惟学生亡之。……呜呼，美矣哉学生之位置！呜呼，重矣哉学生之位置！"[1]

既然学生在思想上受到了自成一"界"（学生界）的影响，那必然随之表现在实际的行动上，社团遍兴便是这种情况。维新时期，南学会等湖南若干新型社团的崛起打破了清廷维持已久的禁令，团结了一批开明士绅与学生。湖南在戊戌之后几年短暂的沉闷之后，于1901—1904年又涌现出8个新型社团。这类社团多基于开明士绅与学生的结合，其表现形式有三种：一是学生先建立自己的社团，然后与开明进步人士对等结合；二是开明士绅在其社团内附设学生组织；三是学生以个人名义加入新式社团（这种形式最为普遍）。如华兴会会员多达500人，其中许多人是湖南明德、经正、实业等学堂学生，而归国留学生则担任各校教职。同盟会1905—1907年可考出身的369名会员中，国内学堂学生与留日生竟有354人之多，占了近96%。[2] 社团成了学生刚被唤醒的主体意识和民主意识的演练场，为其采取更大规模的集体行动做好了组织上的准备。

（4）学堂高压的反冲力

上述三方面造成的学生独立意识与社会责任感的普遍唤醒绝对是清廷所不愿看到的，早在《癸卯学制》中便明文规定了"学生不准妄干国政，暨抗改本堂规条"。1907年学部又颁布了《严禁学

---

〔1〕 李书城：《学生之竞争》，载《辛亥革命前十年间时论选集》，第一卷上册，第453—454页。

〔2〕 桑兵：《清末新知识界的社团与活动》，生活·读书·新知三联书店1995年版，第275—278、342页，《辛亥革命》（四），第275—311页。

生干预国政事致内务府咨文〉，称"不率教必予屏除，以免败群之累，违法律必加惩儆，以防履霜之渐。……（倘各官员）仍敢漫不经心，视学务、士心为缓图，一味徇情畏事，以致育才之举转为酿乱之阶，除查明该学堂教员、管理员严惩外，恐……（各有关官员）均不能当此重咎也"。[1] 这使得学堂监督们即使仅为保住其位置都须对"酿乱之阶"严加防范与惩戒。如此行径虽也会震慑住部分学生，但对于许多眼界已开、志向已立的学生来说只会增添他们的逆反心理。因为学堂并没有将学生的心收拢的内力。不伦不类的课程、新瓶旧酒的腐儒、残缺不全的书籍、虚张声势的管理，这一切都让已受新潮熏染的学生们失望与厌倦。当时有人对学堂总办勾勒过这样一幅漫画："为总办者，受千钧之重任，担教育之巨肩，求一二有名无实乡村蒙塾之教师，使用其毒下戒尺之手段，以压服国民希望之学生。左挟四书五经，右执义之楷法，戴尘堆之破帽，着方袖之套文，道学先生、古文名家，一一登场，万夫失色。"[2] 那个时代著名的学潮人物郭沫若曾如此说道："对于学校的课程十二分不满意，能够填补这种不满意的课外研究又完全没有，我自己真是焦躁到不能忍耐的地步了。……学生在教课上得不到满足，在校内便时常爱闹风潮。……因为少年的各种能力他总要寻出发泄的机会来消费的。"[3] 对比一下那幅漫画与这番心态的自白，就可看到学堂的高压只会为同学少年的反体制冲动加上一个反冲力。

学堂之设按其"中体西用""保教益智"之旨本是想通过课堂正统文化的传输培养"应时救急之才"。但对于无衣食之忧、父母之训、家室之累，却有青春之激荡、眼界之开放、同道之砥砺的学生

---

[1] 《中国近代学制史料》第二辑上册，第88—89页；中国第一历史档案馆编：《光绪末年学政史料选载》，《历史档案》1987年第1期。
[2] 转引自贺跃夫：《晚清士绅与近代社会变迁》，第106页。
[3] 郭沫若：《少年时代》，人民文学出版社1979年版，第96、111页。

来说，通过学堂这个基地孕育的却是反体制冲动。借用曼海姆的话来说，学堂本是统治者意欲灌输意识形态之地，不料却成为培育乌托邦思想的温床。[1]据统计，1905—1911年间全国各地学堂爆发的学潮，见诸报端的就有347起，其中又以集体罢课为主，共有178起；另有退学风潮84次。在这些学潮中，有220起是由于对学堂内部的不满，另有14起是为了反洋教习与教会。[2]

3．反体制冲动下的老师与学生：个案分析

（1）禹之谟与徐特立[3]：个案对比研究之四

禹之谟与徐特立都是在湖南第一代学生中享有盛誉的教师（他们本人都是新式学生出身），但他们的早年经历有很大差别，其历史影响也各具特点。

禹之谟出身商家，小时虽好读书，却根本厌弃科举，一成年便在军界与商界辗转谋生，与旧学并无瓜葛。1897年他与谭嗣同、唐才常、毕永年交好，后来参加了自立军起事。1900年，年已34岁的禹之谟赴日留学，1902年回国后从事实业。但从1905年起，禹之谟开始重视新式教育的发展：他先捐资办了湘乡驻省中学、邵阳驻省中学（此举后为其他各州府学绅所效），次年又创办了唯一学校，招收了许多因闹学潮被开除的学生，并在校内暗设一阅览室，备有《新湖南》《警世钟》等书刊。由于他在商界、学界的声望，他同时被举为湖南商会会董、教育会会长与学生自治会干事长。从唯一学校之设便可看出禹之谟的用意何在。他实际上成为那些年湖南学界风潮的主要鼓动

---

〔1〕 曼海姆：《意识形态与乌托邦》，第234—253页。

〔2〕 桑兵：《晚清学堂学生与社会变迁》，第177、180—181页。

〔3〕 参见禹坚白：《跃起作龙鸣：禹之谟史料》（湖南教育出版社2010年版），第1 282页；《辛亥革命在湖南》（湖南史学会编，湖南人民出版社1984年版），第360—376页；《湖南省志·湖南近百年大事纪述》，第217—297页；《中共党史人物传》第3卷（胡华主编，陕西人民出版社1981年版），第101—190页。

者：或者率众收回路权，或者领军抵制美货。然其中最有影响者莫过于他在1906年发起的各校学生公葬陈天华、姚宏业与痛惩阻碍学运的长（沙）善（化）学务处总监俞诰庆的活动。参加公葬的长沙各校学生竟达到数万人的规模。"适值夏日，学生皆着白色制服，自长沙城中望之，全山为之缟素。"虽然后来禹之谟本人为学运献出了自己的生命，但由他揭开了湖南日后轰轰烈烈学运的序幕。

徐特立出身农家，从9岁开蒙起走过了由旧而新的受教历程。转折点是在他1905年28岁那年发生的，那年他参加县试落第，也由此结束了以往在蒙馆、私塾间受教传教的生涯，开始在由周震麟任校长的宁乡师范就读。毕业后，他先与同学合办了一所高小，后又应聘到朱剑凡任校长的周南女校任教。他当时有两件事名扬湖南：1909年在反对铁路国有的运动中，他参与组织了长沙公私立学校的罢课罢教活动；同年在长沙修业学校的一次时事报告中，他竟自断左手小指，以示对西方列强欺凌中国的愤恨。1910年徐特立赴日考察，回国后在多所学校任教。

对比一下两人的生活史，耐人寻味。禹之谟阅历丰富，视野广阔，自小未受过传统教育的羁绊，又素与谭嗣同、毕永年、黄兴一类人物交好。所以他所从事的教育具有鲜明的革命性是很可理解的。而对徐特立来说，28岁时还在应中国最末一届科试，平素温文尔雅，1910年前又是足不出湘，人不离校。那么，他后来能表现出率众罢教与断指明志的决绝，颇能看到时代风潮打在那代人身上的烙印。

(2) 舒新城与李六如[1]：个案对比研究之五

在众多的1890年前后出生的湖南学生中选择当时还默默无闻的舒新城与李六如作个案，是因为前者经历过完整的学堂教育，而

---

〔1〕 参见舒新城：《舒新城自述》，第1—97页；李六如：《六十年的变迁》第一卷（作家出版社1962版），第1—152页。

后又开创了中国近代教育史研究，其个人自述自有其独到真切的感觉；而后者著有一部以其个人经历为主要素材的小说《六十年的变迁》，为他在那个过渡时代中的心路历程留下了很好的写照。

舒新城 1893 年出生在湖南溆浦一个农家。自 5 岁开蒙起断续读了 8 年的私塾，19 岁进入本县鹿梁书院，次年转入县立高等小学堂。那时进学堂也须考试，但录取面较宽，还暂未开始收学费，使他得以上了小学堂。他在感情上并不喜欢学堂那整齐划一的生活，但与此同时，学堂的阅报室却使他能读到《新民丛报》《安徽俗话报》《民报》与《猛回头》一类书刊，并深深为之吸引。他甚至利用上课时间去默写复述他看过的课外报刊。1910 年他到长沙，本拟报考西路学堂，却因学费太高无法承担，只好又回到小学堂。1911 年武昌首义的消息刚传到他所在的穷乡僻壤时，他竟要求学校发给学生真枪实弹，操练革命，结果被学校开除。其后他任过教，上过县办自治研究所、省立二师单级教员养成所和长沙游学预备科。1913 年舒新城赴武昌就读文华大学中学部。

李六如 1887 年出身于湖南平江一个商家，7 岁即遭父丧，由于母为庶出，备受族人欺凌，故拼力要送他上学做官，以撑门第。于是，十余岁的李六如离家上经馆就读。由于当时八股已废，科试改革，经馆先生鼓励学生读洋书，他也在那时第一次接触到《新民丛报》，并为之心折。1904 年在应科考期间，时逢米商哄抬物价，他率众童生与市民冲击了米店。落榜归乡后，到一留日生处受教，并借此看了《扬州十日记》《洞庭波》《猛回头》等书。1905 年，他进了县立小学堂，并从一留日教习处接触到了《民报》《游学译编》等违禁书刊。次年，李六如母亲病亡，他随即从军，走上革命道路。

舒新城文墨一生，耕耘于文教事业；李六如戎马生涯，终成一著名的共产党人。两人的人生道路并不相合，但他们在少年时期表现出的相似的行为趋向——或倡导革命被开除，或率众冲击奸商——确可反映出其所置身的学堂及其与之相连的《新民丛报》《民报》对他们的影响力。

4. 反体制冲动：一种特殊形态的惯习

虽然第一代新式学生多出身于官绅富商之家，但左右他们在学堂行动的却是反体制冲动。如果说父母辈的士绅惯习是要维系现存秩序的意识形态，那么学生代的反体制冲动就成了专与现存秩序作对的乌托邦。[1] 反体制冲动一方面在统治阶级内部加剧了皇权的衰落，另一方面又由于反抗皇权支配所导致的最高统治位置的"虚位"，进一步造成官绅富商之间的争斗与分裂。

可以说，反体制冲动是在20世纪初的学堂里塑造出来的一种特殊形态的惯习。说它是一种惯习，是因为它赋予了新式学生一个别样的意义世界，塑造了他们共同行动的力量。但是，这种惯习又是非常特殊的。

首先，这种惯习具有不稳定性。反体制冲动所驱动的主要是对皇权的反抗，而非对原来的社会支配结构的整体重塑，也非对西方支配权力的反抗。它既不曾给以往的被统治者带来更多的上升机会，也无法实现上层的某些叛逆者与下层的广大被支配者的稳固结合。那些多由富家出身的学生在当时有一个著名的口号："破坏上等社会、提携下等社会"，而他们自居于中等社会。[2] 事实上，破坏上等社会是做到了，提携下等社会却成了一句空话。学生们也许可以背叛父亲争取人身上的自由，但他们在思想上既代表不了以往被支配的下等社会，甚至也无法表达独立的自我，却仍同父辈一样为政治势力所牵制：或者如谭延闿一般将教育作为改良政治的工具；或者

---

〔1〕 曼海姆：《意识形态与乌托邦》，第130—141页。

〔2〕 杨笃生：《新湖南》，载《辛亥革命前十年间时论选集》，第一卷下册，第628—629页。

如黄兴一般将教育作为革命政治的工具。而政权一旦易手，朝气蓬勃的学生有可能在一夜之间摇身变为暮气沉沉的政客官僚。正如莎瑞所指出的，在第一代学生身后拖着根"士绅的辫子"。[1]

其次，这种惯习具有去合法性。士绅惯习再生产出来的不仅是支配关系本身，而且是支配关系的合法化；由于反体制冲动只是一种破坏性的驱力，它虽然也还能使原来的统治阶级的支配关系部分地被再生产出来，却无法将其合法化。这种去合法性又进一步强化了这种惯习的不稳定性。因此，学堂始终无从构型为一个全然有别于科场场域、类似西方学校场域的学堂场域来。我们就此把这样一个特殊的场域称之为"后科场场域"。

由于新文化资本的可移置性（土地显然是不可移置的资本，而科名因与乡土、家族密切的联系而在很大程度上也是不可移置的；学堂教育的特点是使学生拥有了无形的、可移置的资本），后科场场域内的许多行动者已做出了"退场"（exit）[2] 的选择。我们研究一下黄兴、谭延闿、徐特立那几代人的生活史便可发现：他们中许多人虽然都曾在学堂里翻江倒海，但很快就退出了学堂，置身在兵戈相接的军事斗争场域去了。

对于在科场场域时代就存在着对士绅惯习的某些偏离的湖南来说，这种退场选择就更具有典型性。有学者研究中国近代人物的地理分布时发现：在 1920 年出版的《最近官绅履历汇录》中收有 4767人，湖南人仅占 5.62%；1941 年的 2458 名大学教授副教授中，湖南人仅占 7.2%；1934—1937 年全国 2 万余工程人员中，湖南人只占 5.49%；近代科学家中湖南人只占 4.71%，文学家中湖南人只占

〔1〕 J. Sarri. *Legacies of Childhood: Growing Up Chinese in a Time of Crisis, 1890–1920.* Harvard University Press, 1990.

〔2〕 赫希曼：《退出、呼吁与忠诚：对企业、组织和国家衰退的回应》，卢昌崇译，经济科学出版社 2001 年版，第 128—136 页。

5.8%。但是，在黄埔军校第1—7期毕业生中，湖南人高达28.9%，国民革命军中将、上将中湖南占14.19%，中共早期组织成员中湖南占25.4%，红军人物中湖南有25.22%之多，而解放军上将以上的77名高级将帅中湖南人独居36.4%——这些比例在各省中均高居榜首。[1]"惟楚有才"的湖南在文教科技人物与军界政界人物中多寡的鲜明对比，既是对湖南后科场场域中强劲的学生反体制冲动的一个绝佳说明，也可以从中略窥教育场域与权力场域关系的演化。

五 小 结

如本篇导言所述，学界在分析1905年废科事件对中国近代历史变迁的影响时有两种对立的观点：一种将其视为一个"大事件"，另一种将其视为社会结构变迁中的"泡沫"。

本篇主要借鉴布迪厄的实践理论，通过1895—1913年湖南社会史的叙事揭示了科场变迁的复杂性。由于科场是原来的社会支配关系再生产之地，所以，科场场域变迁的前前后后都与社会支配关系的变化相互关联着。这种关联从时间上以1905年的废科事件为界，分为两个阶段：

第一个阶段：从1895年到1905年。在这十年间，西方列强对中国的支配关系的确立使中国皇权元场域不复存在，科场场域被列强场域与皇权场域交叉分割了。在这两个场域的张力作用下，西式学堂作为新的文化资源进入了科场场域。在这种资源与旧文化资本的竞争中，由于前者高度的"生机控制性"，传统科场行动赖以维系的士绅惯习发生了很大的变异。科举制在内外交困之下走到了历史的尽头。

第二个阶段：从1905年到1913年。在这八年间，学堂经历成了

---

[1] 王奇生：《中国近代人物的地理分布》，《近代史研究》1996年第2期。

替代科名的新的文化资本，学堂与各个权力场域的关系也发生了变化，尤其是皇权在学堂的支配实际上已为官绅富商所排斥。学堂虽然由此实现了统治集团内部支配结构的重塑，但并没有为原来的被统治阶级带来更多的上升机会，反而使文化资本与经济资本、政治资本的交换日渐公开化，从而使这种支配关系的遮掩机制被破坏殆尽。由于学堂的地区分布极不均衡，以往由科举学额所维系的各省区、各府州县间的平衡不复存在；由于学堂均设在城市，因而这种文化支配关系与城市对乡村的支配关系结合在一起；由于学堂学费高昂，故此，这种文化支配关系与既有的经济支配关系的交换更加凸现；由于学堂的重心在留学教育与高等教育，所以文化资本的内部分配愈加悬殊。如果说科场场域实现的是最高统治者及其统治集团内的被统治者之间的内部整合，那么，新式学堂崛起导致的是既得利益集团的分化与瓦解。学堂孕育出的反体制冲动在事实上仍然维系着官绅富商支配权力的再生产，却已无法实现这种支配关系的合法化了。故此，新的文化资本虽然已经占据了场域的主阵地，但并没有出现与之相连的稳定的新惯习，反体制冲动这种特殊的惯习具有很强的过渡性质；科场场域虽已不复存在，但新型的、稳定的学校场域却无法成形，结果在科举废除后出现的是一个特殊的"后科场场域"。

　　尽管在后科场场域里已经出现了力图独立于权力场域的体制外行动的尝试，但它基本上被淹没于体制内行动与反体制行动的合流中。[1] 虽然教育在权力场域斗争中的重要性已下降，但后科场场域

---

〔1〕 这两种行动均与权力场域密切相连，所以，它们是很容易相互转化的。"平时则放荡冶游，考试则熟读讲义，不问学问之有无，惟争分数之多寡，试验既终，书籍束之高阁，毫不过问，敷衍三四年，潦草塞责，文凭到手，即可借此活动于社会"（蔡元培：《就任北京大学校长之演说》，载中国蔡元培研究会编：《蔡元培全集》第3卷，浙江教育出版社1997年版，第9页）。蔡元培给经历了辛亥革命反体制行动后的第二代学生所勾勒的画像与传统科场场域里以科名为敲门砖的举子是何其相似啊！

里仍渗透着各种力量的权争。在日趋衰微的国家力量那里，是欲以此维系其统治地位；在日见坐大的地方力量那里，是欲以此巩固其既得利益；对功名之徒来说，是欲以此进身谋利；而对志士仁人来说，则是要以此促成革命。学生们尽管在革命运动中可一马当先、冲锋陷阵，却始终无力促成社会关系的重新整合。在此意义上，无论是 1905 年的废除科举，还是 1911 年的清廷覆灭、民国建立，都还不具有斯考切波所谓"社会革命"性质。[1]

1911 年 9 月，清朝覆灭的前夜，学部停止了对各学堂的实官、科名奖励。一个月后，辛亥革命爆发。1912 年，中华民国召开首次全国临时教育会议，制定出《壬子学制》。1913 年，教育部陆续公布了一批教育法规，二者合并构成了一个新的学校体制，史称《壬子癸丑学制》。这个学制一直通行到 1922 年《壬戌学制》颁布为止。中国的现代学校场域在这十年才刚刚开始被构型出来。这里尤须一提的是，蔡元培 1917 年就任北京大学校长后对北大的整顿，为新学校场域的建设树立了一个标本。

但仅仅两年后，"五四运动"便爆发了。尽管施瓦支将 1919 年 5 月 4 日标定为新一代的形成，但这一代与上一代的反体制冲动却是一以贯之的。[2] 北京大学的重要性在于它从建立之初便始终是与清末民初的政治文化联系在一起的。它不仅是一个教育机构，而且还成了名望与权力的象征，并为知识分子下了一个新的定义。[3] 所以，尽管科场场域及士绅惯习渐离我们远去，但在教育场域里如何重构政与学的关系、如何形塑出稳定的惯习，这仍是一个尚待解决的问题。

〔1〕 斯考切波：《国家与社会革命：对法国、俄国和中国的比较分析》，何俊志等译，上海人民出版社 2007 年版，第 1—6 页。
〔2〕 施瓦支：《中国的启蒙运动》，李国英等译，山西人民出版社 1989 年版，第 17—61 页。
〔3〕 魏定熙：《北京大学与中国政治文化》，金安平等译，北京大学出版社 1998 年版，第 143—144 页。

"学术社会"的兴起

——蔡元培与北京大学，1917—1923 年

一 导 言

蔡元培在 1917—1923 年[1]秉承着"兼容并包、思想自由"的精神对北京大学进行了一次著名的整顿。就北京大学的历史而言，这是北大新生的开始。就蔡元培个人而言，正如梁漱溟所说的："蔡先生一生的成就不在学问，不在事功，而只在开出一种风气，酿成一大潮流，影响到全国，收果于后世。"[2]然而，问题在于：新生的北大到底新在何处？蔡元培究竟开出的是怎样的风气呢？

胡适在新文化运动中暴得大名，是当年辅佐蔡元培治校最为得力的人物之一，但他在 1920 年 9 月北大的开学典礼上却罗列北大惨淡的学术成绩，以表明北大并没有什么新文化运动，而只有"新名词运

---

[1] 蔡元培自己的说法是："居北大校长的名义十年有半，而实际在校办事五年有半。"《我在北京大学的经历》，载中国蔡元培研究会编：《蔡元培全集》第 7 卷，浙江教育出版社 1997 年版，第 508 页。

[2] 梁漱溟：《纪念蔡元培先生》，载中国蔡元培研究会编：《蔡元培纪念集》，浙江教育出版社 1998 年版，第 133 页。

动"。[1] 在 1922 年纪念北大成立 25 周年的大会上，他再次公开批评道：所谓"但开风气不为师"，此话可为个人说，而不可为一个国立的大学说。北大这些年来虽开风气，但"在学术上太缺乏真实的贡献"。[2]

胡适的这些看法与新文化运动中的著名学生领袖——傅斯年的看法颇为相近。傅斯年 1920 年 8 月在英国留学时给胡适写信，说"北大正应有讲学之风气，而不宜止于批评之风气"。有趣的是，他在该信中对胡适既表达了冀望，同时也暗含着批评："愿先生终成老师，造一种学术上之大风气，不盼望先生现在就于中国偶像界中备一席。"[3] 同年 10 月，傅斯年在写给蔡元培的公开信中更明确提出："北大此刻之讲学风气，从严格上说去，仍是议论的风气，而非讲学的风气。就是说，大学供给舆论者颇多，而供给学术者颇少。……大学之精神虽振作，而科学之成就颇不厚。"[4]

如果说胡适、傅斯年这些来自新文化派内部的反省尚属温和，那么，来自与新文化派相抗衡的学衡派的攻击则要尖刻得多了。柳诒徵撰文批评说："学者产生地有二种，实验室、图书馆一也，官厅、会场、报纸、专电、火车、汽车二也，前者有学而无术，后者有术而无学，潮流所趋，视线所集，则惟后者为归。故在今日号称不为官吏，不为政客，不为武人，不为商贾，自居于最高尚最纯洁之地位之学者，其实乃一种变相之官吏，特殊之政客，无枪炮之武人，无资本之商贾，而绝非真正之学者。……此等学者愈多，教育愈坏，学术愈

---

〔1〕 胡适：《提高和普及》，载欧阳哲生编《胡适文集》第 12 册，北京大学出版社 1998 年版，第 435 页。

〔2〕 胡适：《在北大成立二十五周年纪念会上的讲话》，同上书，第 447 页。

〔3〕 傅斯年：《傅斯年致胡适》，载中国社会科学院近代史研究所编《胡适来往书信选》上卷，中华书局 1979 年版，第 106 页。

〔4〕 傅斯年：《傅斯年致蔡元培》，载欧阳哲生编《傅斯年全集》第 7 卷，湖南教育出版社 2003 年版，第 15 页。

晦，中国愈乱，乱而学者之术愈进步。"[1] 此文虽然没有点名，但他所谓"有术而无学"、引领时潮的学者显然遥指北大的新派学人们。

如果说蔡元培治校时所开出的风气真的仅止于新名词的流行而非学术创造的揭端，仅止于议论而非讲学，仅止于学人们在会场和报刊频频抛头露面而非埋首于书房之中，那么，蔡元培就职时所提出的将大学变成研究高深学问之地的宗旨岂不是落空了吗？如果说傅斯年当年在读北大期间真的如他自己所说的是"一误于预科一部，再误于文科国学门，言之可叹"，[2] 那么，他后来在 1928 年创办的在中国现代学术史上具有重要地位的中央研究院历史语言研究所，岂不真成了有些研究者所说的"无中生有的志业"？[3] 如果说蔡元培治校之初决意要区分学与术，最后却引领出来一批新型的不学有术的学界政客，那岂不是对他整饬北大学风的莫大讽刺？

毋庸讳言，蔡元培本人并不算中国现代第一流的学术大家。所以以往对中国现代学术史的研究多把焦点放在梁启超、章太炎、王国维、胡适、傅斯年或陈寅恪等人身上。如果论及中国现代学术的发端，可以最早追溯至世纪之交。[4] 如果论及中国现代学术第一个真正的丰收期，当在 20 世纪 20 年代后半期和三四十年代。但是，如果忽略了蔡元培整顿北大在中国现代学术史上的特殊贡献，势必就无法理解中国现代学术的基本特点，也无法真正理解 20 世纪 20 年代晚期以

〔1〕 柳诒徵：《学者之术》，《学衡》第 33 期，1924 年 9 月。

〔2〕 傅斯年：《傅斯年致胡适》，载《胡适来往书信选》上卷，第 105 页。

〔3〕 杜正胜：《无中生有的志业：傅斯年的史学革命与史语所的创立》，载杜正胜、王汎森编：《新学术之路："中央研究院"历史语言研究所七十周年纪念文集》上册，台北："中央研究院"历史语言研究所 1998 年版，第 1—41 页。

〔4〕 刘梦溪认为，1898 年严复发表《论治学治事宜分二途》，1902 年梁启超发表《论学术之势力左右世界》和《新史学》，1904 年王国维发表《红楼梦评论》，这些论著的发表标志着中国现代学术的发端。刘梦溪：《中国现代学术要略》，生活·读书·新知三联书店 2008 年版，第 53—112 页。

来的中国学术高峰究竟是如何到来的，无法真正理解傅斯年、陈寅恪、钱穆和陈垣这样一批学术大师的大气象究竟缘何而来。当然，如果我们忽略了蔡元培整顿北大时所遭遇到的一些内在的困局，我们也无法理解中国现代学术在前行中所面临的某些困顿、分岔乃至挫败。

为此，我们需要极为简略地勾勒一下中国传统学术的基本精神。

首先，从学术与政治的关系来看，中国学术具有"学而优则仕""内圣外王"的传统。学术的终极直接指向政治，教育的重心放在为统治者提供人才上。士阶层不仅以文化主体自居，更发展出了高度的政治意识。后世有人褒奖士阶层的政治主体意识，所谓"道统者，治统之所在也"；[1] 也有人批判士阶层的政治奴才意识，道统与治统是一体同构，都以皇权为中心。[2] 无论褒贬如何不同，大家公认的一点是：中国传统学术与政治密切相关，真正独立的道统并不存在。因此，严复在 1898 年提出"政学分途"，王国维在 1905 年提出"学术之发达，存于其独立而已"，[3] 这无疑已经道出了现代学术的一种基本精神，即学术独立。

其次，从学术本身的内涵来看，中国传统学术具有"尊德性""以德主教"的精神传统。正如钱穆所说，"中国传统，重视其人所为之学，而更重视为此学之人。中国传统，每认为学属于人，而非人属于学。故人之为学，必能以人为主而学为从"。[4] 故而，中国传统学术是与道德紧密地结合在一起的。西方现代科学话语的引入不仅催生了中国的现代科学家群体，也深刻影响了中国的现代人

---

〔1〕 参见余英时：《朱熹的历史世界》，生活·读书·新知三联书店 2004 年版，第 7—35 页。

〔2〕 参见王亚南：《中国官僚政治研究》，中国社会科学出版社 1981 年版，第 67—78 页。

〔3〕 严复：《论治学治事宜分二途》，载王栻编：《严复集》第一卷，中华书局 1985 年版，第 89 页；王国维：《论近年之学术界》，载氏著：《静庵文集》，辽宁教育出版社 1997 年版，第 115 页。

〔4〕 钱穆：《中国学术通义》，台湾学生书局 1975 年版，第 4 页。

文知识分子。陈独秀就这样批评中国学术的道德化："中国学术不发达之最大原因，莫如学者自身不知学术独立之神圣。譬如文学自有其独立之价值也，而文学家自身不承认之，必欲攀附六经，妄称'文以载道''代圣贤立言'以自贬抑。史学亦自有其独立之价值也，而史学家自身不承认之，必欲攀附《春秋》，着眼大义名分，甘以史学为伦理学之附属品……学者不自尊其所学，欲其发达，岂可得乎？"[1] 由此可见，学术摆脱泛道德化色彩，按照科学的精神发展，也被视为学术独立的题中应有之义。不过，如果说中国现代知识分子大多认同学术相对于政治的独立性的话，那么，现代学术究竟与道德应该建立什么样的关系，这个问题颇多歧见。因此，就现代中国的学术转型而言，学术与道德的关系远比学术与政治的关系复杂。

无论是学术重构与政治的关系，还是摆脱泛道德化的色彩，都不能仅仅依靠思想家的观念倡导或学人个体的自觉意识，而是必须同时依赖制度化的建设。我们由此可以傅斯年名噪一时的《历史语言研究所工作之旨趣》一文来贴切地理解蔡元培所开创的新机运。

傅斯年曾经在《新青年》中为文批评中国传统学术以学为单位者至少，而以人为单位者过多，因而，科学精神缺乏，家学气息浓厚。[2] 而他在《历史语言研究所工作之旨趣》中以历史学和语言学为例，谈到现代学术"发展到现在，已经不容易由个人作孤立的研究了，他既靠图书馆或学会供给他材料，靠团体为他寻材料，并且须得在一个研究的环境中，才能大家互相补其所不能，互相引会，互相订正，于是乎孤立的制作渐渐的难，渐渐的无意谓，集众的工作渐渐的成一切工作的样式了"。[3] 现代学术从孤立的研究走到集众

---

〔1〕 陈独秀：《随感录》，载任建树等编：《陈独秀著作选编》第1卷，上海人民出版社2008年版，第421页。

〔2〕 傅斯年：《中国学术界之基本谬误》，载《傅斯年全集》第1卷，第22页。

〔3〕 傅斯年：《历史语言研究所工作之旨趣》，载《傅斯年全集》第3卷，第11—12页。

的研究，从以人为单位走向以学为单位，这正是它与传统学术的一个基本分野。学术史上这个根本性的转折并不是从 20 世纪 20 年代晚期才开始的，而是至少从前此十年就开始了。有学者已经指出，北大研究所国学门对于中央研究院历史语言研究所的成立有着直接的影响。[1] 实际上，在中国现代学术的建立上具有开创性意义的并不仅仅止于北大国学门，而是蔡元培治下的整个北大。在蔡元培看来，"所谓大学者，非仅为多数学生按时授课，造成一毕业生之资格而已也，实以是为共同研究学术之机关"。[2] 因此，他治校"始终注重在'研究学术'方面之提倡"。[3] 将大学塑造为一个自由而独立的学术共同体，这正是蔡元培"在静水中所投下的知识革命之石"。[4] 本篇所要研究的问题是：蔡元培在北大是如何引发这场所谓"范式"（paradigm）革命的？这场革命究竟对中国现代学术及其与政治、社会、道德的关系带来了怎样复杂的影响？

众所周知，"范式"一词是科学哲学家托马斯·库恩在名作《科学革命的结构》中提出来的，其主要含义是指一个科学共同体的成员所共有的东西，是团体承诺的集合和共有的范例。科学的革命常常就是范式的转移。[5] 不过，库恩对科学共同体的定义较为狭隘，它是指由同一个科学专业领域的工作者组成的团体，其成员接受过类似的教育和专业训练，钻研过同样的经典文献，并从中获取同样的教益。[6] 而本篇对学术共同体的定义要宽泛得多，采纳的是另一位著名科学哲学家迈克尔·波兰尼的定义："今天的科学家不能孤立地从事其行当。

---

〔1〕 陈以爱：《中国现代学术研究机构的兴起》，江西教育出版社 2002 年版，第 275—322 页。

〔2〕 蔡元培：《〈北京大学月刊〉发刊词》，载《蔡元培全集》第 3 卷，第 450 页。

〔3〕 蔡元培：《复傅斯年罗家伦函》，载高平叔等编《蔡元培书信集》上卷，浙江教育出版社 2000 年版，第 708 页。

〔4〕 蒋梦麟：《西潮·新潮》，岳麓书社 2000 年版，第 119 页。

〔5〕 库恩：《科学革命的结构》，金吾伦等译，北京大学出版社 2003 年版，第 156—183 页。

〔6〕 同上书，第 159 页。

他必须在某个机构框架内占据一个明确的位置。一位化学家成为化学职业中的一员；一位动物学家、数学家或心理学属于一个由专业科学家构成的特殊群体。这些不同的科学家群体合起来形成'科学共同体'。"[1] 本篇所研究的是包括自然科学、社会科学和人文学科在内的科学共同体，因此将这种共同体统称为"学术共同体"。[2]

蔡元培曾经按照研究机构的不同，将学术共同体分为三类：政府创办的研究机关，私人组织的团体，各大学研究所。[3] 从时间上说，私人组织的学术团体最早出现，其中最著名的是 1914 年在美国成立的中国科学社。[4] 但由于中国科学社并非职业化的学术团体，因此这种团体比较松散，彼此之间缺乏必要的联系和合作体制，也使学术研究很难作为一种社会建制而长期存在。政府创办的研究机构以蔡元培 1927 年创办的中央研究院的历史最为悠久、也最为著名，但中央研究院并非如有的分析者所说的是中国现代学术研究职业化的真正开端。[5] 学术作为一种职业的开端，实际上肇始于经过全面改造后的北大。蔡元培以其博大的胸怀、敏锐的眼光和深远的体制建设使北大成了大师名家的荟萃之地、学术创造的中心所在、学人文士无后顾之忧的家园。正如梁漱溟所说的：当年北大"所有

[1] Michael Polanyi. *The Logic of Liberty: the Reflections and Rejoinders*. Routledge and Kegan Paul Ltd., 1951：53. 科学社会学的创始人罗伯特·默顿也大致是在这个意义上使用"科学共同体"或"科学家共同体"一词的："在过去使科学家们联系在一起的，是不断累积的知识的储备，而现在，使他们联系在一起的，则是他们在工作中与其他人的相互作用，以及社会和知识领域所强调的利益引起他们对特定问题和观念的注意。"默顿：《科学社会学》下册，鲁旭东等译，商务印书馆 2003 年版，第 519 页。

[2] 也可参见汪晖所谓"科学话语共同体"的说法。《现代中国思想的兴起》第二部下卷，生活·读书·新知三联书店 2004 年版，第 1123 页。

[3] 蔡元培：《中央研究院与中国科学研究概况》，载《蔡元培全集》第 8 卷，第 164 页。

[4] 任鸿隽：《中国科学社社史简述》，载氏著《科学救国之梦》，上海科技教育出版社 2002 年版，第 721 页。

[5] 陈时伟：《中央研究院与中国近代学术体制的职业化，1927—1937 年》，《中国学术》总第 15 辑，商务印书馆 2003 年版，第 173—213 页。

陈（独秀）胡（适）以及各位先生任何一人的工作，蔡先生皆未必能作，然他们诸位若没有蔡先生，却不得聚拢在北大，更不得机会发抒、聚拢起来，而且使其各得发抒，这毕竟是蔡先生独有的伟大，从而近二三十年中国新机运亦就不能不说蔡先生实开之了。"[1]

蔡元培治下的北大在学术史上之所以具有范式地位，还基于蔡元培为中国现代学术赋予了默顿所谓"科学的精神特质"，即"用以约束科学家的有感情色彩的一套规则、规定、惯例、信念、价值观和基本假定的综合体"。[2]

学术人才、学术体制和学术精神是现代学术共同体密切相关的三个方面。正是依靠这三足鼎立，所谓的"学术社会"[3]才逐渐得以孕育、催生和成熟。

对学术史的考察主要有内外两种研究方式。学术史内在理路的研究通过对学术大家的思想的解析和阐发，从而把握学术思想内在的发展线索。比如，梁启超和钱穆的同名著作《中国近三百年学术史》就是这种观念史研究的范例。而学术史外在理路的研究则重在分析学术内外的社会因素与学术之间的关系。比如，默顿的《十七世纪英格兰的科学、技术与社会》就是这种社会史研究的范例。[4]本篇对学术史的分析主要采取后一路径。如果用本书上篇所采用的理论术语的话，学术人才就如同"文化资本"，学术精神和学术范式就如同"学术惯习"，而学术体制及其以此为基础的学术共同体正是所谓的"学术场域"。本篇在具体的分析中虽然除"场域"外不再直接使用"资本"和"惯习"

<hr />

[1] 梁漱溟：《纪念蔡元培先生》，载《蔡元培纪念集》，第136页。

[2] 默顿：《科学社会学》上册，第301页。

[3] "学术社会"语出顾颉刚1929年为《中山大学语言历史研究所年报》所作的序。载顾潮编：《顾颉刚年谱》，中国社会科学出版社1993年版，第169页。而早在1914年，任鸿隽就在《留美学生季报》中为呼吁"建立学界"而两度撰文（《建立学界论》《建立学界再论》，载《科学救国之梦》，第3—13页）。

[4] 默顿：《十七世纪英格兰的科学、技术与社会》，范岱年译，商务印书馆2000年版。

这样的术语，但在分析框架和思路上与上篇是一脉相承的。

二　蔡元培到任前的学术风气

（一）清季民初学术风气的演变

要理解民国初年的学术风气，必然追溯至有清一朝。清代学术与明代学术迥异，而从清初到清末，学风也多变化。王国维总结清学有三变：清初实学以兴，盛清肆意稽古，晚清虽承乾嘉专门之学，然逆睹世变，复有经世之志。"故国初之学大，乾嘉之学精，道咸以降之学新。"[1] 简略地说，在清学的这三变中，存在着三重张力：

第一重张力是求是与致用的张力。刘师培曾对比明清学术："明儒之学，以致用为宗，而武断之风盛。清儒之学，以求是为宗，而卑者或沦于稗贩。"[2] 其实，就在清儒之学内部，虽然乾嘉朴学被奉为正统，[3] 求是与致用之间的张力仍然存在。这是因为两种学问路向的利弊相生相克。朴学虽有矫正理学空疏清谈之利，却也有"在故纸堆中做蠹鱼生活"[4]之弊。因此汉宋之争，古文经学与今文经学之争，一直贯穿在清学史中。

第二重张力是官学与私学的张力。自宋朝以来，以儒家为主干的中国传统学术大致有两条交织的脉络：一条脉络是以科举制度为核心的制度化儒家，另一条脉络是以若干民间书院为中心的地域化儒家。所谓制度化儒家，其基本形态包含了儒家文本的经学化，孔

---

〔1〕 王国维：《沈乙庵先生七十寿序》，载氏著《观堂集林（外二种）》，河北教育出版社
　　　2003 年版，第 574 页。

〔2〕 刘师培：《清儒得失论》，载李妙根编《刘师培论学论政》，复旦大学出版社 1990 年
　　　版，第 125 页。

〔3〕 如梁启超在《清代学术概论》（上海古籍出版社 1998 年版，第 30 页）所言，"无考证
　　　学则是无清学也"。

〔4〕 钱穆：《国史新论》，生活·读书·新知三联书店 2001 年版，第 169 页。

子的圣人化，选举制度的儒家化及政治法律制度的儒家化等等。[1] 其中科举制度是儒家制度化的核心，因为正是科举制使政教合一、政学合一的儒家理念能够落实，使儒家的思想能够为皇权所利用和控制，使社会的上下层之间能够相互沟通和流动。而所谓地域化儒家，是指非官方的儒家流派呈区域性的分散，其基本形态包含了儒家在地理上的分化，在组织形式上的民间化及在内容构成上的人文话语化。其中书院制度为地方知识精英传播并弘扬地域化儒学提供了中介渠道，并为各种知识环境中选择不同的生存方式构设了体制外的空间。[2] 严格地说，儒学并无体制内和体制外、官府与民间之分。"王者之儒"与"教化之儒"本就是儒士阶层的双重角色，而书院制度多半是科举制度的补充。但制度化的儒家与地域化的儒家的确存在着某种紧张关系，而在有清一朝，清廷的科举坚持理学正宗，而民间学者则多奉朴学为正统。因此，官学与私学、科举与书院的张力就更加突出。朴学的大本营——江南地区本是出科举人才最多的地区，到清朝却有浓厚的反朝廷、反功利的风气，有不应科举者；也有一涉科第，稍经仕宦，即脱身而去，不再留恋者。钱穆分析其中的原因有四：有清文字狱的残酷使学者不愿谈政事；清代书院全成官办性质，书院厚其廪食以招名士；江浙一带经济发达，可培植一辈超脱实务的纯粹学风；而印刷术的发展使书籍流通更加方便。[3]这里需要说明的是，钱穆所说的清代书院全成官办性质，略有简单

---

[1] 干春松：《制度化儒家及其解体》，中国人民大学出版社 2003 年版，第 17—26 页。

[2] 杨念群：《儒学地域化的近代形态》，第 59、89 页。

[3] 钱穆：《国史大纲》下卷，商务印书馆 1994 年版，第 856—859 页。朱维铮认为，清廷是为了便于控制汉族士大夫，故意放任作为理学对立物的汉学的发展，使清朝呈现出术与学双水分流的图景，但思想领域的这种分裂对于构筑种种反现状思潮的堤防却很不利（《求索真文明》，上海古籍出版社 1996 年版，第 9 页）。实际上，清廷虽然为巩固统治而有意识地放任经学的分裂，但这种分裂实际上加剧了民间与官方的紧张，这是其统治术的一个意外后果。

之嫌。清初的确主要创办的是为科举制度服务的官方书院，对私立书院的发展则采取限制政策。但 1755 年以后国内出现了许多有学术眼光的省府官员所创办的半官方的书院，这些书院虽然接受官方资助，却并不主要为科举服务，而是受考据学风的影响，更具私学性质。因此，江南相对独立的、职业化的学术共同体得以依托书院而兴起。[1] 不过，在科举制度废除前，像江南地区那些以学术为职业、为学术而学术的学者还属凤毛麟角。

第三重张力是旧学与新学的张力。道咸以来，朴学在学术界的正统派地位遭到根本动摇，经世之用的观念重新复活。这既是清学内部的张力所致，也因受外界环境的冲击。就后者而言，除了太平天国战事对江浙学术的摧毁外，更重要的因素是外辱日深，尤其是甲午战败对中国知识界的刺激，西学由此成为中国学人自强救亡的基本手段。虽然清末多数学人在观念上认同"中学为体，西学为用"，但实际上从西学为用逐步走上的却是中学不能为体的道路。在西潮冲击下，旧学与新学、中学与西学之间的冲突越来越大。[2] 中学和西学的异同及其相互关系，可谓是当时的中国知识分子最感困惑的问题。[3]

实际上，求是与致用之间、私学与官学之间的张力是前面所述及的中国传统学术与政治的关系在晚近所产生的复杂反应，而这种反应最后都体现在旧学（中国传统学术）与新学（西方近现代学术）的关系上。

1905 年废除科举后，科举遗留下来的旧观念仍弥散在旧式书院和新式学堂中，但政教合一的格局开始向政教分离、学在民间的格

---

〔1〕 艾尔曼：《从理学到朴学》，赵刚译，江苏人民出版社 1995 年版，第 60—98 页。

〔2〕 罗志田：《权势转移：近代中国的思想、社会与学术》，第 18—81 页。

〔3〕 余英时：《重寻胡适历程》，广西师范大学出版社 2004 年版，第 157—220 页。

局转移。有学者认为科举制的废除使读书人从社会中心位置退到了边缘，由此导致了整个社会重心的失去。[1] 但是，如果我们换一个角度来看的话，中国传统社会结构的问题恰恰在于只有一个政治与社会合一的重心，这就是以皇权为圆点、以政统为支撑的重心。废除科举截断了儒家与权力的直接联系，反倒使学术界有可能成长为与政治重心相抗衡的学术重心，从而使中国社会建立多元制衡的格局得以可能。清末民初废科举、兴学校的一个问题并不在于所谓知识分子的边缘化，而在于知识分子的碎片化；并不在于学术与政治的联系被截断，而在于学术尚无力构型为一个相对独立的力量。

这其中的一个重要原因是当时兴学的重点在于中小学堂。蔡元培在民初就任教育总长时曾与教育次长范源廉有一场著名的争论。蔡元培抓教育首重大学，而范源廉抓教育则首重基础教育尤其是小学。[2] 范源廉实际上沿袭的是晚清学部改革的思路。[3] 由于蔡元培任教育总长仅半年就辞职了，随后即由范源廉接任，所以，民初兴学的重点是按照范源廉的思路进行的。尽管百日维新期间就创办了第一所大学即京师大学堂，但大学在蔡元培就任北大校长前一直未能成为学界的重心。因此，到1914年任鸿隽呼吁建立学界时还在感慨："自改设学校以来，教育未兴，学制未善。国内尚无名实相副之大学。必不得已，求为吾国未来学界之代表者，其唯今之留学生乎。"他随即又说："然吾每一念及学界代表与留学生之两名词，觉其性质之不符，有若磁石之南北两极。"[4] 如果学界由散居中小学堂的师资或远在海外的留学生来代表的话，的确没有什么重心可言了。

---

〔1〕 罗志田：《权势转移：近代中国的思想、社会与学术》，第191—193 页。

〔2〕 蔡元培：《我在教育界的经验》，载《蔡元培全集》第8 卷，第508 页。

〔3〕 参见关晓红：《晚清学部研究》，广东教育出版社2000 年版，第309—374 页。

〔4〕 任鸿隽：《建立学界论》，载氏著《科学救国之梦》，第7 页。

蔡元培就任教育总长时作了一件对当时的学术局面影响甚大的事，即于1912年1月发布《普通教育暂行办法》，提出小学废止读经；同时也在大学废止了经科。[1] 如果说废除科举还只是宣告制度化儒家的解体的话，那么，废止经科则意味着学术体系的基本构架——分类体系开始向西学倾斜。蔡元培在解释大学废止经科的原因时说："清季学制，大学中仿各国神学科的例，于文科外又设经科"，而十四经中已分别并入文史哲各系，因而不再有设经科的必要。"孔子之道，虽大异于加特力教，而往昔科举之制，含有半宗教性质。废科举而设学校，且学校之中，初有读经一科，而后乃废去。"[2] 就蔡元培的本意而言，废经科并不是要彻底否定中国传统学术，而是想除掉旧学制和传统分类体系中的准宗教色彩，还学术的本来面目。不过，废除经科的实际社会影响远远超出了蔡元培当初的设想。因为，"四部之学"被纳入到"七科之学"的知识系统之中，不仅标志着中国传统学术开始融入西方近代学科体系中，而且标志着中国传统注重通、博的知识系统开始转向西方近代强调专、分的知识系统，[3] 中国古典文明教育的基础实际上遭到了某种削弱。蔡元培在1912年全国临时教育会议上说中国人素有一弊，"即是自

---

〔1〕 蔡元培：《普通教育暂行办法通令》，载《蔡元培全集》第2卷，第7页。废止经科的《大学令》是在蔡元培辞职后的1912年10月颁布的，但从蔡元培的自述来看，这个大学令是由蔡元培主持起草的。《我在教育界的经验》，载《蔡元培全集》第8卷，第509页。

〔2〕 蔡元培：《我在教育界的经验》，载《蔡元培全集》第8卷，第509页；《1900年以来教育之进步》，载《蔡元培全集》第2卷，第369页。废除经科的社会背景十分复杂。从思想层面看，诸子思想的再发现，清末的今古文之争，西学的传入，以及经学面对世变得束手无策，都造成了经学地位的动摇。从制度上看，科举制度的废除，使经学顿失其社会基础。清政权的结束，更切断了长期以来经学与政治的紧密联系（参见陈以爱：《中国现代学术研究机构的兴起》，第193页）。蔡元培只是完成了废除经科的临门一脚。

〔3〕 左玉河：《从四部之学到七科之学》，上海书店出版社2004年版，第199页。

大；及其反动，则为自弃"。普通教育废止读经，大学校废经科，本为"破除自大旧习之一端"。[1] 然而，废止读经在某种程度上强化了中学在与西学竞争中的弱势。如何在破除自大之后防止自弃，就成了一个新的问题。蔡元培本人是学贯中西的教育家，在他身上既有传统文化深深的烙印，又深受欧风新潮的洗礼。如何能够在西学体制上嫁接和培育中国自己的学术生长点，将稗贩西方学术传统的风气转化为创造中国自身新的学术传统的风气，这正是蔡元培后来在北大期间所致力的方向。

（二）北京大学 1917 年前的学术风气

蔡元培曾经把北京大学 1917 年前的学术风气分为两个时期：第一个时期是从 1898 年京师大学堂开办到 1911 年，学校的制度模仿日本，而学校的方针是"中学为体，西学为用"，学者多偏重旧学，西学很有点装饰品的样子。第二个时期是从 1911 年到 1917 年，"国体初更，百事务新，大有完全弃旧之概"，中学退为装饰品的地位，而所提倡的西学尚处于贩卖的状况，还未注意到研究。[2] 我们下面对这两个时期再稍作阐发。

在第一个时期，即清末的京师大学堂时期，其学术理念深受张之洞的体用结合思想的影响。之所以此时的教育体制一味仿照日本模式，就因为日本模式的特点正是以儒家道德为本的修身教育与近代科学诸学科的结合。[3] 在这种结合中，中学的地位虽高，西学却构成了课程学习的主要部分。在张之洞那里，重心在于西学为用，而非中学为体。尽管西学构成学的主体，但学与政的直接联系却又

---

〔1〕 蔡元培：《全国临时教育会议开会词》，载《蔡元培全集》第 2 卷，第 179 页。

〔2〕 蔡元培：《北京大学成立第二十五年纪念会开会词》，载《蔡元培全集》第 4 卷，第 833—834 页。

〔3〕 任达：《新政革命与日本》，李仲贤译，江苏人民出版社 1998 年版，第 159 页。

源出于中国深厚的政教合一、耕读仕进的传统。所以，我们可以把这种体用观称之为"以谋求仕途为体，以学习西学为用"。京师大学堂无疑享有很高的声望，但是这种声望主要来自进士资格的授予或走向官场的通途，而不是来自对西学新知的追求。因而，许多师生的求学问道都带有追求功名利禄的色彩。蔡元培说此时偏重旧学、西学则像装饰品，这并不是说西学在当时的课程设计中分量不重，而是说许多人学习的旨归是政治的。我们从京师大学堂此时主要的学术力量也可以看出这一点。自桐城派大师吴汝伦 1902 年被任命为总教习以来，掌握京师大学堂的学术力量主要是桐城派。桐城派之所以声势特盛，一是因自曾国藩以来，桐城派就是同治中兴的思想基础，其后一直占据了文学的正统位置；[1] 二是在戊戌以后，今文经学被禁，古文经大家章太炎也因倡导革命而避居日本，而效忠清廷并与政治有着密切关联的桐城派就得以独盛大学堂。[2]

在第二个时期，即民国元年的北大，其学术理念主要来自严复的西化观念。严复构想在文科以外的诸科尽讲西学，以留学生尤其是留日学生来主导各学科。王国维曾说"学无新旧也，无中西也，无有用无用也"，"中西二学，盛则俱盛，衰则俱衰，风气既开，互相推助"。[3] 而严复却将中学的阵地局限在文科里，这样就把张之洞思想中体与用、中学与西学之间潜在的不平衡表面化了，中学只起到了装饰品的意义。不过，严复、马相伯等几任北大校长都致力于使大学摆脱封官荫职欲望的驱使，而以独立的学术研究为最高学府的立足点。[4] 梁启超 1912 年在马相伯就任北大校长时发表的演讲便具有代表性："大学校之所以异于普通学校而为全国最高之学府者，则因于

---

〔1〕 芮玛丽：《同治中兴》，房德邻等译，中国社会科学出版社 2002 年版，第 76 页。
〔2〕 陈以爱：《中国现代学术研究机构的兴起》，第 49 页。
〔3〕 王国维：《〈国学丛刊〉序》，载氏著《观堂集林（外二种）》，第 700 页。
〔4〕 魏定熙：《北京大学与中国政治文化》，第 104—138 页。

"学术社会"的兴起 ｜ 107

普通目的之外，尚有特别之目的在，固不仅其程度有等差而已。特别之目的为何？曰研究高深之学理，发挥本国之文明，以贡献于世界文明是焉。……专门学校之目的，在养成社会上技术之士；而大学之目的，则在养成学问之士。……学问为文明之母，幸福之源。一国之大学，即为一国文明幸福之根源。"[1] 乍一看，这些话很像是从蔡元培后来就任北大校长的演说词中摘录出来的。这也说明将大学视为研究高深学理的独立之地，并非只是蔡元培一个人的观念。不过，由于种种原因，在民初混乱的局势中，像严复、马相伯和梁启超这样的著名学者对北大的学术局面未能发挥出多少实际的影响力。当然，他们的这些努力还是为蔡元培对北大的整顿做了铺垫。

蔡元培就任时一个更有利的条件是在中学领域，章太炎的弟子取代了桐城派昔日在北大的地位。关于桐城派的没落与太炎门生的崛起，已有学者作过详细的研究，本书不再赘述。[2] 需要补充的是，太炎派传承的是乾嘉朴学的路子，因而强调学在求是而非致用，治学理应"不以经学明治乱，故短于风议；不以阴阳断人事，故长于求是"。[3] 由于章太炎被尊为革命元勋，因此太炎派迅速占领了民国初的北大文科阵地，其学术路数对于蔡元培日后强调将学术本身作为目的、推进学术的职业化是有利的。

（三）蔡元培的"教育救国"和"学术至上"理念的确立

蔡元培属于本书上篇所说的"1895 届上层士绅"，在 1895 年前走的是典型的传统士人的道路，而且一帆风顺：26 岁成进士，28 岁

---

〔1〕 梁启超：《莅北京大学校欢迎会演说辞》，载《饮冰室合集》第 4 册，文集之二十九，第 38 页。

〔2〕 陈以爱：《中国现代学术研究机构的兴起》，第 2—12 页。

〔3〕 章太炎：《訄书·清儒》，载《章太炎全集》第 3 卷，上海人民出版社 1984 年版，第 158 页。

授职翰林院编修。甲午战败使他愤慨莫名，开始涉猎新学、西学书籍，思考中国自强之路。戊戌维新期间，他虽对维新抱着同情态度，但又认为如果不在根本上从培养人才着手，而只靠少数人从上至下来变革，是不足以转变腐败局面的。[1]维新运动失败后，他愤而辞官出京，从此开始了委身教育的时代。刚开始，他所从事的新式教育基本上属于康梁所倡导的兴新学的改良之道。但自他1901年在上海创办爱国女学以来，已倾向于以学校为培养革命力量的基地。[2]尤其是他1902年参加创办的中国教育会更成为一个重要的革命团体。当时中国教育会内部存在着激烈和温和两派，激烈派主张以学校为革命秘密机关，温和派主张纯粹办教育，培养国民。[3]而一生性格平和的蔡元培那时却是激烈派的代表。所以，蔡元培当时虽然身在教育会中，尚未尽全力于教育。

蔡元培"教育救国"思想的重新确立以及"学术至上"的理念的真正形成，是在他留学德国的时候。他一生三赴德国留学，对其影响最大的是他第一次赴德，即1907年7月到1911年11月在莱比锡大学的学习。德国大学对学术自由、科学方法和专业研究的强调深深地打动了蔡元培。[4]民国成立，蔡元培就任教育总长后，即在其教育纲领性的文章《对于新教育之意见》中提出"教育有二大别：曰隶属于政治者，曰超轶乎政治者。专制时代（兼立宪而含专制性质者言之），教育家循政府方针以标准教育，常为纯粹之隶属政治者。共和时代，教育家得立于人民之地位以定标准，乃得有超轶

---

〔1〕 高平叔：《蔡元培年谱长编》上册，人民教育出版社1999年版，第133页。

〔2〕 蔡元培：《我在教育界的经验》，载《蔡元培全集》第8卷，第507页。

〔3〕 桑兵：《清末新知识界的社团与活动》，第200—201页。

〔4〕 关于德国古典大学观对蔡元培的思想所产生的重要影响，参见陈洪捷：《德国古典大学观及其对中国大学的影响》，北京大学出版社2002年版，第107—166页。

政治之教育"。[1] 他所谈的独立于政治的新教育内含了他对新学术的意见。他在北京大学 1912 年的开学仪式上即强调北大首先要致力于学术研究。[2] 不过，蔡元培在教育总长位置上任期甚短，他关于新教育、新学术的想法真正得以铺展开来，还在他 1917 年就任北京大学校长之后了。

三 "兼容并包"与大学作为现代学术中心

（一）兼容并包与"大学之所以为大也"

1917 年 1 月 4 日，蔡元培正式就任北京大学校长。他在 1 月 9 日的就职演说中，告诫学生的第一条是"须抱定宗旨，为求学而来"，因为"大学者，研究高深学问也"。[3] 1 月 18 日，他在写给好友吴稚晖的信中又谈及："大约大学之所以不满人意者，一在学课之凌杂，二在风纪之败坏。救第一弊，在延聘纯粹之学问家，一面教授，一面与学生共同研究，以改造大学为纯粹研究学问之机关。"[4]

显然，通过延聘名师将大学改造为高深学问的渊薮，这被蔡元培视为新北大的首要发展方向。他在该信中连用了两个"纯粹"，其含义有两层：一层是指学术与政治应相分离，学问家与官僚不能一身二任；另一层是指不管学问的路向如何，只要是研究学问、自成一家的，就都在蔡元培延聘的范围内。第一层意思所涉及学术研究者的专任化问题，我们稍后讨论；第二层意思后来被他概括为"兼容并包"原则，我们在此先作一简略的分析。

为什么吸纳人才要采取兼容并包的方式呢？这是由蔡元培对大

---

〔1〕 蔡元培：《对于新教育之意见》，载《蔡元培全集》第 2 卷，第 9 页。

〔2〕 《大学校开学见闻》，《教育杂志》，第 4 卷第 4 号，1912 年。

〔3〕 蔡元培：《就任北京大学校长之演说》，载《蔡元培全集》第 3 卷，第 8 页。

〔4〕 蔡元培：《复吴稚晖函》，载《蔡元培全集》第 10 卷，第 285 页。

学的定位所决定的。在他看来，大学是研究高深学问的地方。由此出发，可以从三个方面来看待兼容并包的意义。

首先，从研究的角度来说，对真理的探讨是无止境的，没有哪一个流派可以垄断真理。蔡元培"素信学术上的流派是相对的，不是绝对的"。[1] 各种流派的相互对立和较量不仅是自然的，而且是必需的，只有用自由和宽容的态度来对待这种现象，才能保证大学的思想容量和活力。"大学者，囊括大典，网罗众家之学府也。""如人身然，官体之有左右也，呼吸之有出入也，骨肉之有刚柔也，若相反而实相成。各国大学，哲学之唯心论与唯物论，文学、美术之理想派与写实派，计学之干涉论与放任论，伦理学之动机论与功利论，宇宙论之乐天观与厌世观，常樊然并峙于其中，此思想自由之通则，而大学之所以为大也。"[2]

其次，从教学的角度来说，学生是为研究学问而来的。在蔡元培看来，"治学者可谓之'大学'，治术者可谓之'高等专门学校'"。"在大学，则必择其以终身研究学问者为之师，而希望学生于研究学问以外，别无何等之目的。"[3] 因此，教师最重要的并不是教给学生谋生的技能或呆板的知识，而是激发他们研究的兴趣，教会他们研究学问的方法。故而，"教师不只是教，不只是研究教学的方法，还得要继续不断地研究所教的学科，以及所教的有关的学科；组织最新的学理，应用最有效的方法，使学生对于各科获得具体的概念，从而作进一步的研习"。[4] 所谓"具体的概念"，正是各个学术流派在教学上的展现。蔡元培相信大学生自会从中进行比较并择善而从的。"苟其确有所见，而言之成理，则虽在一校中，两

---

〔1〕 蔡元培：《我在北京大学的经历》，载《蔡元培全集》第 7 卷，第 501 页。
〔2〕 蔡元培：《〈北京大学月刊〉发刊词》，载《蔡元培全集》第 3 卷，第 452—453 页。
〔3〕 蔡元培：《读周春崧君〈大学改制之商榷〉》，载《蔡元培全集》第 3 卷，第 291 页。
〔4〕 蔡元培：《教与学》，载《蔡元培全集》第 8 卷，第 75 页。

相反对之学说，不妨同时并行，而一任学生之比较而选择，此大学之所以为大也。"[1]

再次，从蔡元培所倡导的"新教育"理念来说，教育独立是最核心的内容，而这个理念内在的支撑力量正是思想自由和兼容并包。因为兼容并包体现出的是对学术自身发展规律的尊重。只有树立学术的尊严，尊重学术自身的规律，才有可能防止学术之外的力量的干预。如果借用布迪厄的"场域"概念，那就是说，只有通过学术上的兼容并包，把学术建构成一个积聚了足够的文化资本的场域，才可能使之与其他场域区隔开来，尤其使学术不沦为政治场域的附属物。[2]

以上是蔡元培关于兼容并包的理念的基本内涵。那么，这一理念是如何体现在他的治校实践中的呢？

（二）兼容并包与新旧激战：以林（纾）蔡（元培）之争为例

按照蔡元培的说法，兼容并包是指对各个学术流派的包容。但在民国初年的学术局面中，焦点并不是一般的学派之争，而是旧学与新学之间的交错和争斗。因此，问题就在于：兼容并包在新旧激烈交战中的界限到底在什么地方？

1919 年的林纾与蔡元培之争被认为是当时新旧之争的标志性事件。我们下面就以这场著名的争论来说明这个问题。

罗志田已经注意到：蔡元培对林纾的驳论只是否认了北大存在林纾所指控的"覆孔孟，铲伦常"和"尽废古书，行用土语为文字"的问题，却丝毫没有提及林纾的观念本身有什么不妥。从这个意义上说，两人在观念上并没有太多差别。那么，两人的纷争究竟在什

---

[1] 蔡元培：《大学教育》，载《蔡元培全集》第 6 卷，第 597 页。
[2] 布迪厄、华康德：《实践与反思》，第 131—156 页。

么地方呢？而林纾又为什么在这种纷争中落败了呢？罗志田认为争论的焦点在于当时思想界新旧杂陈却又互不包容，林纾败就败在其旧派资格不足的认同危机上。[1]

新旧杂陈，却势不两立，这的确是民国初年思想界的一个重要特点，然而，仅仅从林纾个人的身份认同危机来诠释林蔡之争的社会学层面，则会忽略蔡元培在这场争论中所表现出来的原则性，也会忽略在这场争论背后更为复杂的社会事实。

既然蔡元培和林纾在观念上的差别并不大，那么，为什么古文和译著皆佳的林纾并不在蔡元培延聘人才的行列里？蔡元培凭什么认定林纾"意在毁坏本校名誉"？[2]为什么在这场争论中紧跟林纾的北大学生张厚载最后被蔡元培开除？这些问题都可归结到一个问题："兼容并包"的对象到底有些什么样的限制呢？

蔡元培在"答林琴南函"中是这样说的：

> 弟在大学，则有两种主张如下：（一）对于学说，仿世界各大学通例，循"思想自由"原则，取兼容并包主义，与公所提出之"圆通广大"四字，颇不相背也。无论为何种学派，苟其言之成理，持之有故，尚不达自然淘汰之运命者，虽彼此相反，而悉听其自由发展。（二）对于教员，以学诣为主。在校讲授，以无背于第一种之主张为界限。其在校外之言动，悉听自由，本校从不过问，亦不能代负责任。例如复辟主义，民国所排斥也，本校教员中，有拖长辫而持复辟论者，以其所授为英国文学，与政治无涉，则听之。筹安会之发起人，清议所指为罪人者也，本校教员中有其人，以其所授为古代文学，与政治无涉，

---

[1] 罗志田：《权势转移——近代中国的思想、社会与学术》，第263—264页。

[2] 蔡元培：《复张厚载函》，载《蔡元培全集》第10卷，第391页。

则听之。嫖、赌、娶妾等事，本校进德会所戒也，教员中间有喜作侧艳之诗词，以纳妾、狎妓为韵事，以赌为消遣者，苟其功课不荒，并不诱学生而与之堕落，则姑听之。[1]

这段话实际上给出了"兼容并包"的几个限制性条款：
1. 须未遭遇"自然淘汰之运命"

在蔡元培看来，兼容并包的学说并不包括已"被自然淘汰的"学说。那么，什么叫"自然淘汰"呢？林纾1912年辞去北京大学教职是"自然淘汰"的结果吗？蔡元培掌校后一直未返聘林纾也是因其学说"被自然淘汰"了吗？这里涉及民国初年北大文科学派的消长。前文已经述及，清末民初，北大文科殿堂为桐城派所占据。林纾尽管并非桐城派人士，但因为推崇桐城派文章，遂为"桐城护法"。1913年11月，夏锡祺新任北大文科学长后，引进了一批章太炎的弟子。"章炳麟实为革命先觉；又能识别古书真伪，不如桐城派学者之以空文号天下！于是章氏之学兴，而林纾之学僭！纾、其昶、永概咸去大学，而章氏之徒代之。纾甚愤。"[2]到蔡元培接任北大校长时，北大早已成了章太炎门人的天下。蔡元培对学术的发展讲究"就势疏导"："弟始终注重在'研究学术'方面之提倡，于其他对外发展诸端，纯然由若干教员与若干学生随其个性所趋向而自由伸张，弟不过不加以阻力，非有所助力也。"[3]因此，在蔡元培看来，已经被挤出北大并仍在被太炎派攻击的桐城派及林纾，就属于"自然淘汰"之列，他不可能再把他们重新请回北大。尽管这个"自然淘汰"并不完全出自学术发展的"自然"，其间掺杂着政治的斗争、人事的纠葛，但蔡元培是一个既高

---

[1] 蔡元培：《致〈公言报〉函并附答林琴南函》，载《蔡元培全集》第10卷，第380—381页。
[2] 钱基博：《现代中国文学史》，上海书店出版社2004年版，第131页。
[3] 蔡元培：《复傅斯年罗家伦函》，载《蔡元培书信集》上卷，第708页。

扬理想又面对现实的教育家。他治校既然决意要在某种程度上倚重太炎门生（详见稍后的分析），就不能不接受这个并不完全符合"纯学术"标准的现实。

2. 须"言之成理，持之有故"

学理的问题必须讲理，而不能意气用事，谩骂了事。1919 年 2 月 17 日林纾在上海《新申报》先是发表文言小说《荆生》，影射陈独秀、钱玄同和胡适。3 月 19 日，就在林纾给蔡元培的公开信在《公言报》发表的第二天，他又开始在《新申报》发表另一篇文言小说《妖梦》，这次不仅攻击了陈独秀和胡适，而且还把攻击的矛头直接指向了北京大学和蔡元培。蔡元培对张厚载的信中说自己"生平不喜做谩骂语、轻薄语，以为受者无伤，而施者实为失德"，[1] 这句话就是对林纾用小说骂人的回应。4 月 2 日，蔡元培在回复教育部长的信中又说："苟能守学理范围内之研究，为细密平心之讨议，不涉意气之论，少为逆俗之言，当亦有益而无弊。"[2] 可见，蔡元培所容的是在学理范围内的新旧之争，意气行事则不在他包容的范围。林纾后来被迫登报道歉，也正是基于自己用小说来骂人的行为。公允地说，林纾的意气在某种意义上也是被新文化派学人逼出来的：他因为"比年以来，恶声盈耳，使人难忍"，所以，才"于答书中孟浪进言"，[3] 用小说来回应。实际上，是钱玄同最早给旧派强安上"桐城谬种"和"选学妖孽"的骂名，他 1918 年还与刘半农在《新青年》上策划了一出著名的"王敬轩双簧戏"，将林纾制造为新文化派的敌人，引其上套。因此，要说不按常理出牌、意气用事，首过在新文化派这里。不过，钱玄同与刘半农的双簧戏是在暗处，而林纾的影射小说却是在明处，这使林纾

---

〔1〕 蔡元培：《复张厚载函》，载《蔡元培全集》第 10 卷，第 391 页。
〔2〕 蔡元培：《复傅增湘函》，载《蔡元培全集》第 10 卷，第 396 页。
〔3〕 林纾：《再答蔡鹤卿书》，转引自《蔡元培年谱长编》中册，第 181 页。

显得理亏。而且，退一步说，就算林纾要回击钱玄同与刘半农，他也没有多少理由谩骂向来宽厚温和的蔡元培。[1]

3. 须"与政治无涉"

蔡元培并不想把大学变成政治立场和政治势力的竞技场。他认为北大可以提倡学术流派之争，可以容忍教师个人的政治歧见，但不应该把这种政见之争引入课堂，更不能借重政治势力来支持自己的政治意见。他聘请辜鸿铭不是请他讲政治而是请他讲英国文学，他聘请刘师培也不是请他讲政治而是请他讲中国古代文学。也就是说，他所看重的是辜鸿铭和刘师培的学术专长，要求他们在课堂上传授给学生的是这些专长，而不是别的东西。林纾对新学的批判并不仅仅限于个人的看法。他在小说《荆生》里明确地表达了诉诸"伟丈夫"来解决问题的意向。而这个"伟丈夫"，一般被认为是安福系军阀徐树铮的化身——林纾当时正是在徐树铮开办的北京正志学校任教。无独有偶，1919 年 4 月 1 日，安福系参议员张元奇在国会提出了弹劾教育总长傅增湘案并弹劾蔡元培案。尽管这个弹劾案无疾而终，仍让蔡元培感受到了很大的政治压力。蔡元培提倡在大学内部的相互批评，却无法容忍把大学丑化为地狱之下群鬼主持的"白话学堂"，更无法容忍用政治的手段来摧残大学本身。蔡元培在答林纾函中一开篇就点穿了林纾所谓"爱大学"的"本意"。当然，应该承认，蔡元培对于新文化派以大学的地位来掩饰其日益激化的某种政治趋向的做法，[2] 是给予更多的宽容的。

---

[1] 据张厚载说，林纾在收到蔡元培要他为明代学者刘应秋著作作序的请求后，曾想阻止《妖梦》的发表，但已经来不及了。《张厚载致蔡元培函》，载《蔡元培全集》第 10 卷，第 391 页。

[2] 尽管陈独秀屡屡声明《新青年》是纯私人的杂志，与北大毫不相关（《〈新青年〉编辑部启事》，《新青年》，第 6 卷第 2 号，1919 年）；从当时许多报纸的评论可以看出，对陈独秀及其《新青年》的种种攻击，都被视为对庄严神圣的学府的侮辱。陈独秀：《关于北京大学的谣言》，载《陈独秀著作选编》第 2 卷，上海人民出版社 1987 年版，第 59 页。

4. 须"不诱学生而与之堕落"

在蔡元培看来，作为一个教师，如果私德有亏尚可勉强原谅的话，那么，师德有损就不能不严肃对待了。林纾在这里再次触到了兼容并包的底线。究竟是林纾唆使他在北大的学生张厚载到处诋毁北大，还是张厚载自己主动介入到风波中来的，这个问题从目前的史料看似乎还不清楚。但林纾和张厚载联手损坏北大名誉，这是不争的事实。林纾已不是北大教师，对其无法处理；但对张厚载的开除，也算是对林纾的师德的间接否定。

我们从兼容并包这几个限制性条款的实际运作可以看出，蔡元培对于各派学说并非真正一视同仁，而是有所约束，有所提倡。他虽然在聘请教员的问题上不问思想派别、不问年龄、不问资格、不问国籍，[1]但他在兼容中是有倾斜的，他更注意对新派学人的引进，[2]而对新派学人的意气和政治趋向则给予了更多的宽容。因为只有这样，才可能在百家争鸣的热闹局面中促使学术上的革故鼎新。

不过，这种倾斜仍是非常有分寸的。如果蔡元培一味站在新学和新潮一边，则他所要建立的现代大学，最后不是被越来越激进化的革命浪潮所裹挟，就会被保守的政治势力所扼杀——这两者都不是蔡元培所愿见到的。[3]

---

[1] 参见陶英惠：《蔡元培与北京大学》，《"中央研究院"近代史研究所集刊》1976 年总第 5 期。

[2] 蔡元培在为留学生写的招聘函中，明确说到北京大学在海外聘请的人的资格须是"新党""热心教授中国人而不与守旧派接近者"。《蔡元培年谱长编》中册，第 54 页。

[3] 且不说作为北大激进派学人的代表陈独秀，就连作为温良派学人代表的胡适，对蔡元培的"兼容并包"也颇有微词。他认为北大应成为教育文化革新的基地，而不应存在新旧并立的现象。他赞赏蔡元培的"趋新"，却不愿提及蔡元培的"容旧"（张晓唯：《蔡元培与胡适》，中国人民大学出版社 2003 年版，第 36 页）。然而，即使不论学术本身繁荣之所需，即从大学生存的策略而言，容旧也是必需的。正如表面来信责备、实则暗中庇护蔡元培的教育部长傅增湘所提醒的："凡事过于锐进，或大反乎恒情之所习，未有不立蹶者。"（《傅增湘致蔡元培函》，载《蔡元培全集》第 10 卷，第 397 页）当时能够在激烈的新旧之争中审时度势，把稳新北大前行之舵的，非蔡元培莫属。

应该注意到，林蔡之争并不是完全以林纾的落败而告终的。就在发布开除张厚载学籍的布告的前一周，1919 年 3 月 26 日，在蔡元培与其主要智囊的一次聚会上，决定了陈独秀不再担任文科学长，改聘为教授。[1]

关于陈独秀被解职的原因，主要有两种说法：一种说法是胡适提出来的，认为蔡元培将陈独秀解职是迫于政治压力；另一种是当天参会并力主将陈独秀解职的汤尔和的说法，说陈独秀的私德和师德太成问题。[2] 到底是政治高压以师德为借口，还是当时传说的陈独秀在妓院与学生厮打的行为超越了私德的范围、触到了蔡元培所说的"公开诱学生而与之堕落"的师德底线，目前似乎难以论断。不过，我们至少可以说，蔡元培对新派学人的偏爱和庇护并非没有界限。蔡元培为了确保大学作为现代学术的中心，对思想上过于凌厉的陈独秀就不得不忍痛割爱。在做出这般牺牲后，蔡元培则力保了当时政府想要除掉的北大所谓"四凶"的另外三人（包括傅斯年、罗家伦等），留下了一些宝贵的"读书种子"。[3]

（三）从地缘到学缘

前面已经谈到，蔡元培在对学术派系的兼容并包中并非没有倚重，他在治校中也不是不考虑人际因素。尽管蔡元培就任北大校长时威名甚高，但仅以他个人的声望尚不足以完成对沉疴缠身的北大的整顿。蔡元培初到北大时，是以浙江同乡和章太炎弟子为核心幕僚的。他一到北京，即先访其浙江同乡、北京医专校长汤尔和，问北大情形。汤尔和说文科和预科可问沈尹默，理工科可问北大理科学长夏

---

〔1〕《蔡元培年谱长编》中册，第 181—182 页。

〔2〕胡适：《胡适致汤尔和》；汤尔和：《汤尔和致胡适》，载《胡适来往书信选》中卷，中华书局 1979 年版，第 280—291 页。

〔3〕罗家伦：《蔡元培时代的北京大学与五四运动》，载《蔡元培纪念集》，第 239 页。

元倓；又说文科学长如未定，可请陈独秀。蔡元培经过自己的慎重考虑，均一一听从。汤尔和、沈尹默、陈独秀、夏元倓以及马叙伦就成了蔡元培最初主政北大的主要幕僚，其中，浙江同乡汤尔和和沈尹默是在用人上对蔡元培影响最大的两个重要人物（夏元倓和马叙伦也是浙江人）。[1] 汤尔和早在1903年拒俄运动中就与蔡元培有往来，后来他们又是上海南洋中学和中国教育会从事革命和教育的同志。[2] 汤尔和虽然并非北大职员，但他是当时北京教育界人事的操纵者。按照胡适的说法，汤尔和"自命能运筹帷幄，故处处作策士，而自以为乐事"。[3] 他在陈独秀的上任及去职、在蔡元培"五四"后的辞职及另一浙江同乡蒋梦麟担任北大代理校长等重大人事变动上均发挥了关键作用。沈尹默是北大的国文系教授，以他为核心人物的太炎弟子——沈尹默兄弟、马幼渔兄弟、鲁迅兄弟、钱玄同和刘半农（以上学者除刘半农外均为浙江籍）在蔡元培主校前就已经占据了北大的主流位置，在蔡元培进校后，其地位得到进一步巩固。[4]

北大1920年前的师资，浙江籍人士独占鳌头。这个现象本身大体是三方面的历史因素造成的。

第一个因素是江浙历来是教育发达、人文兴盛之地，到晚清更是出进士最多的地方，尤其是所谓巍科人物——即一甲三名（状元、榜眼、探花）、二甲第一名（传胪）和会试第一名（会元）更是高居榜首。以清代为例，出进士最多的四个省是江苏（含上海2949人）、浙江（2808人）、河北（2674人，含北京、天津）和山东（2270

---

〔1〕 蔡元培：《我在北京大学的经历》，载《蔡元培全集》第7卷，第500页。
〔2〕 陈万雄：《五四新文化运动的源流》，生活·读书·新知三联书店1997年版，第27页。
〔3〕 胡适：《胡适致汤尔和》，载《胡适来往书信选》中卷，第283页。
〔4〕 沈尹默事实上并非太炎弟子，但因为他弟弟沈兼士系太炎弟子而被误认。又因为他进入北大较早，他就将错就错地成了北大太炎弟子的核心人物。沈尹默：《我和北大》，载陈平原编：《北大旧事》，生活·读书·新知三联书店1998年版，第171页。

人），江浙与冀鲁的比例是 1.16 : 1，而清代江浙的巍科人物（江苏 170 人，浙江 126 人）与冀鲁的比例更是高达 4.9 : 1。[1] 就有清学术而言，"一代学术几为江浙皖三省所独占"。[2]

第二个因素是蔡元培在任教育部长时，教育部很多部员来自于他一同在中国教育会、爱国学社和爱国女学进行教育与革命活动的同志。教育部的这种浙江势力使许多浙人在蔡元培入校前就已进入北大。

第三个因素是北大文科在蔡元培进校前就已是太炎门生的天下，而蔡元培对太炎门生的倚重，也使他出长北大后新聘的文科师资仍有相当一部分出自浙江籍。

但蔡元培与大搞学术派系政治的前任校长何燏时和胡仁源（二人均为浙江人）的做法有着根本的差异：蔡元培虽然对一派有所借力，但他从不把自己当作某一派别的人，行事并不主要从派系利益和小圈子的角度来考虑问题，而是有着开创一个多元化学术格局的独特眼光和公心。正如罗家伦所说的，蔡元培"认为只能有学说的宗师，不能有门户的领袖。他认为'泱泱大风''休休有容'，为民族发扬学术文化的光辉，才是大学应有的风度"。[3] 蔡元培开阔深远的眼光使他能够识别学术各门各派真正高水准的学者；他的公心又使他能够超越派系之争，以学术本身来决定聘任与否。所以，沈尹默等章太炎弟子在北大势力最大，但文科学长却是《新青年》集团的领军人物陈独秀。《新青年》的同仁经陈独秀引荐陆续进入北大，尤其是胡适作为陈独秀极力推荐的人物，一到北大即备受器重，因

---

〔1〕 沈登苗：《明清全国进士与人才的时空分布及其相互关系》，《中国文化研究》1999 年第 4 期。

〔2〕 梁启超：《近代学风之地理的分布》，载《饮冰室合集》第 5 册，文集之四十一，第 57 页。

〔3〕 罗家伦：《蔡元培先生与北京大学》，载关鸿等编：《历史的先见：罗家伦文化随笔》，学林出版社 1997 年版，第 134 页。

胡适介绍到北大来任教的非浙江籍优秀学者为数颇多。此外，蔡元培一面为非太炎弟子的旧派名家刘师培和陈汉章等保留了教习，另一面还聘请到了《新青年》集团之外的另一新派文化领袖人物——《甲寅》杂志和《甲寅日刊》的创办人章士钊。这样，蔡元培就奠定了一种新学旧学交错、土派洋派共存、留学日本留学欧美并重的格局。由于蔡元培一开始所遴选的就是各路最有声望的学界精英，再加上蔡元培本人毫无私心的做事风格的感染，这样，这些精英再向蔡元培推荐其他人选时，即使不一定都能够超越各自的文化思想立场，但基本上能够保证其推荐之举不是出于一己之私，而是出于惺惺相惜。比如，沈尹默与他所推荐的陈独秀虽然是旧交，但两人在思想路向上并不相同；而陈独秀推荐与他同属一个思想阵营的胡适时，与胡适根本就不曾谋面。

我们可以通过 1917 年和 1923 年北大教师的籍贯分布来看地缘因素在北大的变化。这两个年头正是我们所研究的蔡元培就任校长以及实际脱离校长工作的时间。

1917 年，北京大学的专任教师（不含预科补习班专任教师）大约有 224 名，教师主要的籍贯分布是：浙江 65，江苏（含今上海，下同）39，广东 35，直隶和京兆（含今河北、北京、天津等地，下同）16，安徽 15，福建 11，湖北 8，湖南 7。

1923 年，北京大学的专任教师增至 294 名，教师主要的籍贯分布是：浙江 64，直隶和京兆 53，江苏 52，广东 27，安徽 22，湖北 21，湖南 11，江西 11，福建 10，山东 5，四川 5。[1]

尽管浙江省籍始终占据榜首，但其师资的绝对数量在这几年里

---

〔1〕 以上数据根据《北京大学日刊》1917 年和 1923 年公布的职员名录计算而得。原始名录见王学珍编：《北京大学史料》第二卷（1912—1937），北京大学出版社 2000 年版，第 345—355、386—401 页。

不增反降，其占全校师资的比例从 1917 年的 29.02% 降到了 1923 年的 21.77%。到 1923 年，北大师资的籍贯分布比 1917 年要广得多。由此可见，蔡元培尽管刚治校时对浙江籍人士有所倚重，但他那几年治校的结果却恰恰是打破了浙江籍人士在北大的独大局面，实现了在师资聘用上从地缘到学缘、从乡情认同到思想认同的巨大转折，使北京大学真正成了全国的北京大学，而非所谓"某籍某系"（现代评论派攻击鲁迅等人时的称谓）的北京大学。

当然，兼容并包只是蔡元培及北大一方的姿态。这并不意味着当时的学术英才都愿意被网罗进去。所以，我们可以来考虑一个有趣的问题：在蔡元培想礼聘的人中，有谁、因为什么原因"召而未应"呢？

据目前可见的史料，蔡元培治校时力邀而未果的人有：蒋维乔、吴稚晖、马一浮、汪精卫、罗振玉、王国维、赵元任。

蒋维乔是蔡元培的革命同道和老部下，蔡元培多次邀他出任北大学监，以正学校风纪。但蒋维乔在商务印书馆任职多年，不愿离开，商务的主持人、蔡元培的老朋友张元济也不愿让蒋维乔离开。[1]

在挖不动蒋维乔的情况下，蔡元培又想请他多年的至交吴稚晖出任学监。但吴稚晖身在法国，当时热衷于搞海外勤工俭学并在法国创办中法大学，也不愿意回来。既参与创办中法大学又回北大任教的李石曾建议蔡元培把中法大学变成里昂北京大学国外部，但北大评议会没有批准这个提案。[2]

---

〔1〕《蔡元培年谱》上册第 632 页，中册第 2、18 页。当时商务印书馆已经成为除大学以外文教人才积聚的一个重要基地。商务甚至在"五四运动"后还积极运作把胡适从北大挖到商务来任编译所长。胡适尽管没有动心，但还是承认："得着一个商务，比得着什么学校更重要。"李家驹：《商务印书馆与近代知识文化的传播》，商务印书馆 2005 年版，第 65—67 页。

〔2〕蔡元培：《复吴稚晖函》，载《蔡元培全集》第 10 卷，第 285 页；《北京大学评议会记录（五）》，载《蔡元培全集》第 18 卷，第 321 页。

马一浮是国学名家，蔡元培任教育部长时曾把他短暂延揽到教育部任秘书长，但马一浮在得知蔡元培的废经学之举后立刻辞了职。当蔡元培邀他来北大任教时，他以"古闻来学，未闻往教"，"平日所学，颇与时贤异撰"而拒之。[1]

汪精卫是民国元勋，革命后有"不当官、不做议员"之誓言，口才文才皆佳，当时正在法国留学，并曾与蔡元培一起在法国筹办《学风》杂志。蔡元培对他非常赏识，把他比之为中国的费希特，希望他到北大来主持国文类教科，[2]但汪精卫终究摆脱不了对政治的惦记，未接受蔡元培的邀请。

罗振玉和王国维系一代国学大师，蔡元培多次邀请他们到北大任教，均被婉拒。北大国学门成立后，在北大同人多次邀请下，王国维和罗振玉才终于答应分别担任国学门编外"导师"和"通信员"，但不久他们又都因为北大考古学会对皇室的指责而同时退出。[3]

北大先后两次对赵元任发出邀请。第一次是 1919 年 3 月由蔡元培及赵元任留美时的好友胡适一起发信邀请赵元任来北大任教。4 月，北大教授陶孟和到美访问时也邀请赵元任到北大任教。但当时北大和南京东南大学等校同时邀请赵元任，使他难以抉择，更加上他自己也还想继续留在美国生活，因此就谢绝了国内的所有邀请。第二次是 1921 年赵元任临时回国期间，北大代理校长蒋梦麟再次邀请赵元任来北大任教，并答应他先以赴美进修的身份发给工资，但北大当时处在教师索薪困境中，蒋梦麟答应的钱未能兑现，赵元任后来

---

〔1〕 马镜泉等：《马一浮评传》，百花洲文艺出版社 1993 年版，第 34—36 页。

〔2〕 蔡元培：《致汪精卫函》，载《蔡元培全集》第 10 卷，第 295 页。

〔3〕《蔡元培年谱》中册，第 104 页；陈以爱：《中国现代学术研究机构的兴起》，第 77—78 页。

也未到北大任教，而是回到了他的母校清华大学。[1]

另外，据北大评议会记载，1920 年 4 月 30 日评议会同意陈寅恪为留学费用向北大借助 1000 元的请求，"将来于服务本校时扣还"。[2] 显然，陈寅恪本是在蔡元培引进北大的人才计划中的。蔡元培 1924 年 11 月到德国游学后，在傅斯年的引荐下，见过在柏林读书的陈寅恪，并按照陈寅恪的建议，让北大图书馆购置相关的书籍。[3] 然而，陈寅恪于 1925 年学成回国时却去了清华。比起北大国学门来，清华国学研究院更对陈寅恪的学术口味。由于胡适与北大国学门并不相得，[4] 所以，陈寅恪是由胡适最早推荐给清华的。此外，尽管我没有发现直接材料，但从一些间接材料可以推测：蔡元培既然在柏林见了傅斯年和陈寅恪，那么，他们有可能向蔡元培推荐了当时也在柏林求学的俞大维。因为，俞大维被傅斯年盛赞为中国留学生中除陈寅恪之外另一位"最有希望的读书种子之一"，而俞大维与陈寅恪又是两代姻亲，三代世交，七年同学，交谊至深。[5] 爱才心切的蔡元培在正式邀请陈寅恪来北大的同时，可能也邀请了俞大维来校。但俞大维回国后不久即从政了。

当时还有两位思想大师级的学者，应该属于蔡元培想召而未召之列。一个是章太炎。我尚未发现蔡元培邀请章太炎来北大任教的材料。这可能是因为章太炎对新教育体制的批评和拒绝是当时人所

---

[1] 赵新那等：《赵元任年谱》，商务印书馆 1998 年版，第 95—96、113 页；杨步伟：《杂记赵家》，广西师范大学出版社 2014 年版，第 13—14 页；杨步伟：《一个女人的自传》，广西师范大学出版社 2014 年版，第 255—256 页。

[2] 《北京大学评议会记录（六）》，载《蔡元培全集》第 18 卷，第 333 页。

[3] 蔡元培：《致蒋梦麟函》，载《蔡元培全集》第 11 卷，第 241—243 页。

[4] 桑兵：《晚清民国的国学研究》，上海古籍出版社 2001 年版，第 40—44 页。

[5] 俞大维：《怀念陈寅恪先生》；毛子水：《记陈寅恪先生》。两文均转引自蒋天枢：《陈寅恪先生编年事辑》，上海古籍出版社 1997 年版，第 47—48、51 页。

共知的。[1]就算蔡元培真的邀请过他，章太炎想必也会以"学在民间"这类说法来拒之。[2]不过，太炎门生是蔡元培掌校期间倚重的一支主要力量。另一个是梁启超。他在蔡元培治校前期或在从政，或在国外游历，等他从20世纪20年代开始全心在国内致力学术和教育时，即被捷足先登的南开大学请去讲学并筹办东方文化研究院。东方文化研究院流产后，他又接受了清华国学研究院的聘请。此外，还有日后被称为"南高学派"掌门人的柳诒徵，在南京高等师范学校任教。因为柳诒徵对蔡元培所倚重的胡适的治学理念相当不满，[3]他不可能放弃南高而来北大，所以蔡元培也不曾动过聘请他的念头。

这样算下来，蔡元培任校长初期，在那些召而不应和欲召未召的11人中，以清朝遗老自居的有2人（罗振玉和王国维），认同民国但基本拒绝大学体制或坚持传统教化方式的2人（马一浮[4]和章太炎），当时从政的1人（梁启超，1918年后出国），在出版界的1人（蒋维乔），在国外办教育或留学的5人（赵元任、吴稚晖、汪精卫、陈寅恪和俞大维）。后来未进北大，却到其他大学正式任教的只有王国维、梁启超、陈寅恪、赵元任和蒋维乔5人。[5]这从一个侧面可以看出，在蔡元培兼容并包的人才方针之下，当时可能进入大学，却从北大"漏网"的一流学术大家寥寥无几。至于说被后人看作与北大派或新文化派相抗衡的学衡派或南高学派，基本上是到蔡

〔1〕 章太炎：《救学弊论》，载《章太炎全集》第5卷，第100—102页。
〔2〕 陈平原：《中国现代学术之建立——以章太炎、胡适之为中心》，第71—109页。
〔3〕 参见王信凯：《柳诒徵与民国南北学界》，载吕芳上编：《论民国时期领导精英》，香港商务印书馆2009年版，第362—378页。
〔4〕 马一浮在浙江大学校长竺可桢的反复邀请下，曾为抗战期间颠沛流离的浙江大学师生短期讲学。
〔5〕 这5人中的4人都是被清华大学国学研究院聘用的。现在一些人爱缅怀清华大学国学研究院的辉煌一时，却未深思为什么它仅仅是一时的辉煌。国学到底如何能够相容于现代大学，这仍是一个值得深思的问题。参见孙敦恒：《清华国学研究院史话》，清华大学出版社2002年版，第1—80页。

元培掌校后期或离校后才逐渐成形的。

（四）严限校外兼职，促使"专研学理"

蔡元培的兼容并包准则是为了把大学构建为现代学术的中心，或者说，是要把大学构建为一个独立的学术场域。但是，要使这个场域独立存在，势必要与其他场域划清界限。妨碍学术场域独立的一大障碍则是教师的兼职化，尤其是官吏在大学的兼职。在蔡元培当教育部长时就把兼差称为"旧日恶习"，因为"人才各有专长，精力不可分用，专责始克有功，兼任不免两败"，因此，他要求担任校务者须开去兼差。[1]蔡元培在就职北大校长的演说中谈到过去的大学之弊时又谈道："现在我国精于政法者，多入政界，专任教授者甚少，故聘请教员，不得不聘请兼职之人，亦属不得已之举。"[2]蔡元培整顿北大的关键并不仅仅是广聘人才，而且是要使他们从此在大学扎下根来，"进大学者，乃为终其身于讲学事业"。[3]因此，蔡元培在实行兼容并包政策的同时，开始了对教师兼差的整顿，以促使教师队伍的专职化和学术研究的职业化。

1917 年 1 月，他刚上任就发布了北大教员任课钟点的通告：要求本校专任教员不得再兼任他校教科；官吏不得为专任教员；兼任教员如在本校一周上 12 小时的课，在其他学校兼课不得超过 8 小时；教员请假过多，学校将扣其薪金甚至辞退。[4]1922 年 2 月，由于实际上难以完全消除校外兼职的情况，[5]北大专任教师在外不得兼

---

[1] 蔡元培：《教育部咨请转饬凡担任校务者须开去兼差以专责成》，载《北京大学史料》第二卷，第 321 页。

[2] 蔡元培：《就任北京大学校长之演说》，载《蔡元培全集》第 3 卷，第 8 页。

[3] 《蔡元培年谱长编》中册，第 12 页。

[4] 蔡元培：《北大教员任课钟点的通告》，载《蔡元培年谱长编》中册，第 8 页。

[5] 按照时任北大教务长顾孟余的说法，当时因为大学教职员嫌学校收入不稳且少，相当多的人在外兼事，即使是北大，他估计至少也有一半在外兼差。《晨报》，1922 年 3 月 7 日，转引自《北京大学史料》第二卷，第 2851 页。

职的规定不得不略有松动。蔡元培主持的北大评议会规定：凡教授在校外非教育机关兼职，必须改任讲师或以教授名义支讲师薪（不享受教授的所有权利）；而教授在他校兼课者，必须先得本校承认并限制钟点。[1] 在同年 10 月 3 日的北大评议会上，到外校兼课的钟点具体限定在每周 6 个小时。不少与会者还嫌限制太多，蔡元培非常罕见地发了火，不准大家再讨论此事。[2] 由此可见他对教师专任化问题的重视。

大学教师专职化的目的是使大学既与政治脱钩，又与实业脱钩。尤其是官吏不得为专任教师这一条，封闭了学生毕业后通过官师的援引去做官的渠道，又斩断了专任教师与官场的连接枢纽，堵塞了官员以官场的逻辑来污染大学的逻辑的通道，大学由此从原来的官僚养习所被导向为具有全新的知识／权力的场域。

在基本解决了教师队伍的专任化问题后，又如何使其可能潜心学问、专研学理、相互促进呢？蔡元培主要采取了三种方式：

1. 建立专门的学术研究机构

蔡元培在任教育总长时就提出大学应设研究所。到北大后，为了把北京大学改造为纯粹的学术研究机关，建立专门的研究所是其非常关键的一个环节。北大在蔡元培任职的当年就建立了文科研究所、理科研究所和法科研究所，但当时的研究所由各系分设，不仅经验全无、资源不足、人才缺乏，而且在组织上颇为散漫，有些系竟毫无成绩。蔡元培 1920 年从欧洲考察回来后决心吸取教训，重新组织研究机构。在他的主持下，北大很快先后公布了《北京大学研究所简章》和《北京大学研究所组织大纲提案》，准备把原来的研究

〔1〕《北京大学评议会十年度第五次会议记录》，载《蔡元培全集》第 18 卷，第 391 页，第 398—399 页。
〔2〕《蔡元培年谱长编》中册，第 566 页。

所改组为统一的北京大学研究所，并由他亲任所长，下设国学、外国文学、社会科学研究所和自然科学四门。[1] 由于当时"整理国故"的口号得到许多北大教授的响应，所以，国学一门进展最快。1922年1月，北京大学国学门成立，这是在中国现代大学中最早以欧美研究机构为模式建立起来的研究所，也是在"整理国故"口号提出后第一个以国学研究为范围而成立的学术团体，还是在"学术独立"的呼声下第一个与欧美学术抗衡的国学研究"根据地"。这个全新的学术机构的建立充分体现了现代学术研究机构的体制化、专门化和组织化趋势，由此带动了整个中国专门学术研究机构的勃兴。因为已有论者对此机构做了详尽的研究，故本篇在此从略。[2]

2. 开拓学术出版和学术交流的制度化渠道

自从印刷术发明以来，学术研究的结果总是要通过学术著述的发表来体现的。即使是所谓"述而不作"，"述"本身也是著述的一种形式。正如一位外国学者所指出的，只有分清书写体文化与印刷体文化的不同特点，才能更准确地理解西方"中世纪"和"近代"这两个概念的内涵。[3] 同样也可以说，印刷技术在11世纪的出现是中国从所谓"中世"跨越到"近世"的一个重要标志。[4] 可以进一步追问的是，如果从学术传承的角度来说，在印刷体文化出现之后，近世学术与现代学术的关键差别又在哪里呢？在近世，学术基本上

---

〔1〕 蔡元培：《北京大学第二十三年开学日演说词》，《公布北京大学研究所简章布告》，《北京大学研究所组织大纲提案》，载《蔡元培全集》第4卷，第188—189、175—176、484—485页。

〔2〕 陈以爱：《中国现代学术研究机构的兴起》，第1—164、275—333页。

〔3〕 E. Eisenstein. *The Printing Revolution in Early Modern Europe*. New York: Cambridge University Press, 1983：3—45.

〔4〕 关于"中世"与"近世"的概念，参见内藤湖南：《概括的唐宋时代观》，黄约瑟译，载刘俊文编：《日本学者研究中国史论著选译》第一卷，中华书局1992年版，第10—18页。

没有成为一种专门的职业，所以学术著述带有很强的私人性特点。如清代通行的研究方式是札记体著作和信函，因为"清儒既不喜欢宋明人聚徒讲学，又非如今之欧美有种种学会学校为聚集讲习之所，则其交换知识之机会，自不免缺乏。其赖以补之者，则函札也"。[1]大学的兴起，使学术研究第一次有可能成为一个共同体的职业。为此，也必然带来学术著述和交流方式的巨大变化。蔡元培为北大开拓了学术出版和交流的两条制度化渠道：

一条渠道是学术期刊。在蔡元培治校前，期刊有四类：官方公报、教学参考、通俗期刊、评论期刊（旧派提倡国粹，新派评论文化）。[2]纯学术期刊甚为少见。两份国内正规的纯学术期刊几乎是同时出现的：一份是由海外留学生主办的《科学》杂志，该刊虽于1914年即创办，但直到1918年才将编辑部迁回国内；另一份就是由蔡元培所直接推动的《北京大学月刊》，该刊于1918年开始筹办，1919年正式出刊。蔡元培在亲自撰写的发刊词中说明，创办该刊是为了促进学术研究，打破抱残守缺的陋见，展现大学之所以为大的学术气象。[3]在刊物的组织上，形成了研究所主任和编辑的两级审稿制度，有利于制度化地评价、辨析和筛选学术论文。[4]此后，北大又创办了《国学季刊》等刊，使学术期刊进一步向学科化方向延伸。

另一条渠道则是建立大学与出版社制度化的联系。比起学术论文来，学术著作的出版更为重要。商务印书馆是中国近代最早、也最重要的出版机构。蔡元培与张元济是多年的至交，而蔡元培个人与商务

〔1〕 梁启超：《清代学术概论》，第64页。
〔2〕 周策纵：《五四运动：现代中国的思想革命》，周子平等译，江苏人民出版社1996年版，第245页。
〔3〕 蔡元培：《〈北京大学月刊〉发刊词》，载《蔡元培全集》第3卷，第450—452页。
〔4〕 宋月红等：《蔡元培与〈北京大学月刊〉》，《北京大学学报（哲学社会科学版）》，1997年第6期。

的交谊早在 1902 年就开始了，并持续终身。蔡元培就任北大校长后，非常重视在大学与出版社之间搭建制度化的联系。1918 年 7 月，张元济来京，蔡元培在北大专门为他举行了欢迎会，并具体商定了北大与商务合作的内容。同年 10 月，《北京大学丛书》开始由商务出版。胡适的《中国哲学史大纲》（上）、梁漱溟的《印度哲学概论》等十余部在各学科中具有开拓性的学术著作均在此列。1920 年春，蔡元培、胡适与蒋梦麟又与商务达成协议，开始出版由北大教授撰写的《二十世纪丛书》（后改名为"世界丛书"），该丛书共收 25 种。[1]《北京大学丛书》和《二十世纪丛书》将北京大学学者的研究成果以整体的面貌呈现给世人，使大学这个学术共同体有了更具象的表征。

3. 倡导学术社团的建立

办学校与兴学会早在维新变法时期就是连在一起的。蔡元培在大学内部也提倡社团、学会的广泛建立，因为这类学术社团对于提高学术研究的兴趣、促进学术交流的开展、凝聚学术研究的队伍、打造学术共同体的方向有着非常积极的作用。

正是通过以上这些措施，北京大学的学术研究风气前所未有地被激发了出来。蒋梦麟的一段话很可以作为当时北京大学的写照：

> 为学问而学问的精神蓬勃一时。保守派、维新派和激进派都同样有就争一日之短长。背后拖着长辫，心理眷恋帝制的老先生与思想激进的新人物并坐讨论，同席笑谑。教室里，座谈会上，社交场合里，到处讨论着知识、文化、家庭、社会关系和政治制度等等问题。这情形很像中国先秦时代，或者古希腊苏格拉底和亚里士多德时代的重演。[2]

---

〔1〕《蔡元培年谱》中册，第 110—111、282 页。

〔2〕 蒋梦麟：《西潮·新潮》，第 121 页。

（五）从"学无定业"到"学在大学"

前文已经谈及清朝官学与私学的某种紧张。实际上，这种紧张至少从宋代就已经开始了：一方面是官学在"学而优则仕"的影响下以科举为中心、以政治为导向；另一方面是由私学特别是部分书院承担了学术探讨的功能。其实，学术传承也不仅仅限于书院，因为书院的发展并不稳定（如在清初就受到严控），其性质也与备考科举的机构多有交叉。中国传统学术的源流散布在全国各地以及各个行业（如官员、幕僚、乡村教师、书院山长等等），绝大多数学者都没有条件将学术作为一种职业。因此，我们可以说，中国传统学者具有"学无定业"的特点。

清末科举废除、学堂新立后，本来在各省都设立了高等学堂，为培养学术人才作准备。然而由于各省高等学堂程度不齐，在民国元年即被废除，由大学增设的预科来替代。"自是以后，各省富于学术之人才，不免为大学所吸引。"[1] 无论是治旧学，还是治新学，在大学任教开始成为一种职业生涯，大学成为学术共同体之所在。北大本身具有第一所国立大学的地位，更由于蔡元培的广纳人才，北大由此成为学术共同体的中心。傅斯年1919年所做的预期后来基本得到了实现："期之以十年，则今日之大学，固来日中国一切新学术之策源地。"[2]

我们可以从三份名单的对比看到从学无定业到学在大学的巨大变化。

第一份名单是钱穆在其名著《中国近三百年学术史》中提及的自17世纪到清末这三百年间最有代表性的16位学者。其中，曾在

---

[1] 蔡元培：《全国教育会议开会词》，载《蔡元培全集》第6卷，第229页。
[2] 傅斯年：《新潮发刊旨趣书》，载《傅斯年全集》第1卷，第79页。

书院讲学的有黄宗羲、顾炎武、颜元、章学诚、李塨、戴震、陈澧、康有为8人，而王船山、阎潜邱、毛西河、李穆堂、焦循、凌廷堪、龚自珍、阮元和曾国藩9人或者是从政从军，或者悠游四海，或者隐居乡间。即使是前列的8人，多数人的书院讲学生涯也是比较短暂的，往往是在政界退隐后再栖居书院的。将书院讲学作为职业性定位的，只有一直在广州主持（由阮元赞助的）学海堂的陈澧以及长期在书院任教的章学诚两人而已。[1]

第二份名单是马相伯会同章太炎、梁启超、严复等人在1912—1913年提出来的，他们提议依照法兰西学院的形式，创建"上不属政府，下不属地方"的中国学术研究机构——函夏考文苑。尽管这个倡议最后流产了，但他们在筹建中提出的入选名单可谓汇聚了当时治旧学的顶尖人才。他们一共提名了18位人选，[2]如果我们再加上因门户之见被他们列名在"说近妖妄者"的3人，共21人。在这21人中，有8人先后在北大任事。其中，有在蔡元培之前任北大校长的严复和马相伯，被蔡元培留任的有陈汉章，被蔡元培新引进的黄侃、钱玄同、刘师培、王心葵和屠敬山（他所在的国史编纂处原隶属教育部，1917年后归属北大管理）5人。在外地大学任教的则有廖平等人。另外，在民国成立后作为清朝遗老的也大都有过办新式学堂的经历：陈三立（曾办时务学堂）、沈曾植（曾任南洋公学监督）、李瑞清（曾任两江学堂监督）、陈庆年（曾任湖南高等学堂监督）、康有为（曾办万木草堂）、王闿运（曾任多所书院山长）。章太

---

〔1〕 梁启超在《中国近三百年学术史》中提到的最有代表性的学人与钱穆所提到的学人有一些差异，不过，梁著中所提人物的绝大部分也都没有以书院作为职业。钱穆：《中国近三百年学术史》，商务印书馆1997年版；梁启超：《中国近三百年学术史》，上海三联书店2006年版。

〔2〕 他们实际提名了19名人选，但华蘅芳在他们提名前十年（1902年）即已去世，故在此略去。马良：《函夏考文苑议》，载朱维铮编：《马相伯集》，复旦大学出版社1996年版，第136—137页。

炎本人拒绝在大学任教，但他的弟子却广布北大；[1] 夏曾佑本人没有在北大任教，但他的儿子夏元瑮则在北大任理科学长。

第三份名单是 1948 年由胡适、傅斯年等人主持，多人推举产生的中央研究院第一届院士，其中人文组院士共有 28 名。[2] 只有吴敬恒、张元济、郭沫若、梁思永 4 人不在大学任教，其余 24 人一生多数时间是在大学任教，其中，由北京大学培养或在北京大学任教的就高达 14 人（胡适、傅斯年、顾颉刚、李方桂、董作宾、王世杰、王宠惠、周鲠生、马寅初、陶孟和、陈垣、冯友兰、钱端升、汤用彤）。[3]

这三份名单大体勾勒了明清时期、清末民初以及民国时期的人文社科领域顶尖学者的群像。我们可以从中较为清晰地看到从学无定业到学在大学的发展轨迹，也可以看到在蔡元培的努力等多种因素下，北京大学是如何当之无愧地被称为全国最高学府的。

四 "教育独立"与大学作为学术自治场域

（一）大学与政治干预

教育独立是蔡元培办学的至高理想。要追求这一理想，首先就

---

〔1〕 实际上，章太炎对新式教育体制的怀疑和批评，是在思考中国学术传统如何面对以西学为背景的现代教育制度时的另一种可能性。他坚持"学在民间"，并非要取新式教育而代之，而是意在补偏救弊（参见陈平原：《中国现代学术之建立》，第 70—115页）。他的弟子纷纷进入大学任教，正可以说明他的另类思考并没有给他的弟子从学开辟出新时代的安身之所。

〔2〕 参见夏鼐：《中央研究院第一届院士的分析》，《观察》，1948 年第 5 卷第 14 期。

〔3〕 值得一提的是，在中央研究院 1928 年成立前，尽管涌现出了一批科学社团，这些社团作为中国最早的科学共同体对中国科学的发展起到了重要作用，但这些社团并没有形成一个整体，科学研究事业也没有成为一种专门的职业（段治文：《中国现代科学文化的兴起》，上海人民出版社 2001 年版，第 114 页）。在蔡元培的有力推动下，中央研究院的成立及发展，使其成为中国现代第一个国家级的职业学术研究团体。不过，从总体数量上说，中央研究院各研究所网罗的学术精英还是远不能与各大学所汇集的学术精英相比的。

体现在教育要与政治、与政党保持距离。因为，在他看来，教育应使个性与群体性同样发达，而政党为了某种特别的群体性而抹杀个性；教育求远效，而政党求近功。因此，教育事业当完全交予教育家，保有独立的资格，毫不受各派政党的影响。[1] 在这一点上，蔡元培的思想与美国大学教授联合会 1915 年发表的关于学术自由的宣言是完全一致的。那些"起草《1915 宣言》的教授们把大学视为独立于钩心斗角的外部世界的一个不受任何党派控制的论坛"。《1915宣言》最初主要是保护教授的思想自由的，到后来，大学的自治也被纳入其概念范畴。[2] 实际上，阻止政党或其他政治力量的干预是大学实现学术自由最重要的外部基础。如果这个基础不存在，就根本无从谈起学术共同体的塑造。在蔡元培治校的前期，主要是采用一种特殊的手段——辞职来阻止政治力量对大学的干预。

蔡元培在十年的北大校长任内有过八次请辞（1917 年 7 月，1918 年 5 月，1919 年 5 月，1919 年 12 月，1922 年 8 月，1922 年 10 月，1923 年 1 月，1926 年 7 月），前七次均发生在他实际主持北大校务的时期，平均不到一年就要请辞一次。陈独秀曾批评蔡元培的辞职之举只是抗议政府腐败的消极做法，[3] 但这种说法失之简单。蔡元培自述做事"必先审其可能与不可能，应为与不应为，然后定其举止"[4]。他的辞职并非轻率之举，而是在大学与政治的关系上对可能与不可能、应为与不应为的审慎考虑。我们从他的辞职中既可以看到大学自治所面临的外部限制，也可以看到蔡元培如何运用辞职来遏制这些限制。他的请辞既是这些外部关系作用于大学的结果，同时又是他用以调整这些关系的基本手段。我们可以对蔡元培在五四

〔1〕 蔡元培：《教育独立议》，载《蔡元培全集》第 4 卷，第 585 页。
〔2〕 博克：《走出象牙塔》，徐小洲等译，浙江教育出版社 2001 年版，第 5—6 页。
〔3〕 陈独秀：《评蔡校长宣言》，载《陈独秀著作选编》第 3 卷，第 12—14 页。
〔4〕 蔡元培：《在浙江旅津公学演说词》，载《蔡元培全集》第 3 卷，第 101 页。

运动中的辞职事件作一细致分析。

在蔡元培的数次请辞中，1919 年 5 月的这次是最坚决的、也最复杂的一次。他从辞职到最后回校复职，历时四个月，中间经历了许多波折，他个人的辞职事件最后演变成了作为"五四运动"余响的"挽蔡运动"。在此过程中，蔡元培以其全部的个人魅力，借社会运动之势，为北京大学成功地构筑起了防止政治干预的学术堡垒。

蔡元培此次辞职事件前后可以分为四个回合：[1]

第一个回合从蔡元培 5 月 8 日递交辞呈到 5 月 20 日他答应有条件地复职。"五四运动"发生后，蔡元培积极营救被捕学生。5 月 7 日，被捕学生回校。第二天，鉴于他本人已经成为政治斗争的焦点，蔡元培提出了辞职。其实，就在同一天，把持北京政权的安福系已经决定要撤蔡元培的职，以桐城派马其昶代之。只是由于教育部长傅增湘拒绝副署而未能发出此道命令。5 月 9 日，蔡元培离京。临行前，为了避免他动员学生要挟政府的嫌疑，他特地登报声明："杀君马者道旁儿"，"民亦劳止，汔可小休"。他以此表明，自己是因为苦于应接不暇的繁忙而想辞职休息的。不过，他在 10 日发表的《告北大同学诸君函》中却明确地说自己是"在校言校，为国立大学校长者，当然引咎辞职"。10 日，以北大师生为核心的挽蔡运动拉开了序幕，其中对政府压力最大的就是北京各高校校长一并辞职，北京高校全体罢课。13 日，蔡元培在北京《晨报》发表了《在天津车站的谈话》。这份谈话综合了他前面关于自己辞职的两种说法：他辞职既是为了保全学生、保全大学，也是因为不耐杂务。在强大的舆论压力下，北京政府被迫于 14 日发出挽留蔡元培的指令。19 日，北大经济学教授胡钧登报声明安福系将任他为北大校长纯属谣传。20 日，

---

[1] 以下有关蔡元培辞职事件的材料来源，如无特别说明，均来自《蔡元培年谱长编》中册，第 201—246 页。

蔡元培给政府发电称："政府果曲谅学生爱国愚诚，宽其既往，以慰舆情；元培亦何敢不勉任维持，共图补救。"这即提出了他复职的条件：对参与运动的学生不予追究。

第二个回合是从 5 月 26 日他称病拒绝回京赴任到 6 月 5 日北京政府任命胡仁源为北大校长。尽管各方都催促蔡元培复职，但蔡元培在上海和杭州观察了数日，决定托病不出，静观事变。促使他做出这个决定的缘由，由他最重要的智囊——汤尔和一语道破。汤尔和在给他的信中说："来而不了，有损于公；来而即了，更增世忌。"也就是说，在当时的紧张态势下，若蔡元培回京化解不了政治危机，会被认为是无能；若他回京解决了问题，又会被视为莫大的政治威胁，因此，宜静不宜动。蔡元培拒绝北上的决定惹恼了安福系，他们遂发布命令，让胡仁源取代蔡元培。安福系放弃了马其昶，估计是马其昶当年积极参加过袁世凯的复辟活动，担心他若接任校长会招来太多的反对。而胡仁源曾是蔡元培的学生，也曾在蔡元培掌校前代理北大校长达三年之久，无论是其与蔡的关系，还是本人资格，都使他可能顺利接任校长。而上海、南京的一些教育家开始筹划将新文化的中心南移，必要时甚至准备将北大迁到上海去。[1]

第三个回合是从 6 月 6 日北大发起拒胡挽蔡运动到 7 月 9 日蔡元培回电教育部应诺在病情好转的情况下复职。安福系没有想到任命胡仁源之举立刻引起了北京学界的强烈反对，而蔡元培于 6 月 15 日写了一个"不肯再任北大校长的宣言"。从他在宣言中一连用了三

---

[1] 黄炎培和蒋梦麟代表南方学界给胡适的信中说：他们"所最希望者，为（北京）大学不散，孑公自仍复职。同人当竭力办南京大学，有孑公在京帮助，事较易。办成后渐将北京新派南移，将北京大学让与旧派，任他们去讲老话，十年二十年后大家比比优劣"。但是，"如北京大学不幸散了，同人当在南组织机关，办编译局及大学一二年级，卷土重来，其经费当以捐募集之"。《黄炎培蒋梦麟致胡适》，载《胡适来往书信选》上册，第 47—48 页。

个"绝对不能再作……校长",我们可以感受到,蔡元培这次的请辞,并不仅仅是抗议的姿态和手段,政治对大学的横加干预已经使他实在不愿再在夹缝中受累了。在蔡元培看来,这种干预来自两个方面:一个方面是行政干预,另一个方面是政治干预。所谓行政干预,指的是大学校长成为由政府任命的半个官僚,大学与教育部被处理成官僚隶属关系,因此,大学内部的大小管理事务稍微破例,就必须呈报教育部批准。所谓政治干预,指的是大学缺乏保障思想自由的外部环境,因此,对北大的教育改革,不仅教育部可以干涉,而且外交部、国务院、参议院也可以横加指责。比如,为辞退北大不称职的外籍教员,蔡元培就屡遭外交部质问。[1] 蔡元培在文中表明:只要这些政治干预尚在,他就不可能再任那个不自由的校长。由于蔡元培弟弟的劝阻,此文当时没有公开发表,而是另由他弟弟代登了一则启事,继续称病不出。在学界的重压下,教育部于6月17日将尚未上任的北大新校长胡仁源含糊地"调(教育)部办事"。6月28日,教育部和北京学界派人专程到浙江请蔡元培复职。7月9日,蔡元培答应等身体康复后复职,表面上他仍是在坚持原定的延缓回京的做法,但实际上,一项日后对北大命运产生重要影响的决策已经在酝酿之中。

第四个回合是从7月14日蔡元培决定请蒋梦麟作为他的私人代表到校办事,到9月12日蔡元培回到北京。在汤尔和的提议下,蔡元培决定请蒋梦麟代表他北上代办北大校务。7月16日蒋梦麟准备启程赴京。而7月17日,在安福系的操纵下,北大个别学生和一些社会人员企图搞"迎胡(仁源)拒蔡(元培)",结果遭到许多北大学生的痛击。7月23日,北大学生召开了欢迎蒋梦麟的大会。7月30日,安福系被迫将胡仁源免职,却又想鼓动蔡元培在中国教育会

---

[1] 蔡元培:《北京大学复外交总长函》,载《蔡元培全集》第18卷,第215—216页。

时代的老友——蒋智由来任北大校长。9月2日，蔡元培致信蒋智由，称蒋若为北大校长，"可为教育前途幸"。6日，蒋智由发表《入山明志》，"驰书决谢（提名），必不往就，坚如磐石"。12日，蔡元培回京。20日到21日，北大学生、教职员和北京中等以上学校教职员分别召开欢迎蔡元培复职的大会。至此，北京政府将蔡元培撤职的图谋完全失败。

从这四个回合的斗争过程中，我们可以领略蔡元培处理政治问题的高超智慧。虽然蔡元培不愿为俗务所累、为官僚所困的心情是真诚的，但是，如果只想简单解脱了事而不顾及政治后果，就成了意气用事。蔡元培说"教育事业应该完全交与教育家"，其实，这句话还不全面，应该说是："教育事业应该完全交与有政治智慧的教育家"。实际上，蔡元培要谋求大学自治，并非是要使大学完全非政治化。相反的，他把大学本身看作是立足根本、着眼长久的政治。在他看来，"现象世界之事为政治，故以造成现世幸福为鹄的；实体世界之事为宗教，故以摆脱现世幸福为作用。而教育者，则立于现象世界，而有事于实体世界者也。故以实体世界之观念为其究竟之大目的，而以现象世界之幸福为其达于实体观念之作用。"[1] "在教育界深受政治不良之影响，故有不能不容喙于政治之觉悟，然自身仍从教育进行也。"[2]

在风雨如磐的时代里，要使大学抵制政治的干预是异常艰难的。只有蔡元培这样既懂教育又懂政治、"托政治于学术"（吴稚晖语）的人才能做到审时度势，保全北大。无论是蔡元培的一意辞职，还是他有条件的复职，或是他的拖延回京，其着眼点都不是为了他个人的名位，而是为了打造在政治上相对独立的北京大学乃至整个北

---

〔1〕 蔡元培：《对于新教育之意见》，载《蔡元培全集》第2卷，第12页。
〔2〕 蔡元培：《复朱镜宙函》，载《蔡元培全集》第11卷，第12页。

京学界。如果政府可以随意撤换北大校长，那他们自然可以干预北大的校内事务，也可以干预其他任何一所高校的内部事务。这正如北京中等以上学校职教员联合会给胡仁源的信中所说的："现在学界公意，认为欲回复教育原状，非各校校长一律复职不可，欲各校校长一律复职，尤非北京大学蔡校长真能复职不可。是蔡校长复职与否，为北京学界全体问题，既非北京大学一校问题，尤非蔡元培个人问题。"[1] 安福系想推出的四位北大校长人选马其昶、胡钧、胡仁源和蒋智由一一落空，这足见以蔡元培为首的北京学界已经隐然成形为较为独立的场域。

更为重要的是，蔡元培不仅能够抵制政府对校长人选的随意安排，而且还为北大校长之位今后掌握在真正的教育家手中做好了充分的铺垫。我们再回头来研究一下事件的整个过程，可以发现，6月中下旬，胡仁源被"调部办事"，教育部、北京大专校长团、北京各校教职员联合会、学生联合会和北大师生均派代表来杭州请蔡元培回京。蔡元培此时若回京已经稳操胜券，他为什么还不答应立即启程回京复职？是他的架子太大吗，还是他的病真的还没有好？

当然这两者都不是。蔡元培的人格魅力之一就在于他从不摆那些虚饰的"架子"；而有政治权谋或政治智慧的人从来不会仅仅为病称病。蔡元培之所以拖延回京，主要是为了向外界推出他看中的未来的校长人选——蒋梦麟。

毋庸讳言，蒋梦麟是浙江人，是蔡元培在绍兴中西学堂的学生，是汤尔和推荐给蔡元培做其代表的——这些也许会让人以为蒋梦麟的出现只是蔡元培操弄学术派系政治的结果。但如果这样去看问题，那就是把蔡元培的思想高度降到了汤尔和、胡仁源的层次

---

[1]《蔡元培年谱长编》中册，第214页。

上。[1] 同乡也好,昔日的学生也好,这些只是为蔡元培选人提供了机缘而已。在我看来,蔡元培真正看重蒋梦麟的是这样三点:

其一,蒋梦麟在美国留学长达九年,师从著名教育家杜威,1917 年以关于中国教育原理的研究获得哥伦比亚大学教育学博士。他回国后发起并领导了新教育改革运动,主持在知识界广受欢迎的《新教育》期刊。他这样的经历,称为"真正的教育家"应是当之无愧的。

其二,蒋梦麟对蔡元培的教育理念有很高的认同和较深的理解。蒋梦麟 7 月 23 日在北大学生欢迎他的大会上说话得体,并对蔡元培的精神作了三点阐发。素来在日记里不录溢美之词的蔡元培破例将其说法记了下来,[2] 可见他对蒋梦麟说法的欣赏。由蒋梦麟来继承蔡元培在北大开创的办学风格,蔡规蒋随,这应该是有保障的。

其三,蒋梦麟办事谨严干练,在这点上甚至强过蔡元培。[3] 我们再对比一下蔡元培以往在北大治校的两位主要助手——陈独秀和胡适。陈独秀长于开创思想新风,短于治事,且当时已经离职。胡适"旧学邃密""新知深沉",思想稳健,热心教育,但他当时作为新文化派和政治自由主义的首领人物屡受旧派和保守派的攻击,且

---

[1] 陈以爱细致地梳理了在蒋梦麟代替蔡元培出长北大一事上汤尔和、蒋维乔尤其是江苏教育会所起到的关键性的推手作用,其史料功夫相当扎实(陈以爱:《"五四"前后的蔡元培与南北学界》,载吕芳上编:《论民国时期领导精英》,香港商务印书馆 2009 年版,第 336—361 页)。但她在解释上明显受到沈尹默说法的影响,即认为蔡元培一生总是受人包围。这种解释容易把蔡元培看成是谋士们手中的玩偶,却难以回答这样的问题:北大任何时候都少不了形形色色的谋士们的盘算和运作,但为什么只有蔡元培创造出一个独一无二的北大时代?蔡元培在选拔蒋梦麟为接班人的问题上,除了受他的谋士和江苏教育会的影响外,他自己是否具有教育发展战略高度的考虑?

[2] 《蔡元培日记》,载《蔡元培全集》第 16 卷,第 91—92 页。

[3] 1950 年,傅斯年在一次演讲中说:梦麟先生学问不如蔡子民,办事却比蔡先生高明;他自己学问比不上胡适之先生,但他办事却比胡先生高明。蒋梦麟听后笑言:"你这话才极了。所以他们两位是北大的功臣,我们两个人不过是北大的'功狗'。"蒋梦麟:《西潮·新潮》,第 332 页。

胡适当时处事也不够老道。[1]

蒋梦麟本来是主张在蔡元培不复职的情况下就将北大南移的人。但在蔡元培准备复职后,蒋梦麟作为一个研究教育出身、认同新思想和新教育、待人办事周到老练却又未置身在风口浪尖的人,就被蔡元培视为最好的接班人。

事实最后证明了蔡元培的深远眼光。自 1919 年至 1945 年,蒋梦麟在北大工作了二十余年。在蔡元培任校长期间,他长期担任总务长,三度代理校长,1930 年冬正式担任北大校长。先后主持校政17 年,是北大历届校长中任职时间最长的一位。他为北大在中国教育和学术上所创造的高峰做出了重要的贡献。而蒋梦麟在北大起步的舞台,正是由蔡元培精心搭建起来的。蔡元培选择在 1919 年那个斗争的紧要关口推出蒋梦麟是非常有眼光的:因为"代理蒋君到校以后,内之教职员及学生,均表欢迎;外之教育部以正式公牍承认,正可以盘根错节,试其利器",而校内留任的教授们在此当口"必能蒙其鉴谅,而必能与蒋君和衷共济,以尽力于北大"。[2]

大学自治最重要的一点体现在大学校长由谁来任命、根据什么来任命的问题上。蔡元培凭借个人的魅力,实际上在相当程度上获得了北大校长的校内推选权,并为北大两代校长的交替做好了铺垫。蔡元培的这次辞职也因此成为成功抵制政治干预大学的范例。

这次辞职事件还促成了蔡元培在争取大学自治的方式上的转折点。辞职之所以成为蔡元培抵抗政治干预大学的重要手段,主要是因为蔡元培个人极为特殊的社会地位和个人魅力。尽管教育部的大小官员可以对北大指手画脚,尽管政府要员可以为北大的内部事务

[1] 从胡适在蔡元培辞职后表现出来的慌乱和怨艾,可以看出胡适当时在政治上未经世面的尴尬相。参见《蔡元培致胡适函》,载《蔡元培全集》第 10 卷,第 414—415 页。
[2] 《蔡元培致马叙伦函》,载《蔡元培全集》第 10 卷,第 434 页。

来质问校长，但蔡元培作为前清翰林、德国留学生、革命元老和民国第一任教育总长，他的这些文化、政治和历史光环使他的大学理念和主张难以被一般的政治人物所撼动。他的辞职本身更会成为还击对大学妄加干涉的政治势力的有力武器。

不过，蔡元培从这四个月的拉锯战中也发现了一个重要的问题：如果把北大甚至整个北京学界的命运系于他一人身上，这实在是很危险的事。为此，蔡元培在治校的后期开始从内外的制度设计上来谋求大学的自治。

蔡元培首先在校内加快推行教授治校。在此次辞职前，蔡元培已经推行了校评议会和系教授会制度，前者是给教授代表和各科学长以校内立法和做出重大决策的权力（如决定学科废立、提出学校预算、制定和审核学校条令、审核教师学衔和学生成绩），后者是由教授来推举系主任、决定教务（如课程设置、选择教科书、考核学生成绩等）。在 1919 年 9 月回任北大校长时的演说中，他进一步提出要组织行政会议，使行政事务也采取合议制。[1] 而后蔡元培又在北大设置了教务长和总务长，分管教学和事务，而这二职均以推选的方式在教授中产生。这样一来，谁来当校长，其权力已经被大大削弱，无法任意办事，大学的运转不因校长的人选和去留产生重大影响，也使校长不至于成为众多野心家争抢的目标。[2]

而后蔡元培进一步企望在外部制度上确保大学的自治。他在 1922 年的"教育独立议"中提出了一个系统的改革方案，如全国实行法国的大学区制，使各学区的大学来统领教育行政事务；大学校长由大学教授组成的委员会推选，教育部不得干涉大学区和大学内

---

〔1〕 蔡元培：《回任北京大学校长在全体学生欢迎会上的演说词》，载《蔡元培全集》第 3 卷，第 692—693 页。

〔2〕 蔡元培：《筹办杭州大学的建议》，载《蔡元培全集》第 5 卷，第 45 页。

部事务；教育总长一职的任命反而必须得到大学校长组成的高等教育会议承认；各区教育经费从本区抽税充用，等等。[1]

1927 年 6 月，在蔡元培的倡议下，教育部改为大学院，地方上实行大学区制，首先在浙江、江苏两省试行，然后逐渐向全国推广。蔡元培被任命为大学院院长。但大学院所实行的教育改革方案仅仅是蔡元培《教育独立议》设想中的一部分，即大学区制。即使是这个模仿法国的学区制，也很快宣告失败。有学者分析了其中的几个原因：模仿失当，变更太骤；政治不稳，基础未固；留日派的激烈反对；教育独立与党化教育的冲突；[2]经费不足；以及与最初一同倡导大学院制度的老友张静江、李石曾的失和，等等。[3]其实，这位论者忽略了最重要的一个因素：在党国一统天下的时候，谋求教育独立近乎异想天开。大学院制度得以试行，仅仅是特殊历史时期政治斗争的产物而已。因为 1927 年正是蒋介石政权与国民党左派控制的武汉政权处于尖锐对立的时候，由于蔡元培等几位元老支持了蒋介石，所以，他们提出的大学院倡议就得到了蒋介石的同意，但这种建立在政治权衡和个人声望的体制实际上是难以持久的。1929年，大学区停办，大学院重新改为教育部，只有中央研究院得以幸存下来。

（二）大学与经费保障

蔡元培之所以在 1922 年提出教育独立的主张，一个非常重要的

---

[1] 蔡元培：《教育独立议》，载《蔡元培全集》第 4 卷，第 585—587 页。

[2] 蔡元培尽管看重大学的独立，但他在大学院时期，并未坚决抵制党化教育的推行。在这点上，相比而言，胡适的态度是非常鲜明的：他一再推辞在大学院的职务，就是因为他坚决不能同意党化教育，包括他非常不赞成设立劳动大学。载《胡适来往书信选》上册，第 447 页。

[3] 陶英惠：《蔡元培与大学院》，《"中央研究院"近代史研究所集刊》1972 年总第 3 期（上）。

背景是大学的教育经费到那时已经越来越难以及时、足额地发放。北大作为国立大学，政府拨款是办学经费的最主要来源。1920 年，北大的年预算为 707800 元，其中，教育部拨款为 628800 元，学费 71500 元，住宿费为 7500 元。[1] 北大的这笔政府拨款尽管在政府的总开支中仅仅是一个零头，却屡屡被拖延挤占。蔡元培 1919 年后的几次请辞就多与争取大学经费有关。当时，蔡元培并非单枪匹马地行动。自从"五四运动"后，北京各国立大专院校常常协同行动。尤其是在 1920 年到 1923 年的历次讨薪风潮中更是共担艰危，并肩战斗。"北京国立八校"在共同争取基本经济保障的艰难斗争中被打造成了一个统一的北京学界，这其中的领头人正是身为北大校长的蔡元培。

1919 年 12 月底到 1920 年 1 月，因为拖欠薪水，北京国立八校教师决定罢教，[2] 蔡元培疏通未果，决定会同北京其他大专校长辞职，各校教师罢教，最后迫使当局让步。[3]

1921 年 3 月，蔡元培在国外访问，北大再次爆发了索薪运动。

1922 年 8 月，蔡元培又一次联合北京其他国立大学校长一同请辞。当时政府积欠北京国立八所大学的教育经费均在 5 个月以上，当校方代表到政府索薪时，不是横受侮辱，就是被空言塞责。蔡元培等八校校长坚持如果在开学前不发给各校三个月的经费，则一并辞职。虽然政府反复劝阻和敷衍，蔡元培等人仍坚持不松口。此次斗争最后以八校的部分胜利告终：政府最后拨给两个月费用，并答

〔1〕《北京大学史料》第二卷，第 1885 页。
〔2〕这次为索薪而罢教的行动遭到了北大时任代理教务长胡适的坚决反对，他认为，罢教不仅会使上学期被"五四运动"所耽误的课程补考再次被拖延，而且学校纪律也将难以维持。但他势单力薄，未能阻止决议的形成。《胡适来往书信选》中册，第 287—288 页。
〔3〕《蔡元培年谱长编》中册，第 266、273 页。

应在当年 9 月底以前再发半个月。[1]

　1923 年 4 月，北京国立八校再次爆发欠薪危机，八校教职工代表会同被欠薪的教育部部员一起向教育部长索薪。这时，蔡元培已经在当年年初因为对教育总长彭允彝的抗议而先行请辞。在索薪危机爆发后，蔡元培意识到这样的索薪或请辞并不是解决问题的根本办法，他认为不能把办教育的最后希望寄托在濒临崩溃破产的政府上，根本之计是谋划大学独立的良策。因此，平素温和的蔡元培在此关头提出了一个彻底解决的主张："对于北大及其他北京国立各校之根本救济，鄙意宜与北京政府划断直接关系，而别组董事会以经营之。""北大校务，以诸教授为中心。大学教授由本校聘请，与北京政府无直接关系，但使经费有着，尽可独立进行。"然而，使偌大的国立大学脱离"国立"，如何能使经费有着呢？蔡元培提出国立八校可脱离与北京当局的关系，另组董事会，由董事会来筹措资金。在董事会成立前，另想应急之法。如北大每年办学经费 70 多万，可先由学生每人筹 300 元，以 2500 个学生总计则可得 75 万元。[2] 民间是否有能力支撑起北京大学这样的国立大学，尚且成问题，而让学生筹款维持，就更近于空想了。1922 年 10 月，北大仅仅因为准备在学生中增收一元多的讲义费就引来了学潮，现在更不用说靠学生来维持整个大学的运转了。早在 1920 年 7 月，北京大学评议会就通过

---

〔1〕　蔡元培：《北京国立八校为请准辞职呈大总统国务院教育部文稿》《北京国立八校校长复职声明》，载《蔡元培全集》第 4 卷，第 712—717、761 页。值得注意的是，蔡元培尽管时时运用辞（校长）职的手段，但他一般并不赞成大学罢教，尤其是为了讨薪。1922 年春季开始，政府就不断拖欠大学教师工资。4 月 9 日，在北京国立八校教职员联席会议上，多数人主张以延长春假的方式变相罢教，但遭到了蔡元培和胡适的坚决反对。蔡元培表示如果教职员坚持此议，他就要辞职。后来联席会议迫于蔡元培的坚决姿态没有通过此项决议。《蔡元培年谱长编》中册，第 489 页。
〔2〕　蔡元培：《致北大教职员函》，《致北大学生函》，载《蔡元培全集》第 11 卷，第 201、203 页。

了募款规章，向民间筹款。[1] 蔡元培 1920 年底到 1921 年 8 月出国，一个重要目的就是在海外筹款。但是，要求得北京大学在办学上的完全独立，无论是就当时的政治形势，还是民间经济实力而言，都是难以做到的。不要说完全靠民间筹款办学不可能，即使蔡元培在1927 年政权交接之时所提出的让国家教育经费与军政各费完全分开、独立拨付的提案也无法获得通过。[2]

（三）大学与宗教束缚

如果说蔡元培在争取经费保障上做得很艰难的话，那么，他在使大学摆脱宗教的影响上则非常成功。然而，我们对此不免会有疑惑：中国文化历来缺乏宗教传统，中国人一向不具宗教精神，那么，蔡元培为什么在治校期间却一再向人们提醒宗教教育的危害性？他为什么在《教育独立议》中甚至把宗教与政治并列为实现教育独立的大敌，提出学校不得有传教课程和仪式，传教者不必参与教育事业？他为什么苦心要用美育去替代宗教？这样做是不是有些无的放矢？

实际上，蔡元培在教育上对宗教的反对是非常有针对性的，他所针对的是两方面的问题：

1. 摆脱西方教会教育的影响，确立国立大学的文化自主性

毋庸讳言，西方近现代教育思想的演进与教会有密切的关系，最初的大学就是在耶稣会体系中孕育出来的。然而，大学教师与耶稣会士的重要差别在于，"他们是按照自己确实看到的样子来描绘事情的，绝不认为他们是在诉诸人为的修饰；而耶稣会士们则是在一定程度上

---

[1] 《北京大学评议会记录（八）》，载《蔡元培全集》第 18 卷，第 340 页。

[2] 蔡元培：《提议教育经费独立案》，载《蔡元培全集》第 6 卷，第 116 页。北大的办学经费直到 1931 年后才有所好转。以美国退还第二次庚款为基础的中华教育文化基金会决定每年补助北大国币 20 万元。而当时该基金会正是由蔡元培担任董事长，蒋梦麟、胡适分任副董事长和名誉秘书

刻意地冲刷真正的事实，以便让它们以他们认为更合适的面目出现在学生面前。在这里我们看到了一种立场上的差异，而未来就可以在这种立场上打造出来"。[1] 即使是身为天主教大学校长的纽曼在其著名的《大学的理念》里，也承认大学的本质是独立于教会的。他反问道：如果大学意在宗教训练，而不是全面的知识传授和心智的培养，它如何能够成为文学和科学的中心呢？当然，在他看来，教会对保证大学的"完整性"是必要的，因为它可以发挥精神性的作用，有助于真正的德行的培育。[2] 然而，到了霍布斯和洛克的时代，教育所关注的已经完全变为学理或意见的训练，[3] 因为"野心和对荣誉的贪欲是不可能从人的思想中消除的"，但大多数人通过大学讲坛知道其义务后，就可以不被少数别有用心的人用作扩张野心、危害国家的工具。这样，大学就变成了世俗学理与道德学说的泉源，"传道士与士君子都从这里汲取自己所能找到的泉水，并把它在讲坛上和谈话中洒在百姓身上。"[4] 随着现代西方社会政教分离的体制的逐步确立，教育作为世俗政治和公民社会的重要组成部分，也与教会渐行渐远。

但是，西方对中国的影响却是教会先行的。西方教会在华办学是其文化渗透的重要手段。在蔡元培治校的时代里，西方教会势力对中国的影响远远大于西方大学的理念在中国的传播。当时国立大学仅有北京大学、北洋大学和山西大学三所，而教会大学则有震旦大学、辅仁大学、上海圣约翰大学、燕京大学、岭南大学、金陵大学等十余所。[5] 因此，在清末就已经开始出现反对教会学校教育的

〔1〕 涂尔干：《教育思想的演进》，李康译，上海人民出版社 2003 年版，第 358 页。
〔2〕 纽曼：《大学的理念》，高师宁等译，贵州教育出版社 2003 年版，第 21 页。
〔3〕 塔科夫：《为了自由》，邓文正译，生活·读书·新知三联书店 2001 年版，第 60—61 页。
〔4〕 霍布斯：《利维坦》，黎思复等译，商务印书馆 1986 年版，第 577 页。
〔5〕 朱有瓛编：《中国近代学制史料》第四辑，华东师范大学出版社 1993 年版，第 680—683 页。

风潮。而蔡元培 1922 年 3 月发表的《教育独立议》更成为 20 世纪20 年代中国收回教育权运动的先声。蔡元培在此文的相关论述明显是就教育与教会的分治而展开的。在他看来,教育是进步的,而教会是保守的;教育是跨越各种界限的,而教会是各个有界的,因此,教育事业不可不超然于各派教会以外。[1] 由于教会皆来自西方,因此,此文实际上指向的是中国文化教育的自主性问题。"我们看到,一有教会学校开办,就要宣扬某种宗教教义,就产生新的效果,造成新的一面,从而与我们传统教育相抵触。中国的教会忽视了中国的历史、文学及其他重要的学科,正自行建立另一套与中国国家教育制度相并行的教育制度。不过总有一天会证明,这种教育制度是为中国的国家教育制度所不能相容的。"[2]

2. 防止把儒家文化宗教化

如果说使大学摆脱西方教会的影响是为了确立中国文化的自主性,那么,防止把儒家文化宗教化则是为了破除自大的旧习。因为在袁世凯当上民国临时大总统后,出于复辟帝制的政治需要,鼓励或怂恿康有为等人的孔教会进行封建复古活动。作为曾深受儒家文化熏陶的蔡元培敏锐地意识到了其中的危险信号,坚决地反对把儒家宗教化。他明确提出:"宗教是宗教,孔子是孔子,国家是国家,各有范围,不能并作一谈。""孔子之说,教育耳,政治耳,道德耳。其所以不废古来近乎宗教之礼制者,特其从俗之作用,非本意也。"[3] 所以,蔡元培任教育部长时使普通教育废止读经、大学废经科,是出于当时的政治斗争形势所迫,以保护教育不被宗教意识形

---

〔1〕 蔡元培:《教育独立议》,载《蔡元培全集》第 4 卷,第 585—586 页。蔡元培后来还补充了一点:教育是自由的,而宗教(教会)是强制的。《以美育代宗教》,载《蔡元培全集》第 6 卷,第 586 页。

〔2〕 蔡元培:《中国教育的历史与现状》,载《蔡元培全集》第 5 卷,第 348 页。

〔3〕 蔡元培:《在信教自由会之演说》,载《蔡元培全集》第 2 卷,第 493 页。

态侵扰之举。"并经科于文科，与德国新大学不设神学科相类。"[1] 但前文已提及，废经也带来了一些负面效应，尤其是对中国文化自主性的影响。而蔡元培所提出的"美育代宗教说"正是一种应对之策。因为无论政教分离与否，宗教对西方人的影响甚大。宗教所影响的，不外是人之知识、意志和情感三方面。在蔡元培看来，现代科学的兴起，不仅迅速占领了知识领域，而且深刻地影响了意志领域，唯情感领域还可由宗教所主导。然而，对中国人来说，无论是科学，还是宗教，都是舶来品。如果任由这些舶来品占领大学阵地，中国文化的自主性从何谈起？对于深受德国大学理念影响的蔡元培来说，源自西土的近代科学精神是他深信不疑、终身守护的东西，但是，他在情感上却是地道中国的。因此，他在举证美育的价值时，是中西并举的；而在谈新教育的五个方面时，则把美育与世界观教育隐然列为新教育的至高目标，这些都可窥见他欲树立中国文化自主性的文化本能。[2] 不过，在蔡元培那里，这种自主性的文化本能尚未被提升为一种非常自觉的文化理论。

（四）大学与实业活动

当蔡元培把学与术分开，把商科、工科（原计划中还有法科）从北大拆撤出去时，已经清楚地表明，北大这样以研究高深学问为使命的大学是不准备对实业活动做出回应的，大学应独立于经济生活、技术进步甚至职业生活。[3] 尽管这种做法多少有些矫枉过正，蔡元培晚年对此也有所反思，[4] 但在当时为堵塞大学通往发财之路，

---

[1]　蔡元培：《北京大学二十周年纪念会演说词》，载《蔡元培全集》第3卷，第203页。

[2]　蔡元培：《以美育代宗教说》，载《蔡元培全集》第3卷，第59—60页；《对于新教育之意见》，载《蔡元培全集》第2卷，第14页。

[3]　蔡元培：《读周春嶽君〈大学改制之商榷〉》，载《蔡元培全集》第3卷，第291页。

[4]　蔡元培：《谈今后的教育方针》，载《蔡元培全集》第7卷，第111—112页。

还是有必要的。

五 "休戚相关"与大学作为学术兴国基地

（一）大学的高深追求与社会基础

大学与政治和社会的关系是非常复杂的，如果说前一节涉及政治及社会对大学的影响的话，那么，大学对政治及社会的作用同样也是值得思考的。因为大学除了完成其学术使命外，还必然要在某种意义上肩负起社会责任。"一种社会，无论小之若家庭、若商店，大之若国家，必须此一社会之各人皆与社会有休戚相关之情状，且深知此社会之性质，而各尽其一责任。"[1] 如果说学生肩负着对学术的、国家的和社会的三重责任，[2] 那么，整个大学到底应该承担哪些政治和社会职能呢？其学术使命与政治和社会责任的关系究竟应该如何处理呢？大学是只根据社会要求做出反应，还是应该更主动地去引导社会的需求呢？我们以下将从几个方面来探讨这些问题。本小节先谈所谓提高与普及的关系问题。

由于德国的大学理念一直强调大学研究高深学术的性质和神圣地位，我们因此可能误以为蔡元培要实行的是封闭式的精英主义式教育。然而，我们应该注意到蔡元培1912年对新教育纲领性的意见中有一句话："专制时代（兼立宪而含专制性质言之），教育家循政府之方针以标准教育，常为纯粹之隶属政治者。共和时代，教育家得立于人民之地位以定标准，乃得有超轶政治之教育。"[3] 也就是说，在他看来，学术象牙塔实际上是以民众为基础的。因此，蔡元培在

---

〔1〕 蔡元培：《北京大学校役夜班开学式演说词》，载《蔡元培全集》第3卷，第285页。

〔2〕 蔡元培：《怎样才配做一个现代学生》，载《蔡元培全集》第6卷，第563—565页。

〔3〕 蔡元培：《对于新教育之意见》，载《蔡元培全集》第2卷，第9页。

把大学作为学术象牙塔来建构的同时，也强调要不断去丰厚这个基础。[1]"大学职员的责任，并不是专教几个学生，更要设法给人人都受一点大学的教育。"[2]

那么，如何可能使人人都受一点大学的教育呢？蔡元培采取的是在一定程度上开门办学的方式。大学在被堵塞了通向官场的通道的同时，向底层社会敞开了大门。"从前马神庙北京大学挂着一块匾，仿佛一块虎头牌一样，人家见着的，都以为这是学堂重地，不得擅入，把他看作全国最高的学府，只有大学学生同教员可以进去，旁人都是不能进入的。这种思想，在北京大学附近的人，尤其如此。现在这块匾已经取去了。"[3]北大这块匾被取掉，成为破除大学与社会之间鸿沟的象征。这个象征随即体现在了一系列具有实质意义的改制中：

1. 建立旁听生制度

在各系有缺额、交纳少许费用的情况下，均接受旁听生。[4]

2. 开放女禁

蔡元培巧妙地抓住了制度的空当，解决了当时一个非常敏感的问题。他于1920年元旦对报界发表谈话，说："大学开女禁问题，则予以为不必有所表示。因教育部所定规程，对于大学学生本无限于男女之规定，如选举法中之选举权者。且稽诸欧美各国，无不男女兼收，故予以为无女禁与否之问题。即如北京大学明年（指1920年）招生时，倘有程度相合之女学生，尽可报考；如程度及格，亦可录取也。"[5]蔡元培通过取消女禁问题的存在而首开女禁。1920年

---

〔1〕　熊春文：《实质民主与形式自由——对蔡元培民初教育思想的一种知识社会学解读》，《社会学研究》2006年第1期。

〔2〕　蔡元培：《黑暗与光明的消长》，载《蔡元培全集》第3卷，第457页。

〔3〕　蔡元培：《北京大学平民夜校开学式演说词》，载《蔡元培全集》第4卷，第14页。

〔4〕　蔡元培：《国立北京大学修正旁听生章程》，载《蔡元培全集》第4卷，第105页。

〔5〕　《蔡元培年谱长编》中册，第271页。

春，王兰等九位女生先后到北京大学旁听，而后经过入学考试后转为北大正式学生。1920年秋，北京大学开始正式招收女生。

3. 从校役夜班到平民夜校的开办

蔡元培谈到他在国外的经历时说："法国则有所谓平民大学，为大学教员所组织，专在夜间讲演，无论何人均得入校听讲，不因贫富年龄之故稍有歧异。凡此皆所以济教育之不平，而期于普及。"[1] 受其启发，他先于1918年4月开办了校役夜班，而后又于1920年1月将其扩大为平民夜校。

4. 平民讲演的推展

蔡元培在通俗教育的各种方法中，认为"讲演之范围较广，着手亦难。盖讲演者之心理，纯借口讲指画为表示，务须有得于心，尽人皆晓，庶得良好之结果"。[2] 然而，也正因为"能转移风气"的讲演有一定的难度，恰可以成为大学从事通俗教育的一个入口。在蔡元培的鼓励下，北京大学平民教育讲演团于1919年3月成立，其宗旨确定为"增进平民智识，唤起平民之自觉心"。平民讲演团开始是在街头或利用一些有庙会的寺院作不定期讲演，以后则利用官立的讲演所并在北大旁边设点定期讲演。从1920年4月起，讲演团开始到农村和工厂去讲演。[3] 走向民间与钻进图书馆，显然已经展示出两条不同方向的道路，但对蔡元培来说，并没有意识到这两者之间的深刻裂痕。[4]

（二）大学的学术使命与启蒙责任

我们在前文引述胡适1922年对北大的批评：尚处于"稗贩学

---

[1] 蔡元培：《在北京通俗教育研究会演说词》，载《蔡元培全集》第2卷，第498页。
[2] 同上。
[3] 《北京大学平民教育讲演团》，载张允侯等编《五四时期的社团》第二册，生活·读书·新知三联书店1979年版，第134页。
[4] 魏定熙：《北京大学与中国政治文化》，第202—203页。

术"的时代。蔡元培 1919 年 7 月重返北大时对学生也有过一个类似的提醒:"以提倡国货而论,贩卖固其要务,然必有制造货品之工厂,与培植原料之农场,以开其源。若驱工厂农场之人材,而悉从事于贩卖,其破产也,可立而待。诸君自思,在培植制造时代乎?抑在贩卖时代乎?"[1] 蔡元培的这个说法不仅是对学生说的,也可用于整个北大。进一步言之,不仅北大的师生需要反思,作为北大校长的蔡元培也是可以自省的。

这是因为,蔡元培尽管在治校期间多次强调治学为大学的第一要务,然而,他也同时强调大学应该承担指导社会、开启民智的责任。"国家之休戚,学校之休戚随之。学校之休戚,学生之休戚随之。"[2]"在腐败政府之下,服务社会者又不可多者,自命为知识阶级的大学,不得不事事引为己任。"[3] 这正如"往昔昏浊之世,必有一部分之清流,与敝俗奋斗,如东汉之党人,南宋之道学,明季之东林。风雨如晦,鸡鸣不已"。[4] 蔡元培的办学理念虽然在很多方面深受德国影响,但由于蔡元培骨子里所秉持的中国传统士大夫"以天下为己任"的情怀,所以,他治下的北大在根本的发展方向上与德国现代大学的发展方向并不相同。如果说德国的大学真是蔡元培所谓"纯粹研究学问"的机构的话,那么,蔡元培尽管在言论和文章中以此为北大的发展方向,其所列举的西方"纯学术"的代表都是或著作等身,或立论深厚,或发明众多的哲学家和科学家,[5] 但我们从他最初为北大挑选文科学长的考虑就可以发现,他从办学一开始

〔1〕 蔡元培:《告北大学生暨全国学生联合会书》,载《蔡元培全集》第 3 卷,第 641 页。
〔2〕 蔡元培:《对北京大学学生全体参加庆祝协约国战胜提灯会之说明》,载《蔡元培全集》第 3 卷,第 469 页。
〔3〕 蔡元培:《〈北京大学卅一周年纪念刊〉序》,载《蔡元培全集》第 6 卷,第 437 页。
〔4〕 蔡元培:《北京大学进德会旨趣书》,载《蔡元培全集》第 3 卷,第 238 页。
〔5〕 蔡元培:《〈学风〉杂志发刊词》,载《蔡元培全集》第 2 卷,第 289—295 页;《哲学与科学》,载《蔡元培全集》第 3 卷,第 522—529 页。

其实并没有用"纯粹研究学问"来引导北大。

陈独秀旧学算不得邃密，新知谈不上深沉，没有家学渊源，没有留洋背景，甚至没有学术专著，只是主编一份思想启蒙杂志。杂志意味着什么呢？如果按照王国维贬抑有过的说法，"庚辛以还，各种杂志接踵而起。其执笔者，非喜事之学生，则亡命之逋臣也。此等杂志，本不知学问为何物，而但有政治上之目的。虽时有学术上之议论，不但剽窃灭裂而已"。[1] 蔡元培为什么要把这样一个办杂志的人物放在北大文科学长的位置上，由他来引导整个北大的学术发展呢？陈独秀所主编的《新青年》对大学到底意味着什么？蔡元培在与林纾论辩时说："若大学教员于学校以外自由发表意见，与学校无涉，本可置之不论。今姑进一步而考察之，则惟《新青年》杂志中，偶有对于孔子学说之批评……"[2] 尽管《新青年》杂志编辑部随陈独秀的进入而搬进了北大，编辑也由陈独秀一人变为新文化派共同担任，但是，蔡元培在论辩时仍然把《新青年》作为"学校以外自由发表意见"的刊物。既然如此，蔡元培为什么会主要因为一个在大学以外（也在"纯学术"以外？）自由发表意见的刊物而选中陈独秀来引导北大的学术发展呢？

一个可能的解释是蔡元培认为在中国当时的情况下，学术建设与思想启蒙并不相悖。更进一步地说，借用蔡元培本人的比喻，在猛兽（恶政）横行的时代里，必需引入洪水（新思潮）来吞噬猛兽。至于洪水本身的弊害，则可以慢慢加以疏导。[3] 所以，我们可以理解，当胡适的《中国哲学史大纲》上卷出版后，蔡元培是何等欣喜若狂——若不是在新文化思潮的荡涤下，三千年来一半断烂、一半

---

[1] 王国维：《论近年之学术界》，载《静庵文集》，第 113 页。

[2] 蔡元培：《答林琴南的诘难》，载《蔡元培全集》第 3 卷，第 572 页。

[3] 蔡元培：《洪水与猛兽》，载《蔡元培全集》第 4 卷，第 78—79 页。

庞杂的哲学界如何可能理出一个头绪来，如何可能开出一种研究本国哲学史的门径？！[1]

师风所及，学生的启蒙期刊《国民杂志》《新潮》也紧随《新青年》《每周评论》而涌现。对此，蔡元培在赞许中多少也夹着些许无奈和担忧："学生唯一之义务在求学，胡以牺牲其求学之时间与心力，而从事于普通国民之义务，以营此杂志？曰：迫于爱国之新，不得已也。我国……大多数国民，方漠然于吾国之安危，若与己无关。而一部分有力者，乃日以琢丧国家之务。其能知国家主义而竭诚以保护之者，乃少数耳。求能助此少数爱国家、唤醒无意识之大多数国民，而抵制琢丧国家之行为，非学生而谁？呜呼！学生之牺牲其时间与心力，以营此救国之杂志，诚不得已也。"[2]《新潮》"原以介绍西洋近代有益之学说，批评之事，仅属末节。《新潮》既以介绍新说为旨，自不必专徇末节之流波……《新潮》持论或有易致骇怪之处，元培自必勉以敬慎将事。"[3]

可以看出，蔡元培并非意识不到思想启蒙与学术建设、贩卖与培植这两者在性质上的差别，但他更愿意看到由思想启蒙激发起国人对学术的兴趣，通过沉潜学术以达到改造社会的目的。而开始同样是本着文化救国的理念，陈独秀寄望启蒙的则是所谓"借思想文化以解决问题的途径"。[4] 1915 年《新青年》创刊时，陈独秀称"批评时政，非其旨也"；到 1918 年，他则表示："政治问题，往往关于国家民族根本的存亡，怎应该装聋推哑呢"；而到 1923 年，在离开北大后，他质问道："教育界能不问政治吗？""中国政治坏到现在这样地步，不是军阀官僚自己要包办政治的罪恶，乃是士农工商都

〔1〕 蔡元培：《〈中国古代哲学史大纲〉序》，载《蔡元培全集》第 3 卷，第 374—376 页。
〔2〕 蔡元培：《〈国民〉杂志序》，载《蔡元培全集》第 3 卷，第 530 页。
〔3〕 蔡元培：《复傅增湘函》，载《蔡元培全集》第 10 卷，第 395 页。
〔4〕 林毓生：《中国意识的危机》，穆善培译，贵州人民出版社 1988 年版，第 45 页。

放弃责任而且忍心害理的主张不问政治，甘心让军阀官僚包办的罪恶。"[1] 这个变化过程，在陈独秀的思想世界中并没有那么突兀，但对蔡元培来说却是未能充分意识到的，也是他不太愿意看到的。

尤其对于需要更多时间来读书的学生来说，这其中的冲突会更大。蔡元培本以为只要限制在文化领域，这两者还大体可以相容。所谓限制在文化领域，是指大学的启蒙责任主要是通过期刊、报纸等出版物来发挥。他所提出的"救国不忘读书，读书不忘救国"，[2] 是希望救国与读书这两者能够通过书刊来连接。蔡元培在治校前期相信，只要是限于言（论）而非行（动），只要把社会关怀非政治化，就可以做到讲学与议政、救国与读书两不误。但"五四运动"后汹涌的学潮打破了蔡元培的这一幻想。

（三）大学的第一要务与学生运动

蔡元培虽然希望学生在校读书时行使社会责任仅限于普及教育和言论批评，但在"扰攘不安的岁月"（蒋梦麟语）里，他不得不一再面对学生运动的难题。蔡元培对三种类型的学生运动抱有三种完全不同的态度。

第一种学生运动是他完全支持的。这是一种非常特殊的运动，在蔡元培治校时仅出现过一次。这即1918年11月北大学生参加庆祝协约国战胜的提灯会。严格地说，这并非学生运动，因为它无论是对校方还是对政府都不具有任何对抗性，反而是由校方出面组织、政府批准的，具有节庆性质。不过，鉴于"学校之中，以课程为第一义"，而学校"牺牲此三日中教室、实验室、研究所之课程"，所

---

[1] 陈独秀：《今日中国之政治问题》，载《陈独秀著作选编》第1卷，第417页；《教育界能不问政治吗》，载《陈独秀著作选编》第3卷，第14页。

[2] 蔡元培：《读书与救国》，载《蔡元培全集》第6卷，第19页。

以，我们还权且称其为学生运动。蔡元培对这次行动是要求北大学生必须全体参加，如果有谁不参加，则鼓励同学检举并加以惩戒。之所以牺牲三天课程，是为了让学生们"放开世界眼光，促起国家观念"。[1]

第二种学生运动是基于政治关怀、由某个政治事件引爆的学生运动。蔡元培的态度颇为复杂：有保留地同情、有节制地批评、温和地劝阻和积极地保护。

蔡元培之所以同情，是因为他认为，在万不得已的情况下，用学生运动参与危机时刻的政治，如果适可而止的话，也无可厚非。学生"干预政治问题，本是不对的事情，不过当此一发千钧的时候，我们一般有智识的人，如果不肯牺牲自己的光阴，去唤醒一般民众，那么，中国更无振兴的希望了"。[2]

之所以批评和劝阻，是因为蔡元培既担心学生因为"动"（参加政治运动）而致学业被耽误，更担心学生因为养成了"动"的习性而疏离了学业上的兴趣。他认为唤醒国民有一时之唤醒和永久之唤醒的区分，若要求得对国民永久的唤醒，则必须扩充知识，高尚志趣，纯洁品性，以研究学问为第一责任。而政治问题因缘复杂，今日见一问题，以为重要，进而又会看到还有比此更重要的问题，以此往复于政治问题中，则无法尽萃学术，无法使大学为最高文化中心，以定中国文明前途的百年大计。[3] 在蔡元培改造北大前，学生为升官发财而来就学，这是蔡元培要力图改变的校风；而自"五四运动"以后，学生多为政治运动所吸引，这也是蔡元培所深为忧虑的。我在本书上篇中已经指出：新学堂学生的"反体制冲动"实际

---

〔1〕 蔡元培：《对北京大学学生全体参加庆祝协约国战胜提灯会之说明》，载《蔡元培全集》第3卷，第470页。

〔2〕 蔡元培：《学生的责任和快乐》，载《蔡元培全集》第4卷，第244页。

〔3〕 蔡元培：《告北大学生暨全国学生联合会书》，载《蔡元培全集》第3卷，第642页。

上是一种不稳定的惯习，依靠这种惯习无法支撑起独立的教育场域，由此，学术与政治的张力也就无法重建。"五四运动"中北大爱国学生的心性当然不能与从前抱着做官梦的北大老爷学生相提并论，但无可否认，"五四运动"所承接和发扬光大的"反体制冲动"与蔡元培将北大塑造为有独立学统的教育场域的努力是存在着冲突的。建立独立而又厚实的学统，谋求从根本上制衡政治，而不为一时政治所牵，这就是蔡元培对学生运动抱持着保守态度的原因所在。他认为二十岁以上的学生，若对于政治有特殊兴趣，可以个人资格参加政治团体，不必牵涉学校。[1] 1928 年 8 月蔡元培在出席国民党中央第五次全会上提出取消青年运动案，曾引起时人的非议，[2] 甚至被后人认为是"晚节不保"的表现。其实，蔡元培对青年运动的态度是一以贯之的。

尽管蔡元培一般不支持学生运动，但他不仅不会对学生采取严厉的处分，而且还会尽力组织对被捕学生领袖的营救，并尽可能阻止政府对学生领袖的迫害。与此同时，每次学生运动爆发时，他都会以辞职表示负责。

第三种学生运动是蔡元培坚决反对的，即针对教师和校方的学生运动。1922 年 10 月北大因为经费短缺，要求对学生的讲义收费，因而引发了一场校内学生风潮。蔡元培对围攻教师、起哄闹事的学生表现出了罕见的愤怒，他高喊"你们这班懦夫！有胆的就请站出来与我决斗，如果你们那一个敢碰一碰教员，我就揍他"。蔡元培这位平常驯如绵羊、静如处子的学子，忽然之间就变成正义之狮了。[3] 蔡元培不仅以自己的气势震慑住了闹事的学生，最后还以自己的辞

---

〔1〕 蔡元培：《我在北京大学的经历》，载《蔡元培全集》第 7 卷，第 504 页。
〔2〕 王世儒：《蔡元培先生年谱》下册，北京大学出版社 1998 年版，第 568—569 页。
〔3〕 蒋梦麟：《西潮·新潮》，第 132 页。

职表示抗议。有人认为蔡元培这是小题大做，而蔡元培则认为收费问题本身事小，而学生此种放弃人格、精神堕坏的表现则是大学精神建设中的大敌，不可不重视。"因为破坏的原因，起于外界的，还容易对付；起于内部的，对付较难。内部破坏的原因，在物质方面的，尚易挽回；若在精神方面，就不可救药了。"[1]

蔡元培为什么对学生出于个人利益而闹事深感痛心疾首呢？蔡元培认为，学生闹事自以为秉承的是国民革命的逻辑，但这两者的性质完全不同。第一，国家是国民所建设，国民不满意本国，难以离去，所以只好拼命想改造国家的方法；而学校不是学生所建设的，学生不满意本校，可以改择他校。第二，政府官员是国民所选，国民中在年龄、资格和能力上超出他们的大有人在，而教职员非学生所选，其能力为大多数学生所不及。第三，国家的岁入靠国民的纳税，而学校经费并不全由学生所出，国民的权利不能简单移用到学生身上。总之，蔡元培认为大学生知识比常人高，更应该有自制的力量，保持冷静的头脑，划清界限，不为一时的冲动所左右。[2]

在这三种学生运动中，最常见也最值得关注的是第二种学生运动。蔡元培既希望把大学建设为学术的象牙塔，又希望大学承担起应有的政治和社会责任。但是，在20世纪20年代学运越来越政治化甚至越来越被政党引导的情况下，[3] 学府究竟如何能够在嘉许学生的爱国热情与求学心志之间、在引导学生的参政热情与潜心问道之间把握平衡呢？蔡元培在北大的教育实践中并没能很好地解决这个问题。这也为本书下篇的主题埋下了伏笔。与这一问题直接相关、但更加复杂的则是学术与伦理之间的关系。

---

〔1〕 蔡元培：《在北京大学十月二十五日大会演说词》，载《蔡元培全集》第4卷，第789页。

〔2〕 同上书，第788—791页。

〔3〕 吕芳上：《从学生运动到运动学生》，第155—187、248—304页。

六 "养成人格"与大学作为科学话语共同体

（一）"由科学而达至修养"与"以美育代宗教"

蔡元培在就职演说中已经确立了新北大的两大改造目标："研究高深学问"与"砥砺德行"（"敬爱师友"可归并在后者）。他治校始终都强调"人格养成"的重要性，想方设法从各方面提高学生的修养。他后来更把"养成健全的人格，发展共和的精神"确立为普通教育的全部宗旨。[1] 从前述他对第三类学生运动的态度可以看出，人格缺失是他最不能容忍的事。然而，梁漱溟 1924 年辞职离开北大时却认为："所谓与青年为友，含有两层意思，一是帮着他走路，二是此所云走路不单是指知识技能，而是指学生的整个的人生道路。而当时的学校教育，至多是讲习一些知识技能而已，并没有顾及学生的全部人生道路。"[2] 前此一年，时任北京大学教授的张君劢在科玄论战中宣称现代教育以社会的分工为目标，完全忽略了"全人格之活动"和"全人格之发展"。[3] 1929 年，同样是北京大学教授的钱穆也在报上说大学教育"仅仅注重于智识之传授，无当于人格之锻炼，品性之陶冶，识者讥之，谓此乃一种智识之稗贩。大学譬如百货商店，讲堂则其叫卖炫鬻之所也"。[4] 我们不禁会产生疑问：蔡元培一直在全力把大学从贩卖知识的场所变成追求学问、修养高尚的地方，但为什么不仅外人而且连一些北大教授或前教授都指责以他

---

〔1〕 蔡元培：《就任北京大学校长之演说》，载《蔡元培全集》第 3 卷，第 9—10 页；《普通教育和职业教育》，载《蔡元培全集》第 4 卷，第 259 页。

〔2〕 汪东林：《梁漱溟问答录》，湖南出版社 1988 年版，第 47 页。

〔3〕 张君劢：《再论人生观与科学并答丁在君》，载氏著《科学与人生观》，辽宁教育出版社 1998 年版，第 96—97 页。

〔4〕 钱穆：《文化与教育》，广西师范大学出版社 2004 年版，第 46 页。

为统帅的大学忽视人格教育呢?

　　蔡元培把学术和修养确立为大学的宗旨,其来有自。这两个目标正是洪堡当年为柏林大学所确立的两大目标。洪堡认为,大学有双重任务,一是对科学的探求,二是个性与道德的修养。探求纯科学的活动是达至修养的不二门径,但科学不是为修养刻意而准备,而是天然适于修养。只要大学专心于科学,修养的目标就会随之得以实现。[1] 蔡元培正是按照洪堡所谓"由科学而达至修养"的原则来改造北大的。然而,这个原则隐藏着三个难题。就此,蔡元培对洪堡式的大学理念进行了三个扭转。

　　第一个难题是,所谓的科学到底是指哲学所代表的纯科学,还是也包容了经验科学? 在洪堡那里,"科学"是在新人文主义意义上使用的,他强调的科学是一种未完成的事物,是一自为目的的整体,是思辨的产物,而不是建立在经验科学基础之上的。一切以实用为目的以及专门化的知识既无助于培养科学的观念,又有损于真正的修养。[2] 因此,从表面上看,洪堡的"(纯)科学"是作为与经验科学完全对立的概念提出来的,但实际上,洪堡的真正意思并不是说大学要完全排斥经验科学,而是强调经验科学必须由哲学来统领。对此,奠定德国古典大学观的另一位重要人物费希特说得更明晰。他认为,大学应当是培养"科学运用理智之艺术"的学校,而所谓科学运用理性,意味着不是片面地、机械地和功利地,而是用哲学的精神来从事和对待其科学。因此,我们才能理解,尽管"洪堡式的大学是哲学家和语文学家的大学,关注的是文化,而非自然界,研究的概念也不是建立在实验和经验之上",却能使"已经起步的现代科学,对科学的学习,科学著述,特别是科学家的身份,大

---

〔1〕　陈洪捷:《德国古典大学观及其对中国的影响》,第29—30页。
〔2〕　同上书,第57—58页。

学学者的职业……在其推动下，地位空前提高。……新人文主义的观念滋养了准宗教性的科学信仰"。[1] 由此，经验科学在大学的合法性也得以确立，以"科学"为鹄的的大学实际上蕴藏着所谓"两种文化"[2]的张力。

蔡元培在把"科学"概念引入北大时，却剥离了"科学"概念中的哲学义涵，纯然从实证和经验的角度去理解"科学"。因此，"科学"就成为中国思想中全然缺失而急需引入和张扬的舶来品。当然，蔡元培在治校中并没有改变洪堡所强调的哲学统领科学的思想，但是既然（近世）文学和哲学均以科学为基础，甚至玄学也与科学相关，[3] 那么，科学与哲学的张力更显突出。

第二个难题是，所谓的修养虽以个人为本，最后却是指向国家的。这是因为"所谓高等学术机构，乃是民族道德文化荟萃之所，其立身之根本在于探究深邃博大之学术，并使之用于精神和道德的教育"。[4] 洪堡所谓的完满个性，是要在个体和社会、个体和国家之间建立起密切而友好的关系。人们常常只注意到了洪堡对大学的学术自由、对公共教育"应完全处于国家作用范围之外"[5]这一面的强调，而忽略了他思想的另一面：把国家作为教育机构，由此构成一个有机体，每个公民在其中体现为一个活的细胞。[6] 服从真理标准的科学与服从伦理、社会和政治标准的精神和道德虽然存在冲突，但对洪堡所追求的教育来说，这两类话语的统一是必需的，这种教育不仅要让个人获得知识，而且还要为知识和社会建构充分合法的

---

[1] 陈洪捷：《德国古典大学观及其对中国的影响》，第 45 页、84—85 页。

[2] 斯诺：《两种文化》，纪树立译，生活·读书·新知三联书店 1994 年版，第 1—50 页。

[3] 蔡元培：《〈北京大学月刊〉发刊词》，载《蔡元培全集》第 3 卷，第 451 页。

[4] 洪堡：《论柏林高等学术机构的内部和外部组织》，转引自《德国古典大学观及其对中国的影响》，第 197—198 页。

[5] 洪堡：《论国家的作用》，林荣远等译，中国社会科学出版社 1998 年版，第 75 页。

[6] 贝格拉：《威廉·冯·洪堡传》，袁杰译，商务印书馆 1994 年版，第 109 页。

主体。[1] 尽管洪堡等人强调修养观并不同于启蒙思想，修养不关心社会的物质层面和实际生活，唯重人的精神和道德世界。[2] 然而，精神和道德在什么意义上属于私人，什么意义上属于公共，这却具有一定的含糊性。

蔡元培同样把这种修养的含糊性带进了新北大。他在北京大学进德会的旨趣书中列出了"德"的三个层次，这三个层次的具体体现均是私人性的、否定性的：不嫖、不赌、不娶妾（基础级）；不做官、不做议员（中级）；不吸烟、不饮酒、不吃肉（高级）。但是，他在该文前面谈及进德的缘起时，引用的却是在昏浊之世与敝俗奋斗的东林党人——那纯然是公共性的、进取性的典型。[3] 从这里可以看出，洪堡所谓的修养的公共性在蔡元培那里发生了一个巨大的扭转。如果说在政治清明之世，修养的公共性指向的是与国家政治目标保持一致的公民塑造的话，那么，在政治昏暗之世，修养的政治性就会指向反体制、反政府的公民政治。正因为此，蔡元培所开创的学术新机运是与启蒙思想联系在一起的。由此带来了"纯学术"与文化政治之间的张力，强化了新式学生原有的"反体制冲动"，造成了北京大学这扇高深学术之门欲闭又开的两难困境。

第三个更为关键的难题是：科学真是养成人格的不二法门，舍此别无他途吗？当然不是。事实上，中国传统教育就是以"教人学做人"为最高宗旨的，如钱穆所言，"中国之教育，非人生中一事一业，乃教者学者在其全人生中交融为一之一种生命表现，始得谓之是教育"。[4] 然而，以人为重的中国古代教育带来的问题是，学术被

〔1〕 利奥塔尔：《后现代状态》，车槿山译，生活·读书·新知三联书店 1997 年版，第 68—69 页。
〔2〕 陈洪捷：《德国古典大学观及其对中国的影响》，第 56 页。
〔3〕 蔡元培：《北京大学进德会旨趣书》，载《蔡元培全集》第 3 卷，第 238—239 页。
〔4〕 钱穆：《现代中国学术论衡》，岳麓书社 1986 年版，第 169 页。

泛道德化，不仅以思辨为基础的哲学难以发展，以实证为基础的近代科学更付之阙如。蔡元培尽管在对修身的高度重视和反复强调上体现出中国传统教育打在他身上的烙印，但他却断然否定了学术道德化的传统路径。他所选择的是道德科学化的道路，这即洪堡的通过科学实现修养的原则。

然而，接下来的问题是：由科学真的就能达至修养吗？"为知识而知识"的西方科学精神虽然宗旨在知识而不在人格，然而这种精神的确有助于人格的熔炼。正如洪堡所谓"学术虽非为此而设，但确为适当之材料"。[1] 但是，无论是纯科学（哲学）也好，还是经验科学也好，它真足以养成人格吗？洪堡对这个问题没有直接回答。但是，若仔细加以分析，可以发现，除了科学以外，支撑洪堡式修养的最重要的因素是宗教。实际上，修养观念本身具有明显的宗教色彩。谢林、费希特等奠定德国古典大学观的这些思想家明确地把修养看作是一种宗教的过程。而洪堡本人在灵魂深处深受新教观念的影响。[2] 在启蒙运动后，科学理性得以确立并逐渐扩张，政教分立作为一项基本原则在西方近代社会得以普遍确立，但是，宗教始终保持着对人格的巨大影响。[3] 正如托克维尔所看到的，宗教在西方社会对于灵魂的滋育、人心的安顿和自由的落实起着不可替代的作用，它可以"净化、调整和节制人们在平等时代过于热烈地和过于排他地喜爱安乐的情感"，它对"人在今世的幸福和高尚化还是极其有用的"。[4]

---

〔1〕 洪堡：《论柏林高等学术机构的内部和外部组织》，转引自《德国古典大学观及其对中国的影响》，第 198 页。
〔2〕 陈洪捷：《德国古典大学观及其对中国的影响》，第 55—56 页。
〔3〕 此处所言宗教对西方人的人格影响较深，与前文所述教会对西方社会和政治的影响式微，这是两个不同的问题。
〔4〕 托克维尔：《论美国的民主》下册，董果良译，商务印书馆 1993 年版，第 544、538 页。

蔡元培虽然十分强调科学对人格的作用，强调科学作为一种技术和一种伦理的双重作用，[1]但他也意识到人格养成不能仅仅靠科学。于是，他对洪堡式的大学理念进行了第三个扭转：以美育代宗教。[2]之所以美育可以代宗教，是因为他认为宗教对人的精神原来兼有知识、意志和情感三方面的作用，但科学发达以后，宗教的知识和意志功能均被科学所替代，剩下的只有情感功能。而在这一点上，宗教与美育有分有合。在他看来，凡是美育附丽于宗教者，常受宗教好攻乎异端之累，失其陶养作用，而转以刺激感情。"鉴激刺感情之弊，而专尚陶养感情之术，则莫如舍宗教而易以纯粹之美育。"[3]蔡元培对宗教的理解根据的是非常粗浅的科学理性。他并没有看到宗教对西方社会的民情一直在发挥的重要影响，他把现时代体现人的意志、知识和情感分别归属于伦理学、科学和美术。伦理学实际上被归入科学的一部分，或者说，道德领域与实证科学领域被认为完全是通约的。这样一来，教育问题就被归为科学与美术（美育）。[4]但问题仍然在于：科学加美术（美育），这是否就能完成张君劢所谓的全人格教育呢？

　　如果在韦伯这样的西方学者看来，恐怕会认为科学加艺术是一个不伦不类的东西。科学和艺术之间存在着深刻的差别，科学所铸造的人格与艺术所铸造的人格迥然有别。将艺术带入科学中，那不

----

〔1〕　蔡元培有一次到北京高等师范学校去演说，知道该校的校训是"诚勤勇爱"，随即论证诚、勤、勇、爱均可在科学中养成。蔡元培．《科学之修养》，载《蔡元培全集》第3卷，第613—615页。

〔2〕　在德国古典大学观形成的19世纪初，正是德国浪漫派兴盛之时。对德国古典大学观念产生重要影响的施莱尔马赫、谢林、费希特均为浪漫派的重要代表人物。洪堡深受其影响，柏林大学遂成为浪漫派开展活动的重要据点，艺术成为大学熏陶人格的重要手段。但是，在洪堡式的大学里，艺术所发挥的作用还远不能与科学和宗教相比。

〔3〕　蔡元培：《以美育代宗教说》，载《蔡元培全集》第3卷，第60页。

〔4〕　蔡元培：《美术的进化》，载《蔡元培全集》第4卷，第299页。

过是德国浪漫派的残余物而已。[1] 对于韦伯来说，大学人必须在科学上严格恪守价值自由（value-free）或道德中立，坚守一种天职的日常要求，才可能将伦理作为灵魂融入科学中去，完成现代性人格的塑造。

"科玄论战"的发起者张君劢认为科学与人生观是根本不同的，而反驳者丁文江则认为现时代最大的责任与需要是把科学方法应用到人生问题上去。[2] 按照蔡元培的思想立场，他既不同意唯科学派，也不同意玄学派——"科学加美育"是他的调和方案，但这种调和实际上难以避免某种尴尬。如果说西方社会在公民宗教背景下的科学足以完成全人格的塑造，[3] 那么，中国在否定了传统德性教育框架后，既接受源自西方的科学精神，又拒绝源自西方的宗教，仅仅靠美育来补充，如何可能去实现全人格的塑造，这的确是一个相当棘手、在蔡元培这里没有得到解决的问题。[4]

（二）分科与会通

科学本身之所以难以完成全人格塑造，一个非常重要的原因在于大学所实行的专业教育。按照钱穆的说法，"中国重和合，西方重分别"。"西方人重其师所授之学，而其师则为一分门知识之专家。中国则重其师所传之道，而其师则应为一具有德性之通人。"[5] 有学

---

[1] 韦伯：《学术与政治》，冯克利译，生活·读书·新知三联书店 1998 年版，第 26—28、31—32 页。

[2] 参见费侠莉：《丁文江：科学与新文化》，丁子霖等译，新星出版社 2006 年版，第 82—119 页。

[3] 当然，对于韦伯所谓的科学人格塑造是否会造成在现代性下伦理的不可能，也存在着深刻的批评。参见施特劳斯：《自然权利与历史》，彭刚译，生活·读书·新知三联书店 2003 年版，第 37—81 页。

[4] 参见汪晖：《现代中国思想的兴起》第二部下卷，第 1107—1124、1206—1279、1330—1394 页。

[5] 钱穆：《现代中国学术论衡》，第 1、162 页。

者提出，中国传统学术并非没有分科体系，只是与西方不同而已：
这即以研究者主体（人）和地域为标准，而不是以研究客体（对象）
为主要标准。四部之学就可以说是中国独特的学术分科。[1] 这个说
法与钱穆的说法实质上没有两样，都是强调中国传统学术是以人为
中心的。从以人为中心的学术转向以对象为中心的学术时，从"尊
德性"转向"道问学"时，学术育人的功能势必要受到影响。但在
某种意义上，自由教育与专业教育的差别不仅是中西之别，也是古
今之异。专业教育已随现代性大潮涌来。即使是韦伯这样的大师通
才，也一再强调"无论就表面还是本质而言，个人只有通过最彻底
的专业化，才有可能具备信心在知识领域取得一些真正完美的成
就"。"作为'职业'的科学，不是派发神圣价值和神启的通灵者或
先知送来的神赐之物，而是通过专业化学科的操作，服务于有关自
我和事实间关系的知识思考。"[2] 那么，面对现代专业教育移植到中
国大学的大趋势，蔡元培是如何应对的呢？

到蔡元培开始治校时，中国学术分类体制的转型已经接近尾
声，[3] 北大已大体仿照西方大学体制建立了专业研究和专业教育体
制。蔡元培一方面继续推进这个体制转型，另一方面又刻意在此基
础上纠正分科带来的某些弊端。

首先，蔡元培一上任就把工科和商科从北大分出去，而扩充
文科和理科。（他还曾想把法科也分出去，但未成。）这个方案表面
上不利于综合大学的建设，似乎也不利于各科学生的彼此交流，但
实际上有两个因素促使蔡元培做出决断。第一个因素是当时把大学
作为升官发财门道的遗毒还很深，学生对法、商和工科趋之若鹜，

---

[1] 左玉河：《从四部之学到七科之学》，第 19 页。
[2] 韦伯：《学术与政治》，第 23、45 页。
[3] 左玉河：《从四部之学到七科之学》，第 152—200 页。

而文理则是所谓的"冷门"。蔡元培为正学风，故有学与术分立之议。[1]大学之大，主要不在于学科之全，而在于有无思想容量和大家气象。将技术性、专业性较强的商科和工科从北大分出去，重点发展基础性、理论性较强的文理，恰恰是有利于增强北大的学术风气和思想厚度的。第二个因素是当时办学经费和师资均不足，尤其办工科的设备更是奇缺。若为追求大而全，将这些学科保留在北大，反而会使诸学科均受其累，难得发展之机。

接着，蔡元培先于1918年进行课程改革，实行选科制，让学生自主决定选修不同学科或不同年级的课程；而后他又于1919年进一步改门为系。蔡元培的初始用意是要打破文理的界限，破除师生抱残守缺之陋见。他"以为文、理是不能分科的。例如文科的哲学，必植基于自然科学；而理科学者最后的假定，亦往往牵涉哲学。从前心理学附入哲学，而现在用实验法，应列入理科；教育学与美学，也渐用实验法，有同一趋势。地理学的人文方面，应属文科，而地质地文等方面属理科。历史学自有史以来，属文科，而推原于地质学的冰期与宇宙生成论，则属于理科。所以把北大的三科界限撤去而列为十四系，废学长，设系主任"。[2]

此处以哲学门为例来分析一下1918年北大本科课程改革后的情况。

当时哲学门的通科（即必修课）为：心理学，认识论，哲学史，生物学，人类学，伦理学，教育学，美学，言语学，玄学（纯正哲学），两门外语。以上各科除外语外，均在头一二年讲毕。哲学门的专科为：中国哲学史，印度哲学史（梵文），西洋哲学史（希腊文、拉丁文），论理学（名学、因明学），心理学（心理学史、人身组织

---

〔1〕 蔡元培：《读周春岳君〈大学改制之商榷〉》，载《蔡元培全集》第3卷，第289—292页。
〔2〕 蔡元培：《我在北京大学的经历》，载《蔡元培全集》第7卷，第503页。

及解剖、生理学、精神病学），伦理学（伦理学史），教育学（含教授法、教育史、教育学史），宗教学（比较宗教学、宗教史），美学（美术史、考古学、文学史），社会学（统计学、法理学、经济学），言语学（发音学、比较言语学）。以上各科在第三四学年讲授，学生可任择正科一科，副科一或二科，听讲时间在 30 个单位以上。而哲学门的特别讲演分为四类：以一派为范围者，如儒家言、康德派、孔德派；以一人为范围者，如老子、亚里士多德、斯宾塞；以一书为范围者，如《周易》《论语》《礼记》《论衡》《佛陀》《华严经》《法华经》《纯粹理性批判》、动物学、（黑格尔？）哲理；以一主义为范围者，如一元哲学、性善论。以上科目临时延聘名师讲演，各科学生自由听讲。[1]

就哲学门的这个课程安排，我们可以看到这样几个特点：其一，在必修课的设计中涵括面较广，如教育学、人类学都包含其中；其二，学生选科和选听的自由度相当大，学生除了选择哲学门的这些专科和讲演外，也可以去选择文学门和史学门甚至生物学门的课程；其三，非常重视语言的训练。除了必修两门外语外，选印度哲学史的还要求修梵文，修西洋哲学史的还要求同时修希腊文和拉丁文；其四，对经典著作的讲读比较重视，往往以一本经典著作为一门课程。

实际上，北大哲学门的这个课程还只是当时的一个过渡方案。而按照改系后全新的选科制，全校所有本科生一年级不分系别，其课程分成两类：一类为共同必修课（分为哲学史大纲，科学概论，社会学大意，两门外语）；另一类选修课分为五组：第一组为数学、物理和天文，第二组为化学、地质和生物，第三组为哲学、心理学和教育学，第四组为中国文学、英文学、法文学和德文学，第五组为史学、政治、经济和法律。学生可在一组内任意选听 8 至 11 个单

---

[1] 《中国近代学制史料》第三辑下册，第 113—114 页。

位，作为一年后专习一系的准备。后三年的课程除必修两门外语外，其余全部为选修课，但需要在一个系及相关系选修 30—40 个单位，在不相关的系要选习 6 个单位以上。学生经过两年预科和一年本科的通识教育，再经过三年本科的自由选科，这就为按照自己的学术兴趣从事研究打下了一个坚实的基础。[1] 用蒋梦麟的话来说："选科制准学生于性之所近，于规定范围内自由选择，愿饮水的马则饮水，愿吃草的马则吃草，人各随其个性而发展其学力。"[2]

不过，我们也应该看到，蔡元培废科改系产生了一个意外后果。蔡元培本意是想打破文科、理科与法科的界限，但改系之举，却出人意料地反而强化了各个专业的界限。如原来在文科之下的文史哲三门还大体可以包含在"国学"概念中，彼此在学科界域上尚未有清楚而明确的界定，但 1919 年后，文学日益要求摆脱史学、哲学牵绊，而史学则不断主张脱离文学附庸。文史哲都开始寻求自身的独立。[3]

为什么会出现这种为打破文理界限反而却强化专业界限的情况呢？我认为主要有两个原因。如前所述，蔡元培对"科学"的理解是以经验科学和自然科学为基础的。由于中国素来缺乏自然科学的发展，人文学科则始终昌盛，所以，他真正重视的是要打破文科与理科的界限。这样一来，正如有论者所说的，废除科、门而改为诸系并列的格局，在分类原则上明显地受到自然一元论的科学谱系及其内部分科原则的影响。不同的类别构成了独立的学科，从而也是隶属于更加广泛的科学研究的有机部分。学术的专业化特征包含了基本的科学原则：将上述各学科作为客观的对象加以研究，将各种知识纳入到因果

---

〔1〕《国立北京大学学科课程一览》，载《北京大学史料》第二卷，第 1078—1080 页。

〔2〕曲士培编：《蒋梦麟教育论著选》，人民教育出版社 1995 年版，第 173 页。

〔3〕刘龙心：《学科体制与近代中国史学的建立》，载罗志田编：《20 世纪中国学术与社会：史学卷》（下），山东人民出版社 2001 年版，第 533—536 页。

关系的框架中去，由此而致对"全人格之活动"的忽略。[1]

　　另外一个原因是，蔡元培此举主要是从学生的角度来考虑的，而没有意识到所涉师资的反应。学生是铁打的营盘中流水的兵，他们的确可以从废科改系和选科制中得到随性发展的好处；但是，对于老师就不同了。当学术成为一种职业之后，无论是"以学术为业"（live for sciences）的人，还是"靠学术为生"（live of sciences）的人，[2]都势必要考虑专业地位与他们的生存及发展之间的关系。因此，强调专业的独立性，明晰专业的界限，争夺专业的资源，抢占专业的地盘，提高专业的门槛，就成为大学场域之下各个专业场域运作的逻辑。如当时的历史系主任朱希祖在讲授本国史学名著课时就强调："吾国史学文学，自古以来，均混而为一；且往往以史学为文学之附属品。观近代史学名家章学诚尚著《文史通义》，其他可知。惟唐刘知幾深恶文人作史，史学脱离文学而独立，特著《史通》以表其义。兹故以《史通》二十卷为讲演之书；而以《文史通义》为参考之书。"[3]由于专业界限的划定尚需时日，所以，北大学生在相当一段时间里还不致因为各自的老师而受专业之限，但随着专业划界的最后完成，老师对专业教育的强调必然会影响到学生。

　　所幸北大在研究所层面建立的国学门还能够独守会通的传统，以文字为范围而不以学科为范围，各系教授均可到所研究，文史哲三系教授和学生都踊跃参加。[4]

---

〔1〕　汪晖：《现代中国思想的兴起》第二部下卷，第 1379 页。

〔2〕　参见韦伯对"以政治为业"和"靠政治为生"的划分。H. Gerth & W. Mills(eds.) *From Max Weber*. New York: Oxford University Press. 1958: 84; 韦伯：《学术与政治》，冯克利译，生活·读书·新知三联书店 1998 年版，第 63—65 页。

〔3〕　转引自刘龙心：《学科体制与近代中国史学的建立》，第 535 页。

〔4〕　《研究所国学门委员会第一次会议纪事》，《北京大学日刊》1922 年 2 月 27 日。

（三）同一学科里的“两种文化”

上面已经提到实证科学与哲学的微妙关系。这正是专治科学与修养人格的张力在科学内部的体现。而“两种文化”的张力甚至在同一学科里也凸显出来。

蔡元培曾这样来勾画现代知识谱系：学术包括科学、哲学和玄学三部分。科学大体分为三类：现象科学（物理、化学等），发生科学（历史学、生物进化学等），系统科学（植物学、动物学、生理学）；哲学大体分为两类：自然哲学（把自然科学的公例贯通起来的原理），综合哲学和实证哲学（将自然科学原理应用到精神科学中并融会贯通起来的原理，如孔德和斯宾塞）；玄学（不能用科学概念来证明、用直觉来体察的学问）。科学的范围最广，融贯科学的哲学范围较窄，超绝科学的玄学范围最窄。因此，蔡元培为北大校旗定的是五色旗：红蓝黄代表的是三类科学，白代表哲学，黑代表玄学。红蓝黄所占的面积最大，白次之，黑又次之。[1] 这里也许会产生一个问题：从蔡元培这个知识谱系图来看，他对自然科学的重视程度是最高的，[2] 那么，为什么他在北大时却是从文科着力呢？

蔡元培在校时就被各方批评为“重文轻理”。1919年，中国科学社的任鸿隽给胡适去信说："你们尽管收罗文学、哲学的人才，那科学方面（物理、化学、生物等学）却不见有扩充的影响。难道大学的宗旨，还是有了精细的玄谈和火茶的文学就算了事么？"当时在美留学、后来被延揽入北大的朱经农也对胡适说："近来留美学界对于（北京）大学有一个批评，似乎有些道理。他们说'大学专重

---

[1] 蔡元培：《北京大学校旗图说》，载《蔡元培全集》第4卷，第235—236页。

[2] 他在帮中国科学社募捐时甚至称当今是"科学万能的时代"。蔡元培：《中国科学社征集基金启》，载《蔡元培全集》第3卷，第497页。

文科，把理工科看得无关紧要，这种见界（解）太偏浅了'。"[1] 同年7月，安福系政客克希克图甚至借口文理科的合并而攻击北大"废止理科，专办文科"，想以此阻止蔡元培的复职。耐人寻味的是，当时力驳克希克图的傅斯年在第二年到伦敦后，在写给蔡元培的公开信中也说："（北京）大学之精神岁振作，而科学之成就颇不厚。这样的精神大发作之后，若没有一种学术上的贡献接着，则其去文化增进上犹远。近代欧美之第一流的大学，皆植根于科学上，其专植根于文艺、哲学者，乃是中世纪之学院。今北大之科学成绩何若，颇是可以注意的。跛形的发达，固不如一致的发达。愿显示此后于北大中科学之教授法与学者对于科学之兴趣上，加以注意。"[2]

蔡元培自己解释说，他治校前期"文学、哲学等学系，本来有若干基本教员，自从胡适之君到校后，声应气求，又引进了多数的同志，所以兴会较高一点"。而"在自然科学与社会科学方面，比较的困难一点"，直到1920年以后北大才逐渐达到各系平均发展的境界。[3] 他的这个说法表明：当时北大哲学和文学发展较快，一是因为本来就有基础，二是因为找到了一个很好的学术带头人，带动了一批人的引进。可见，当时文理发展不平衡是事实，却并不是他刻意为之的结果。

最有意味的是，由于蔡元培对实证科学的看重，由于他对哲学和文学的着力[4] 以及兼容并包的做法，他实际上是把两种文化的张力带进了同一个人文学科中。我们可以当时在他支持下"整理国故"运动的兴起为例来做一简略分析。

---

[1] 《胡适来往书信选》上册，第 76 页、109 页。
[2] 傅斯年：《傅斯年致蔡元培》，载《傅斯年全集》第 7 卷，第 16 页。
[3] 蔡元培：《我在北京大学的经历》，载《蔡元培全集》第 7 卷，第 505—506 页。
[4] 北大历史门在"五四"前的发展比起哲学和文学较为滞后，其学术氛围与文科整体氛围十分疏离。参见刘龙心：《学科体制与近代中国史学的建立》，第 521—523 页。

一般认为，"整理国故"一词渊源于毛子水 1919 年在《新潮》上发表的《国故和科学的精神》，语出于傅斯年为此文所写的附识，勃兴于胡适同年所写的《新思潮的意义》。[1] 但事实上，蔡元培 1918 年 11 月给《北京大学月刊》所写的发刊词已经提出："研究也者，非徒输入欧化，而必于欧化之中为更进之发明；非徒保存国粹，而必以科学方法，揭国粹之真相。"[2] 这里要注意他这段话中的两个意思：一是并重"欧化"与"国粹"，二是提出揭国粹真相的方法是科学。因此，这段话实际上成了北大从反传统转向"整理国故"运动的先声。那么，我们何以说整理国故运动体现出了两种文化的张力呢？

　　首先，这场运动集中体现了把人文学科科学化的趋向。如果说在"由科学而达致修养"中，科学主要被理解成一种伦理的话，那么，蔡元培在谈到"大学宗旨，凡治哲学、文学及应用科学者，都要从纯粹科学入手"时，[3] 科学则是被理解为一种技术。这种技术被认为具有普世性，它的价值在于提供了一种方法，这种方法不仅首先应用在自然科学中，而且也同样适合于人文对象。这样，中国的现代日常语言、文学语言和人文话语都是在科学话语的实践中孕育成熟的，也是以科学化为变革的方向和理由的。科学话语不仅不是人文话语的他者，反而是人文话语的基础。从语言形式的变革来看，中国新文化运动与科学话语共同体的形成几乎是同一事件。[4] 整理国故的运动的兴起，则成为人文学科科学化的深入发展阶段。蔡元培在给胡适《中国哲学史大纲》作序时盛赞该著的几个长处：

〔1〕　陈以爱：《中国现代学术研究机构的兴起》，第 33—34 页。
〔2〕　蔡元培：《〈北京大学月刊〉发刊词》，载《蔡元培全集》第 3 卷，第 450 页。
〔3〕　蔡元培：《北京大学授与班乐卫等名誉学位礼开会词》，载《蔡元培全集》第 4 卷，第 182 页。
〔4〕　汪晖：《现代中国思想的兴起》第二部下卷，第 1143—1144 页。

证明的方法、扼要的手段、平等的眼光和系统的研究，[1]一言以蔽之，即是用科学精神来再造中国的人文学科。因此，我们才不难理解胡适这样的人文学者自认为是科学家。由胡适起草、同时得到包括蔡元培在内的国学门同人所认可的《〈国学季刊〉发刊宣言》宣称：古学的大师渐渐死完了，但经过科学整理后的"国学的将来，定能远胜国学的过去"。[2]"径依西学来讲国故"（钱穆语），[3]将人文学科科学化，比起西学与国学、科学与人文的对张，更能显示科学的神威。

其次，科学在这场运动中也同时被赋予了中国人文的色彩。有论者指出，胡适等人当时的"科学"概念是由孔德、赫胥黎、斯宾塞、罗素、杜威等人对科学的哲学解释与中国传统的知识论、道德论、宇宙论共同构成的。中国的固有概念提供了他们了解西方近代科学的前提，而他们所接触到的西方科学思想实际上加强而不是削弱了传统思想方式的固有逻辑。"科学"概念最直接的动机是用来反儒学的，但在其运用过程中，其功能却在无意之中接近了儒学"格致"概念。[4]蔡元培对科学的理解也大体可以作如是观。不过，蔡元培并不是激烈的反传统者，他所强烈反对的只是儒学的宗教化。因此，他在号召北大开展对国故整理的时候才强调："我们一方面注意西方文明的输入，一方面也应该注意将我固有文明之输出。"[5]当胡适起草《〈国学季刊〉发刊宣言》时，宣称把"国故"当作一个中立的词，这并不是真的表明北大国学门同人能够扼守价值中立的科学立场，而是为了掩盖把国故当作国渣的一派与把国故当作国粹的

---

〔1〕 蔡元培：《〈中国古代哲学史大纲〉序》，载《蔡元培全集》第3卷，第375页。

〔2〕 胡适：《〈国学季刊〉发刊宣言》，载《胡适文集》第3卷，第5页。

〔3〕 钱穆：《现代中国学术论衡》，第2页。

〔4〕 汪晖：《现代中国思想的兴起》第二部下卷，第1245、1219页。

〔5〕 蔡元培：《北京大学一九二一年开学式演说词》，载《蔡元培全集》第4卷，第423页。

另一派之间的价值分歧，[1] 掩盖崇西派与中西调和派的价值分歧。[2] 无论是新旧两派，还是新文化派的内部各派，把学术道德化的做法，体现出的都是中国传统人文的影响。

也正是这场运动中所蕴含的两种文化的张力，为1923年开始的科玄论战埋下了伏笔。

（四）科学话语与学术自主

在科学与人格、实证科学与人文学科、新学与旧学的张力背后，还有一个更为根本的张力，这即科学原则与学术自主原则之间的张力。

尽管蔡元培不遗余力地推动具有普世性的科学话语在学术界、在大学的主导地位，但其根本的目的还是想服务于中国的学术自主。正如罗家伦所说的：蔡元培"是一位中国学问很深、民族意识极强、于中年以后再到欧洲留学多年的人，所以他对于中西文化，取融会贯通的态度。他提倡新的科学研究，但他当时为北京大学集合的国学大师，实极一时之盛。他对于双方文化的内涵，是主张首先经过选择而后加以保留或吸收"。[3] 蔡元培特别强调"不患其科学程度之不若人，患其模仿太过而消亡其特性。所谓特性，即地理、历史、家庭、社会所影响于人之性质者是也。学者言进化最高级为各具我性，次则各具个性。能保我性，则所得于外国之思想、言论、学术，吸收而消化之，尽为'我'之一部，而不为其所同化。……必须以'我'食而化之，而毋为彼所同化"。[4] 因此，他固然反对在中学上

---

[1] 胡适："'国故'这个名词，最为恰当；因为他是一个中立的名词，不含褒贬的意义。'国故'包含'国粹'，但他又包含'国渣'。"载《胡适文集》第3卷，第10页。

[2] 这两派关于整理国故问题的分歧，可见毛子水与张煊之间的论战。参见罗志田：《国家与学术：清季民初关于"国学"的思想论争》，生活·读书·新知三联书店2003年版，第225—240页。

[3] 罗家伦：《蔡元培先生与北京大学》，第134页。

[4] 蔡元培：《在清华学校高等科演说词》，载《蔡元培全集》第3卷，第50页。

抱残守缺的做法，但同样把一味依赖西学视为耻辱。比如，他在对留学政策的检讨时就谈道："留学自有优点。然留学至为靡费，而留学生能利用机会成学而归者，亦不可多得；故亦非尽善之策。苟吾国大学，自立研究院，则凡毕业生之有志深造者……均可为初步之专攻。俟成绩卓著，而偶有一种问题，非至某国之某某大学研究院参证者，为一度短期之留学；其成效易睹，经费较省，而且以四千年文化自命之古国，亦稍减倚赖之耻也。"[1] 正是为了避免对西方学术界的"倚赖之耻"，谋求学术自主，蔡元培才在北大积极推进研究所的建立。洪堡所确立的大学精神是把大学的学术研究与民族复兴的伟业联系在一起的。抱着教育救国理念的蔡元培同样是把大学建设与中华民族的复兴大业联系在一起的。当然，科学话语共同体的确立到底会对学术自主及民族复兴产生什么样的复杂影响，这是蔡元培留给后人的一个重要问题。

1922 年 12 月 17 日，蔡元培在自己就要实际脱离北大校务的最后一个校庆日上发表演讲，说北大已经走过了中体西用与弃旧卖新的两个阶段，而今开始了谋求贯通中西的研究时代。[2] 蔡元培的北大治校时期行将结束，但北大的蔡元培时代所酝酿的丰硕之果才刚刚开始生根发芽。

七 小 结

蔡元培在改造北大期间，试图为中国学术开创出一个新的局面。这个局面既非固守中国传统学术格局，也非简单模仿西方学术场域，

---

〔1〕 转引自陈以爱：《中国现代学术研究机构的兴起》，第 68 页。

〔2〕 蔡元培：《北京大学成立第二十五年纪念会开会词》，载《蔡元培全集》第 4 卷，第 833—834 页。

而是在嫁接西方学术体制的基础上，塑造一个独立而自主的"学术社会"的雏形。在蔡元培治下，大学成为一个现代学术共同体，主要体现在三个方面：

其一，大学成为吸纳学术人才的中心。大学不仅为学者提供了一种职业，而且成为可以使学者的职业、学术志向和道德实践最好地结合在一起的场所，因而实现了从"学无定业"到"学在大学"的巨大转折。

其二，大学成为学术创造的制度保障。大学教学与研究的一体化，大学图书馆的建设和研究机构的专门化，大学学术刊物的创立，大学与出版社的制度化联系，大学学术团体的创设，实现了学术从孤立的研究到集众的研究，从以人为单位走向以学为单位的巨大转折。

其三，大学的理念成为用以规范学术研究的精神特质。大学作为学术共同体并不是只靠严密的制度和刻板的条文，而是有其特定的理念作为内在动力，使从业者能够将学术和教育从一种生存的职业提升为一种韦伯意义上的"天职"。学术自由，大学自治，研究至上，学术平等，兼容并包，学术的知识传承与民族复兴的双重使命，学术作为技术与作为伦理的双重性——这些大学的理念实现了从政学一体到学术独立的巨大转折。

当然，在蔡元培推动的大学这个学术共同体中也充满了各种张力。这些张力使大学充满了生机与活力，但也凸现出某些根本的困难，更隐藏着某种分离的危险。这些张力主要有三个方面：

首先，学术与政治的张力。蔡元培虽然恰当地从理论上提出了学术与政治的关系，但未能完全成功地从制度上解决问题。学术并不完全自外于政治。一方面，学术与政治可以同样服务于民族救亡和文明复兴的伟业，不过，两者有立足于长久与着眼于当下之分。另一方面，大学的自治和学术的自由是学术昌明的基本保证，但大学的自治和学术的自由必须依靠政治的智慧才能得以实现和维系。

面对长久事业所受当下之困扰，面对教育独立所受的重重阻隔，蔡元培虽然没有也不可能最后促成正式的制度保证，却凭其卡里斯马般的人格魅力和政治智慧确立了大学治理的"习惯法"，为北大校务实际上确立了两任继承人（蒋梦麟和胡适），孕育了一任继承人（傅斯年）。当然，陈独秀的出走，表明了解决学术与政治关系问题的另类走向。

其次，学术与伦理的张力。大学所建立的科学话语共同体是否真的相信科学可以解决"全人格"教育问题，这从蔡元培提出的"美育代宗教"可见一斑。这个提法本身已经表明科学之于人生问题的难以自足。钱穆对大学的反思及晚年在新亚书院的办学实践，昭示了在大学重建学术与伦理、师尊与师亲、"眼学"与"耳学"关系等问题的可能性；而梁漱溟当年的出走，则表明了解决学术与伦理的关系问题的另类走向。

再次，科学与人文的张力。蔡元培师法作为新人文主义者的洪堡，却又为科学话语广辟空间，这本身就表明了"两种文化"在大学里并存的复杂性。"学衡派"或"南高学派"是北大新文化派的批评者，但若追索学术的谱系，"学衡派"师法白璧德（Irving Babbitt），白璧德师法阿诺德（Matthew Arnold），而阿诺德竟也师法洪堡。这从一个侧面表明，学衡派与北大派有着某种共同的思想渊源。今天人们常常夸大了当时的南北学风差别或北大与南高（即后来的东南大学）之间的对立，其实，南北学人相互渗透，对走向新学术之路并无根本分歧，只是在人脉或具体观点上存在一些不同意见，有时又演成意气之争而已。[1] 要言之，科学与人文的张力，相

---

[1] 参见桑兵：《晚清民国的国学研究》，上海古籍出版社 2001 年版，第 28—64 页；王信凯：《柳诒徵与民国南北学界》，载吕芳上编：《论民国时期领导精英》，第 362—378 页。

较前述两种张力而言，还是可以保持在大学内部的。

固然，在蔡元培治校时期，北大可以传世的学术成果非常有限，就连胡适也未必算是没有争议的第一流学人，但是，如果没有风气的开创、制度的建设、理念的确立，又怎么能够想象后来的学术创造呢?! 毕竟，十年树木，百年树人，养学术之气非一蹴而就。谁敢说日后西南联大盛开的奇葩不是种因于蔡元培治下的北大呢?! 即使是拿与学院派真正构成路向分歧的革命派和乡建派来说，他们的代表人物恰恰都曾在蔡元培治下的北大交汇。他们后来的人生选择是不是也在某种程度上得益于他们曾沐浴过的北大新风呢?!

中等学校与中共革命

——1922—1926 年的江西

一 导 言

1919 年 3 月 26 日，陈独秀不再担任北京大学文科学长，被改聘为教授。同年 6 月 11 日，陈独秀因为在"五四运动"中上街散发传单被捕；9 月被保释出狱，监视居住。陈独秀从此自动脱离了北京大学，全力投入革命事业。[1]

1921 年 6 月，陈独秀以"田诚"为笔名出版了一本名为《共产主义与知识阶级》的小册子，书中提出："正当的教育事业要在社会革命以后，才能够实现的"；知识分子要深入到无产阶级中去讲教育，要去实行共产主义的革命运动，因为这是改造社会的唯一方法。[2] 虽然已经无法说清当时到底有多少读书人被这本小册子所打动，但中国共产主义运动的兴起与知识分子有着密切的关系，这是

---

〔1〕 唐宝林：《陈独秀全传》，社会科学文献出版社 2013 年版，第 219 页。

〔2〕 田诚：《共产主义与知识阶级》，载上海革命历史博物馆（筹）编：《上海革命史研究资料》，上海三联书店 1991 年版，第 266 页。关于田诚系"陈独秀"笔名的考证，参见任武雄：《介绍建党时期的〈共产主义与知识阶级〉》，载《上海革命史研究资料》，第 141—146 页。

确凿无疑的。据统计，中国共产党创建时期的 58 名成员中，56 名都受过良好的教育，工人出身的只有 2 人。[1]中共成立后虽然以开展工人运动为重心，但其早期基本上是城市知识分子的小团体。

本书上篇已经指出，1905 年科举制废除后，逐渐出现了一批新式的学堂，在这些新式学堂里孕育出反体制冲动，使新式学堂成为颠覆皇权政治的基地。如果说参与辛亥革命的那一代革命者多数出自新军、会党和海外留学生，国内新式学堂的学生只是其中的一小股力量；那么，到了最早参加共产主义革命的这一代革命者这里，新式学校的学生已经成为最主要的力量。

而本书中篇又分析了蔡元培通过整顿北大为建立"学术社会"所付出的艰辛努力。这种努力在大学尤其是北京大学收效显著。但对"五四"前后的中国都市社会来说，游离出一大群"有些知识而又没有充分知识"、就业无道、谋生乏术、前途渺茫而对社会现实产生疏离和不满情绪的中小知识分子尤其是中学生。[2]他们成为学运和学潮的主力军。据统计，从 1919 年到 1926 年，学运和学潮有57.71% 发生在中学，5.28% 发生在小学，37% 发生在大学。[3]与此同时，青年学生也成为国共两党竞相吸纳的有生力量，而中学生群趋入党，并以入党为荣，成为 20 世纪 20 年代一大独特的社会现象。[4]那么，这些"有些知识而又没有充分知识"的中学生到底是如何被中共的革命洪流所吸纳的，还需要进行更加细致的研究。著名史学家陈寅恪在研究中国中古政治史时，特别强调"社会阶级"

---

〔1〕 中共嘉兴市委宣传部等：《中国共产党早期组织及其成员研究》，中共党史出版社 2013 年版，第 8 页。
〔2〕 王奇生：《党员、党权与党争——1924—1949 年中国国民党的组织形态》，华文出版社 2010 年版，第 35—38 页。
〔3〕 根据吕芳上所著的《从学生运动到运动学生》第 18 页提供的数据统计。
〔4〕 王奇生：《党员、党权与党争——1924—1949 年中国国民党的组织形态》，第 32 页。

的概念。[1] 与通常在政治经济学意义上使用的"阶级"概念不同，陈寅恪所谓的"社会阶级"更多是在家族、地域、教养及生活方式上使用的，比较接近韦伯所用的"身份群体"（status group）概念。[2] 如果我们用"社会阶级"或"身份群体"的视角来看待中学生与中共革命的关系的话，那么，就可以进一步追问：到底是什么样的中学成为中共革命的发源地？又是什么样的中学生、什么地方的中学生成为当地最早的革命者？这些中学生是如何利用学校构建起共产党的组织网络的？这些组织网络又有些什么样的类型呢？

这些问题在以往都不曾得到过深入而系统的研究，而只有一些或流于泛泛而论，或止于零散列举的研究。[3] 只有叶文心对浙江"五四"学生运动的研究较为细致，注意到了中学生运动群体中的地域差别、出身差别和校际差别。[4] 但她的研究限于从"五四"到上海共产主义小组诞生的时限，没有对浙江或上海共产主义运动兴起后早期的组织发展脉络展开研究。叶文心的学生夏海延续叶文心的思路，研究了恽代英领导的互助社和利群书社的起源及其对湖北激

---

[1] 陈寅恪：《隋唐制度渊源略论稿·唐代政治史述论稿》，生活·读书·新知三联书店 2009 年版，第 183—355 页；万绳楠：《陈寅恪魏晋南北朝史讲演录》，贵州人民出版社 2008 年版，第 1—11 页。

[2] M. Weber. *Economy and Society* (I). Berkeley: University of California Press, 1978: 305. 也参见韦伯：《经济与社会》第一卷，阎克文译，世纪出版集团 2005 年版，第 425 页。

[3] 何友良：《革命源起：农村革命中的早期领导群体》，《江西社会科学》，2007 年第 3 期；黄金凤：《从"第二党"到后备军：共产党与青年团早期关系的演变》，《近代史研究》，2011 年第 3 期；黄文治：《革命播火：知识分子、城市串党及革命下乡——以大别山区早期中共革命为中心的探讨（1920—1927）》，《开放时代》，2011 年第 12 期；陈耀煌：《统合与分化：河北地区的共产革命，1921—1949》，台北："中央研究院"近代史研究所，2012；王龙飞：《省会、学校、家乡与革命"落地"——以湖北省各县市中共骨干党员为中心》，《中共党史研究》，2013 年第 7 期。

[4] Yeh Wen-Hsin, *Provincial Passages: Culture, Space, and the Origins of Chinese Communism*. Berkeley: University of California Press, 1996: 71–173.

进知识分子的影响。[1] 他的研究强调了从社会史的角度来理解中国共产主义运动兴起的特定组织因素。这对本篇的研究思路有一定的启发，但夏海的研究将焦点完全放在革命社团本身上，而未能捕捉到学校与社团之间的关联及其背后各种复杂的问题。

以往的多数相关研究之所以显得零散，一方面固然是因为问题意识的缺失，另一方面也囿于收集资料的眼光。这些研究大多着眼于中共兴起与苏俄因素及"五四"以来新思潮、新观念之间的关联，而没有深入探究中共兴起与民国政治、教育及传统社会之间的紧密关联。将眼光局限在中共党史自身，势必造成在研究资料上的严重匮乏，而如果把民国史和社会史的资料带进来，与中共党史资料综合分析，我们就会看见很不一样的图景。本篇正是尝试将中共党史、民国政治史、教育史及社会史的材料结合在一起，用历史社会学的眼光来解析这些问题。

中共早期革命者通过学校来建立组织网络的方式主要有两种：一种是以既有的学校为依托，开展革命组织活动——此可称之"借船出海"；另一种是通过新创办专门培养革命青年的学校，来开展革命组织活动——此可称之为"造舟远航"。后一种方式需要较大的资金投入、较高的运行成本和较广的关系网络，在中共革命兴起的初期很少有条件采用。本篇集中分析在中共革命大潮初起时最为常见的"借船出海"式的组织方式。

我选择江西为本篇的研究对象，其原因有两个。首先，在中共创建史研究中，诸如上海和北京这样的全国中心以及诸如湖南、湖北、广州、山东这样的区域中心都已经有了一些专门的研究，[2] 而对

---

〔1〕 R. Shakhar, *Yun Daiying and the Rise of Political Intellectuals in Modern China: Radical Societies in May Fourth Wuhan.* Ph. D., Berkeley: University of California, 2007.

〔2〕 参见倪兴祥（2006）主编的《中国共产党创建史论著目录》及中共"一大"会址纪念馆主编的《上海革命史资料与研究》各辑。

江西这样组织发展相对迟缓的地区却罕有细致的研究。就中共国内的组织而言，从最初的 6 个早期组织发展到 1925 年 1 月中共四大召开时中央直属的 10 个地方党组织再到 1927 年 5 月中共五大召开时中央直属的 17 个地方党组织，[1] 可谓发展迅速。那么，通过对江西的研究，就有助于我们理解中共的早期组织从中心扩散到边缘的发展脉络。其次，江西在中共早期发展史中的地位虽然并不突出，但在大革命失败后却成为土地革命的中心区域和中央苏区的创建地。要深入理解井冈山根据地、东固根据地和中央苏区创建中面临的种种党内组织矛盾，要深入理解古田会议这样的党史界碑以及富田事变这样令人瞩目的激烈冲突事件，也离不开对江西早期党史的探根究源。而将研究时段限定在 1926 年，这是要分析像北伐这样外来的强风促进中共组织的大发展前，其组织网络的原生态到底是如何形成的。[2] 虽然本篇未能对北伐时期的学生运动与中共组织发展专门展开研究，但这种学生运动和党派组织的基础仍是由"五四运动"所奠定的。而北伐也是"五四运动"学生代投入政治的短暂高峰时期，随即学生运动陷入了消沉的时期，其后学生与政治及革命的关系已经进入了"后五四时期"。[3] 就此而言，1926 年的北伐也是本篇及本书研究的合适的界点。[4]

此外，还需要说明两个问题。第一，在中共早期的创建史中，

---

〔1〕 中共中央组织部等编：《中国共产党组织史资料》第 1 卷，中共党史出版社 2000 年版。

〔2〕 正如 Van De Ven（*From Friend to Comrade: the Founding of the Chinese Communist Party, 1920–1927.* Berkeley: University of California Press, 1991: 240–247）所指出的，中共是从 1925 年后才从一个朋友式的政治小群体成长为同志式的大众性革命政党。

〔3〕 吕芳上：《从学生运动到运动学生》，第 27—30 页。

〔4〕 无独有偶，罗志田把科举制的终结视为近代中国权势转移的开始，而把从新文化运动到北伐称之为一个激变的时代。罗志田：《权势转移——近代中国的思想、社会与学术》，湖北人民出版社 1999 年版，第 10—11 页；《激变时代的文化与政治——从新文化运动到北伐》，北京大学出版社 2006 年版，第 1 页。

"党团不分"是一个各地普遍存在的现象，[1] 江西更是一个先有团组织后有党组织的地方。在党组织未成立时，团组织常有替代党组织的功能。即使同时存在党团组织，两者的组织范围、领导成员和职能的区分也并不十分明显。因此，本篇对江西早期党团组织的研究也就不严格区分党组织和团组织，而把它们看作是共产主义运动在江西兴起的统一环节。第二，安源在江西境内，也是江西省内最早建立党团组织的地方。但是，安源的党团组织在早期一直属于湖南党团组织领导，与江西的党团组织从不曾发生隶属关系，[2] 所以，本篇对江西的研究不包括安源地区。

二 "盗火者""深耕者"及其"搭桥者"
——江西共产主义运动兴起的三种角色

我们先简述江西中共党团组织的组建过程，再分析其中不同的角色。

1922 年 11 月，江西南丰人、中共党员赵醒侬受团中央的委派到南昌，筹建社会主义青年团。他与同年 9 月先期回南昌的江西弋阳人、社会主义青年团员方志敏一起，以南昌文化书社作为建团活动的立足点。赵醒侬虽是江西人，但自小在外地活动，对南昌人生地疏；方志敏又有事回老家。正好遇见江西铜鼓人刘拜农来文化书社看书时，向赵醒侬表露了入团意愿，于是，赵醒侬让刘拜农邀人来建团。第一次邀来十多名学生，这些学生听说要搞革命后落荒而逃。第二次另邀了几人，赵醒侬较为满意。于是由赵醒侬在 1923 年 1 月

---

[1] 黄金凤：《从"第二党"到后备军：共产党与青年团早期关系的演变》，《近代史研究》，2011 年第 3 期。

[2] 《中国共产党组织史资料》，第 1 卷，第 381—382、404—405 页。

20日召集会议，成立了中国社会主义青年团江西地方团，由刘拜农任临时书记。同年3月初，在北京大学读书的江西泰和人、中共党员袁玉冰回到南昌。袁玉冰是江西进步社团"改造社"的创办人，在江西新学生中影响很大。袁玉冰到南昌后筹建了"马克思学说研究会"，作为吸收团员的外围组织；又以改造社的部分骨干为青年团的发展对象，并把改造社创办的《新江西》季刊和《青年声》周刊作为江西地方团的机关刊物。江西地方团的团员在3月间迅速发展到21人。但到3月底，团组织的活动遭到江西督理蔡成勋的破坏，袁玉冰被捕，赵醒侬、方志敏和刘拜农被迫离开江西，江西地方团暂停了活动。同年10月中旬，赵醒侬根据团中央的指示，再次回到南昌，成立了社会主义青年团南昌地委，赵醒侬任委员长。南昌团地委成立后，在江西省立第一师范学校（下文简称"南昌一师"或"一师"）、江西省立南昌第二中学（下文简称"南昌二中"）、南昌省立第一中学（下文简称"南昌一中"）分别建立了团支部，还在九江单独建立了团支部。1924年2月，南昌团地委在吉安建立了临时团支部。4月，九江团支部升格为团中央直属的团地委。九江团地委除在九江市有三个团支部外，还于7月在修水县建立了团支部。12月在永修县建立了隶属南昌团地委的团支部。这就是1926年前江西各地建立起来的团组织概况。[1]

1924年2月6日，国民党中央执行委员会任命赵醒侬和江西鄱阳人邓鹤鸣为江西国民党筹备员。[2]与此同时，中共中央指示赵醒侬和

---

〔1〕 中共江西省委党史研究室：《中共江西地方史》第1卷，江西人民出版社2002年版，第52—54页；中共江西省委组织部等编：《中国共产党江西省组织史资料》，第1卷，中共党史出版社1999年版，第86—97页；陈立明：《江西团组织的建立沿革》，载中共江西省委党史资料征集委员会编：《江西党史讲义》，内部出版，1984年，第42—50页。

〔2〕 中央委员会秘书处编：《中国国民党第一届中央执行委员会会议记录汇编》，内部出版，1954年，第4页。

邓鹤鸣在重建江西国民党的同时，建立中共江西地方组织。5月，中共南昌支部建立，赵醒侬任书记兼组织干事，邓鹤鸣任宣传干事。[1] 据邓鹤鸣的回忆，南昌支部决定先在南昌、九江、吉安和永修建立党的小组。[2] 中共南昌小组最早于1924年5月建立，1925年7月在九江建立了南昌第二小组，1926年1月由南昌支部建立了吉安小组。永修县在1926年4月前是否建有党组织，尚有争议。[3] 1926年4月，中共南昌支部升格为江西地委，南昌、九江和吉安三个小组升格为特别支部。[4]

如果细致分析江西党团组织的创建者，我们可以发现有三类不同的角色。

第一类角色可以称为"盗火者"。中共早期思想传播和组织网络有全国中心、区域中心和省级中心这三个层次。[5] 而"盗火者"这类行动者就在上海这样的全国中心或武汉这样的区域中心较早入党，又因为系江西籍，所以被上级派回江西发展组织的先驱。赵醒侬和邓鹤鸣就是这样两个典型的例子。赵醒侬1899年生于江西南丰县，1913年起到湖南、上海等地做店员，1921年在上海先后入团、入党。[6] 邓鹤鸣1895年生于江西鄱阳县，后随父母移居江西高安县，1917年考入武昌中华大学读书，1922年6月在武汉入团，入党时间不详，1923年在上海任中华全国学联委员。[7] 像赵醒侬和邓鹤鸣这样的"盗火者"

---

〔1〕《中共江西地方史》第1卷，第56—58页。

〔2〕转引自坚毅：《江西地方党团组建史略》，《江西师院学报（哲社版）》，1981年第2期。

〔3〕《中国共产党江西省组织史资料》，第1卷，第30页、陈立明：《江西党团组织的建立沿革》，第61—63页。

〔4〕《中国共产党江西省组织史资料》，第1卷，第24页。

〔5〕高平平：《中共创建时期马克思主义传播的轨迹》，载中共"一大"会址纪念馆等编《上海革命史资料与研究》，第4辑，上海古籍出版社2004年版，第134—135页。

〔6〕中共江西省委党史资料征集委员会编：《赵醒侬专集》，中央文献出版社1994年版，第198—199页。

〔7〕江西省人物志编纂委员会编：《江西省人物志》，方志出版社，2007，第418页；陈漫：《关于邓鹤鸣入团入党的时间、地点等问题的考辨》，《赣中史志》第4期，1987年。

在上海和武汉这样的革命中心接受了洗礼，因此成为赣籍人士中最早的一批党团员；但因为他们早年出省，对省内情况不熟，他们回省发展组织面临着相当的困难，这就需要第二类角色发挥关键的作用。

第二类角色可以称为"深耕者"。他们是江西本地新思潮的鼓吹者、新社团的领导者、新青年的引路人。党团组织要在江西得到发展，非得到他们的全力支持不可。袁玉冰就是这样的典型代表。袁玉冰1897年生于江西泰和县，1918年考入南昌二中，1921年发起改造社，并出版《新江西》季刊。赵醒侬他们1923年来江西组建青年团时，袁玉冰虽然此时已去北京大学读书，但在南昌新学生中仍有巨大影响。1923年3月江西地方团最初的21名团员中，来自改造社的多达5人，另有1人也是因为与袁玉冰接近而入团的。[1] 所以，赵醒侬这样评价袁玉冰："在省读书四年，在'学问''品行'上还能得到多数青年的信仰，所以，只活动了一星期，把'民权'（即民权运动同盟——引者注）和'马氏'（即马克思学说研究会——引者注）两个会都成立了。"[2] 此外，在江西还存在其他的"深耕者"，我们下文具体分析。

第三类角色可以称为"搭桥者"。"盗火者"与"深耕者"之间并不一定相互熟识，需要有人牵线搭桥，才能使"火种"与"深耕"对接。方志敏和刘拜农就是这样的代表。方志敏1899年生于江西弋阳县，1919年考入位于南昌的江西省立甲种工业学校（下文简称"甲工"）。1921年6月13日，方志敏因领导甲工的学潮到南昌学联求助，结识了时任南昌学联二中代表的徐先兆，而徐先兆正是改造社的发起人之一。6月19日，方志敏加入改造社；9月，他被甲工开除后，考入位于九江的南伟烈学校中学部。1922年7月，方志敏从南伟烈

〔1〕 中央档案馆、江西省档案馆编：《江西革命历史文件汇集》，1923—1926年卷，内部出版，1986年，第5—6页；黄野梦、徐先兆：《袁孟冰和改造社》，载共青团南昌市委编《南昌青年运动回忆录》，内部出版，1981年，第27页。
〔2〕 《赵醒侬专集》，第60页。

学校退学后去上海谋生，8月上中旬，在上海结识赵醒侬，并由赵醒侬介绍入团。8月下旬，袁玉冰到上海，方志敏介绍袁玉冰与赵醒侬相识。[1] 至此，通过方志敏，在赵醒侬与袁玉冰之间建立起了关联。[2] 另一位重要的"搭桥者"是刘拜农。刘拜农又名刘伯伦，1901年生于江西铜鼓县，1915年考入南昌一中，1919年中学毕业后到德安县任教，1920年到南昌考取江西省邮务管理局邮务生，1921年因父病辞职回乡，1922年返回南昌，任南昌商会会长龚梅生的家庭教师，该年冬天在南昌文化书社结识赵醒侬。[3] 江西地方团成立时，因为方志敏当时不在南昌，赵醒侬发展的第一批团员均是通过刘拜农的关系带进来的。其中最重要的是，在这批团员中有南昌一师的学生陈之琦。我们后面将详细分析，南昌一师是江西党团组织创建时期极其重要的活动中心，正是通过刘拜农，赵醒侬连通了南昌一师的新青年网络。此外，赵醒侬在1924年1月去广州出席国民党一大

---

[1] 江西省方志敏研究会编：《方志敏年谱》，中央文献出版社2009年版，第21、25—27、32—35页；徐先兆：《青少年时代的方志敏同志》，载中共弋阳县委编《方志敏印象集》，江西人民出版社1989年版，第74页。

[2] 当然，方志敏并不只是个"搭桥者"，他在弋阳老家有较深的组织基础。准确地说，方志敏在江西早期革命中的角色是介于"深耕者"与"搭桥者"之间的。不过，无论是在改造社里，还是在南昌团地委成立后建立的明星书店和黎明中学里，他都只是重要的辅助者而非最主要的领导。在江西革命早期，由方志敏领头主持的活动只有1922年9月开办南昌文化书社和编辑《青年声》周刊，但该书社开办不到半年即被查封，《青年声》周刊也只存活了几个月。在以学生为主体的南昌团地委中，已经失学的方志敏并没有任何职位，团的活动经费也只能养活赵醒侬这么一位职业革命家，因此，为了谋生，方志敏不得不经常奔走在南昌与弋阳之间（徐先兆：《青少年时代的方志敏同志》，载《方志敏印象集》，第84页）。由于完全缺乏资金，也因为缺乏上层人脉，方志敏难以使弋阳县在江西早期的党团组织创建中表现突出。方志敏是在1925年7月担任江西国民党省党部农民部长后才得以更充分地施展他的组织才华。1927年大革命失败后，方志敏更成为江西苏维埃革命的一面旗帜。不过，就本篇研究的主题和时限来说，方志敏并非典型的"深耕者"。

[3] 刘锋：《江西地方团第一任书记——刘伯伦生平事略》，《江西青运史研究》，1989年第1期；刘中天：《回忆刘伯伦先生》，《铜鼓文史资料》，第1辑，1987年。

时，与同为江西代表的国民党元老萧炳章结识。后经萧炳章的介绍，结识了曾振五和曾天宇兄弟，[1] 而曾天宇是我们下文将具体分析的江西革命中另一位重要的"深耕者"。

显然，要分析江西早期党团组织网络的形成，最重要的就是要分析江西共产主义运动中的"深耕者"，看看他们的根在革命前是如何植下的，他们后来又是如何利用这些根来发展革命组织的。

三　南昌二中及其改造社：同心圆式的革命网络

我们先来看看 1923 年 3 月江西地方团中所有学生团员的社会构成。在 21 名团员中，学生团员共有 12 人，详情如下表：

表3-1　社会主义青年团江西地方团早期学生团员简况表（1923）[2]

姓　名	籍　贯	就读学校	在校时间	加入社团
冰　冰（袁玉冰）	江西泰和	南昌二中	1918—1922	改造社
崔　豪	河北盐山	南昌二中	1920—1924	改造社
何　桢	江西？	南昌二中	1923？	？
陈之琦	江西？	南昌一师	1921—1926	乾乾社
曾弘毅	江西万安	南昌一师	1921—1925	万安青年学会
王立生	江西万安	南昌一师	1921—1926	万安青年学会
丁　潜	江西修水	南昌一师	1918—1923	

〔1〕荣孟源编：《中国国民党历次代表大会及中央全会资料》上册，光明日报出版社 1984 年版，第 61 页；中国共产党江西出版史编写组：《中国共产党江西出版史》，江西人民出版社 1994 年版，第 35 页。

〔2〕资料来源：中央档案馆、江西省档案馆编：《江西革命历史文件汇集》，1923—1926 年卷，第 6、18、20—22、35 页；高泽武：《我们的小同志——崔豪》，《江西党史通讯》1987 年第 4 期；李兹高：《教师的摇篮，光辉的征程——江西省立第一师范》，载陈光莲等编《师范群英，光耀中华》，第 5 卷，陕西人民教育出版社 1992 年版，第 207—208 页；陈立明：《曾洪易其人》，《万安文史资料》，第 16 辑，2000 年；南昌一中百年校庆筹备工作办公室编：《百年树人之英才荟萃》，内部出版，2001 年，第 6 页；欧阳祖经编：《江西一师学会会友录》，"国立"中正大学，1947 年。

姓 名	籍 贯	就读学校	在校时间	加入社团
汪 群	江西贵溪	南昌一中	1920—1924	改造社
汪 伟	江西贵溪	南昌一中	1920—1924	改造社
方志敏	江西弋阳	南伟烈学校	1921—1922	改造社
王朝瑾	江西？	心远中学	1923？	袁玉冰朋友
刘五郎	？	？	？ —1923	？

从表 3-1 可以看出，学生团员高度集中在三所中等学校：南昌二中、南昌一师、南昌一中。也正因为如此，赵醒侬 1923 年 10 月回到江西重建团组织时，在南昌设立了三个团支部，就分别设在这三个学校。如果从组织网络的角度来说的话，南昌一中并不构成一个独立的网络，因为当时一中仅有的两名团员即汪群、汪伟兄弟俩都属于二中袁玉冰领导的改造社圈子。1924 年 3 月，在南昌团地委改组时，也正面临汪群两兄弟即将毕业的时候，原来设在一中的第三团支部就改设在了心远中学。[1] 这说明南昌一中缺乏自成一体的组织基础。我们下面的研究就以南昌二中和南昌一师这两所学校为重点。

"改造社"是南昌二中以袁玉冰为首的 8 个同班同学在 1920 年酝酿发起的学生社团，原名"鄱阳湖社"，后更名为"改造社"，于 1921 年 1 月 1 日正式成立。社址最初设在南昌二中，袁玉冰 1922 年 10 月去北京大学求学后将总社迁往北京，在南昌和上海设立了分社。社员也由最初的 8 人发展到上百人。社员大多分布在江西各地，少数在北京、上海、长沙、日本等；多为学生，也有少数教师、工人和商贩。这是一个有明确政治主张的革命团体，是江西"五四运动"后影响最大的新青年社团，先后创办了《新江西》季刊、《青年声》周刊和《新江西》

---

[1] 《江西革命历史文件汇集》，1923—1926 年卷，第 62 页。

半月刊。[1] 改造社也因此成为江西党团组建的一个重要组织基础。[2]

在以往的江西革命史叙事中，只把改造社的出现看成是"五四"以来新思潮的影响及袁玉冰等主要发起人的觉悟的产物，而从来没有人去追问：为什么改造社诞生在南昌二中？当时南昌最重要的中学是由原来的赣省中学改建的南昌一中，南昌一中在江西的"五四运动"中也是重要的领头学校，[3] 那为什么在南昌一中就没有出现类似改造社这样的组织？而改造社的组织形态就像一个同心圆，圆点是改造社，围绕圆点的第一圈即是南昌二中，然后一圈圈向外推移：北京、上海、长沙、日本等等。[4] 那么，这个同心圆式的革命网络到底是如何形成的呢？

---

[1] 刘勉钰、陈立明：《改造社及其革命活动》，《江西大学学报（社科版）》，1980 年第 3 期；《中共江西地方史》第 1 卷，第 35—37 页。

[2] 改造社虽然只是一个在江西中共党团组织成立前的革命社团，其群体气质和成员构成与中共党团组织尚有一定的差异，但是，改造社后来汇入了共产主义运动中。从组织网络的角度来说，改造社与江西的中共党团组织有着高度的延续性。因此，我们把改造社作为研究江西中共早期组织网络的对象。当然，改造社这种受"五四运动"影响的激进社团与中共组织仍有诸多重要的差别。从组织形式上来说，改造社是志同道合的朋友聚合起来的社团，当有人不再认同社团的理念或活动时，可以采取自动退出的方式（比如，改造社先后就有四名社员退社，其中还包括两位当初的发起者）。改造社成员之间也可以就学理上的问题在刊物上展开争论。然而，当改造社的核心成员之间在基本的政治理念上发生冲突而又没人自愿退社时，这时社团就面临着解散的危机。在《新江西》第三期于 1923 年 1 月出版之前，袁玉冰与苏芬在政治理念上发生了重要的分歧，改造社从此很少开会了，《新江西》第四期也一直未能出成（方铭竹：《袁孟冰和北京大学改造社》，载中共江西省委党史资料征集委员会编：《袁玉冰专集》，中央文献出版社 1994 年版，第 211—212 页）。袁玉冰 1923 年 3 月回江西参加建团活动时，主要借用了在改造社活动时期建立起来的人脉，而改造社的牌子已被他弃置不用了，取而代之的是用"马克思学说研究会"和"民权运动大同盟"作为团组织的外围组织。关于"五四"时期激进社团的群体气质与中共组织的关系，参见 Xu Xiaohong. 2013. "Belonging Before Believing: Group Ethos and Bloc Recruitment in the Making of Chinese Communism." *American Sociological Review* 2013, 78(5): 773—796。

[3] 中共江西省委党史资料征集委员会编：《江西党史资料》第 9 辑（"'五四'爱国运动在江西专辑"），内部出版，1989 年。

[4] 参见改造社确定的交换看信的路线图（张允侯等编《"五四"时期的社团》，第 3 卷，生活·读书·新知三联书店 1979 年版，第 259 页）。

如果我们将改造社的出现放在民国政治和地域社会的背景中，就会发现问题远比传统的革命史叙事复杂。

（一）改造社与世家出身的"国民党系人士"

我们先来看看南昌二中是一所什么样的学校。南昌二中的前身是 1902 年开办的洪都中学堂。1914 年江西在全省建立 8 所公立中学，南昌有 2 所：原来的赣省学校改为省立一中，原来的洪都中学改为省立二中。[1] 南昌二中校长从建校到 1927 年一直由江西著名教育家熊育钖担任。熊育钖家族是南昌月池村的望族世家，早在 1901 年就开办了私立心远英文学塾，后来改名为心远中学堂，这是中国最早开办的现代学校之一。熊育钖一身兼任南昌二中、心远中学两校校长。熊育钖早年拜萍乡名儒贺国昌为师，后又拜当世思想大家严复为师。严复对熊育钖的影响主要体现在"开民智"和"讲西学"的理念上，但熊育钖在政治上并不认同晚年的严复，倒是与他早年的业师贺国昌相合。贺国昌后来加入了同盟会，参加过辛亥革命，1913 年曾短期担任过江西民政长，并参加了李烈钧领导的"二次革命"。熊育钖 1913 年正是应贺国昌之召，从北京回到江西任省教育科长。"二次革命"失败后，熊育钖虽在北洋军阀治下的江西省政务厅短期留任，但他思想上一直倾向孙中山一系的革命党人。他拒绝拥戴袁世凯称帝，任用参加过萍醴浏起义的同盟会会员柳藩国为主持南昌二中日常事务的学监，兼任由同盟会创办的江西女子公学校长，这些都是他思想倾向的明证。[2] 所以，他在

---

[1] 江西省教育志编纂委员会编：《江西省教育志》，方志出版社 1996 年版，第 166 页。

[2] 熊正理：《"监察院"监察委员本生显考熊公纯如府君行状》，载秦孝仪编《革命人物志》第 10 集，"中央文物供应社"1969 年版，第 516、521—522 页；周邦道：《柳藩国》，载秦孝仪编《革命人物志》第 22 集，"中央文物供应社"1969 年版，第 152 页；张国焘：《我的回忆》，第 1 册，东方出版社 1980 年版，第 32 页。

江西国民党开始重建的 1924 年，就经赵醒侬介绍，秘密加入了国民党，[1] 这并不是偶然的。在熊育钖影响下的心远中学和南昌二中，一方面学风勤朴肃毅，另一方面校风开放活跃。早在"五四运动"前，熊育钖就在心远中学和南昌二中倡导学生办社团，[2] 而袁玉冰等人 1921 年创设改造社，也就得到了熊育钖和柳藩国的全力支持，包括创办《新江西》所需的资金资助；[3]《新江西》第一期也是由柳藩国介绍给上海的商务印书馆承印的。[4]

改造社之所以诞生在二中，除了主校者的思想取向和校风外，还与袁玉冰等人在学校的一次危机事件中与熊育钖、柳藩国结下的深厚情谊有关。在民国初年，熊育钖之外，还有一个人对江西教育界有着更大的影响，这即宋育德。宋育德是江西奉新人，曾中进士，又留学日本，后任江西高等学堂总办（校长），赣省中学校长。1913年后任江西省教育司司长、江西省总视学。[5] 江西高等学堂和赣省中学是南昌一中的前身，因此，就南昌当时的中学而言，宋育德的势力范围主要在一中，而熊育钖的势力范围则在二中和心远中学。

<hr />

〔1〕 熊大开：《我的祖父熊育钖》，《南昌县文史资料》，第 1 辑，1986 年；袁学黄：《江西共产党的历史观》，载《现代史料》第 2 集，香港：波文书局 1980 年版，第 336 页。

〔2〕 熊育钖对学生社团的大力支持除了他一贯的思想取向外，还与他 1918 年 8 月对日本中学教育的考察有关。在那次考察中，他发现日本学校的学生社团、协会很多，有利于培养学生的组织能力和发挥专业特长。他回校后就开始大力提倡学生办社团和协会（熊光炯：《心远——一个教育世家的百年沧桑》，人民文学出版社 2012 版，第 48页）。正如他 1919 年在心远中学创办的《心远杂志》所说的："学会之设，无校无之，于日本学校中尤见发达。盖一国之强弱，视国民之智能为差。愿诸子于课余，牺牲游息时间以办学会务。苟能群策群力，亦将无事无举也。在校能如此集合成团体，则他日入身社会，亦犹如是也。"（转引自薛隆基编：《熊育钖与月池熊氏——从家族到社会》，内部出版，1991 年，第 44—45 页）

〔3〕 徐先兆：《我所知道的柳藩国老师》，载江西省立南昌二中天津校友联谊会编《江西省立南昌二中校友志稿》第一集，内部出版，2002 年，第 90 页。

〔4〕 袁玉冰：《1921 年日记（选编）》，载《袁玉冰专集》，第 141 页。

〔5〕《江西省人物志》，第 347 页；《江西省教育志》，第 144、155 页。

1919年3月，江西省教育总会改选，熊育钖和宋育德参与竞选，结果宋育德以较大优势击败熊育钖，当选会长。[1] 这是被称为"熊派"与"宋派"的第一次正面较量。此后几年里，这种较量一直在持续。1920年12月，二中发生学潮。宋派收买了二中四年级的几个学生，从中煽动，闹到众多学生要求退膳退学的地步，袁玉冰等几个二年级的学生要求召开全体学生大会。柳藩国在会上提出辞职，而袁玉冰上台慷慨陈词，力挽柳藩国，并力主平息退学风潮，最终打动了大家，二中成立以来面临的一场空前危机顿时消散。[2] 这件事带来两个直接的影响：一是柳藩国原来并不看重袁玉冰他们那个班级，即改造社8位发起人所在的班级，经过这场风潮，开始对他们格外赏识。这是二中校方后来力挺袁玉冰及其改造社的重要缘由。[3] 另一个影响是袁玉冰他们由此意识到把志同道合的人组织起来是有力量的，这成为改造社诞生最直接的诱因。[4] 这种希望通过组织社团来改造社会的想法对"五四时期"成长起来的新青年来说是一个非常普遍的现象，比如，恽代英在湖北就试图通过建立互助社来达到完善自我和解决社会问题的目的。[5] 只不过触动袁玉冰建立改造社

---

〔1〕 参见《江西省党务报告》(1926年5月17日)，五部档，台北：中国国民党党史馆藏，档案号：11297；李平亮：《卷入大变局——晚清至民国时期南昌的士绅与地方政治》，经济日报出版社2009年版，第185页。

〔2〕 袁玉冰：1987，《自治日记》，转引自王世儒编：《袁玉冰生平事略编年（上）》，《江西青运史研究》第1期；黄野梦、徐先兆：《袁孟冰和改造社》，载《南昌青年运动回忆录》，第21页；熊大开：《我的祖父熊育钖》，《南昌县文史资料》，第1辑，1986年。

〔3〕 据徐先兆回忆，袁玉冰1927年12月被杀后，是柳藩国冒险派人去收尸并安葬的；事隔二十年后（1946年），徐先兆去看望熊育钖时，谈到袁玉冰，熊竟痛哭起来。由此可见熊育钖、柳藩国对袁玉冰的感情之深。徐先兆：《我所知道的柳藩国老师》，载《江西省立南昌二中校友志稿》第一集，第91页。

〔4〕 黄野梦、徐先兆：《袁孟冰和改造社》，载《南昌青年运动回忆录》，第21页。

〔5〕 吕芳上：《从学生运动到运动学生》，台北："中央研究院"近代史研究所，1994年，第328—394页；R. Shakhar. *Yun Daiying and the Rise of Political Intellectuals in Modern China: Radical Societies in May Fourth Wuhan.* Ph. D., Berkeley: University of California, 2007.

的动因与南昌二中面临的校园政治直接相关。

中国国民党自同盟会以来名称数度变更，组织形式也几经因革。日本学者石川祯浩曾用"国民党系人士"来统称该党各个时期的党人。[1] 本书借用这个名词，并稍加扩充。像柳藩国这个老同盟会会员自然属于国民党系人士；熊育钖虽然到 1924 年才正式加入国民党，但他 1918 年已经兼任了由同盟会创办的江西女子公学校长，所以，本书把他从 1918 年起视为国民党系人士。我们从前面的分析可以看出，改造社是受到南昌二中校内的国民党系人士的庇护才得以诞生的。在南昌当时的中学里，也只有二中才具有那样浓厚的国民党系的色彩。而我们还将看到，改造社的发展以及由改造社成员推动的中共党团组织的创建，也与围绕二中校内外各种国民党系人士的大力支持密不可分。值得注意的是，我们这里所说的国民党系人士都是世家出身，熊育钖是一个典型的例子。我们下文提及的国民党系人士均是如此。

这里首先要提的一个人是与改造社关系极其密切的国民党系人士——张田民。张田民 1891 年生于江西乐安县一个富豪家庭，早年从江西省立第三师范学校毕业后，去日本早稻田大学留学，其间加入同盟会。回国后追随孙中山，先后在广东大本营、《中山日报》社、粤汉铁路局任职。1920 年回江西，在南昌创办一平印刷所，编印《大江报》和《黎明》杂志。[2] 袁玉冰最初与一平印刷所打交道应该是在他担任《二中周刊》编辑时，因为《二中周刊》正是交给该所承印的，[3] 不过，当时他们应该并不熟悉。但在改造社成立后，他们的关系变得密切起来。仅从现存的袁玉冰 1921 年日记就可以

〔1〕 石川祯浩：《中国共产党成立史》，袁广泉译，中国社会科学出版社 2006 年版，第 62 页。
〔2〕 林善：《张田民先生传略》，（台湾）《江西文献》1970 年总第 55 期；《江西省人物志》，第 399 页。
〔3〕 王世儒：《袁玉冰生平事略编年（上）》，《江西青运史研究》，1987 年第 1 期；徐先兆：《忆张禅林》，《乐安文史资料》，第 2 辑，1986 年。

见到，袁玉冰从 10 月 30 日起到 12 月 24 日间，与张田民做过多次长谈。[1] 张田民对袁玉冰及其改造社非常器重，他认为国民党有吸收新生力量的必要，因此，非常乐意扶持改造社。[2] 张田民有地位、有经验、有关系，也有资金，他对改造社和初创期的江西团组织提供了极大的帮助。具体来说，这些帮助包括：（1）1921 年，当与方志敏共同领导甲工学潮的改造社成员洪宏义被学校开除后，是张田民介绍洪宏义到上海民国日报社谋生，而民国日报社是我们下面要介绍的国民党系人士当时开展宣传活动的一处重镇。1922 年 7 月，当方志敏去上海准备半工半读时，也在民国日报社找到了工作，并与张田民的弟弟张禅林成了关系密切的朋友。（2）1922 年 5 月，改造社与《大江报》联合举办了庆祝"五一"纪念大会及追悼湖南工运领袖黄爱、庞人铨大会。此事导致《大江报》被封，却大大提高了改造社的声名。（3）1922 年 9 月，当方志敏带着革命使命回到南昌时，张禅林已先期回到了南昌，主持一平印刷所的印务，已被查封、但楼房仍在的大江报社遂成为方志敏的第一个落足点。方志敏在筹办南昌文化书社时，虽然罗列了 15 个发起人，但其中多数是在各校读书的改造社社员，大多没有什么钱，而开办书社的主要费用是由张田民冒着生命危险偷印并兑换江西军阀发行的金库券而筹集来的。南昌文化书社由此成为青年团在江西落地生根的第一个革命据点。（4）《新江西》第二期、江西地方团主办的《青年声》周刊和《红灯》杂志，以及各种宣传传单都是由一平印刷所承印的，

---

〔1〕 袁玉冰：《1921 年日记（选编）》，载《袁玉冰专集》，第 149 页；王世儒编：《袁玉冰生平事略编年（下）》，《江西青运史研究》，1987 年第 2 期。

〔2〕 在袁玉冰 1921 年 12 月 3 日的日记中还记下了："后来他（指张田民——引者注）介绍我加入……"（王世儒编《袁玉冰生平事略编年（下）》，《江西青运史研究》，1987 年第 2 期）。也许是为了保密，袁玉冰没有说明张田民要介绍他加入的是什么，但从张田民的背景看，很可能是想介绍袁玉冰加入国民党。

连最初南昌团地委给团中央留的通讯地址都是大江报社。[1] 难怪改造社的发起人之一、后来曾加入中共的徐先兆将张田民誉为"江西革命事业的一个开路人"。[2]

如果说张田民是在江西前方直接扶持改造社及江西团组织，那么，在上海的民国日报社在某种意义上就成为改造社的重要后援力量。《民国日报》是中华革命党人为进行反袁宣传于 1916 年 1 月在上海创办的报纸，在袁世凯死后继续出版，报社总编为叶楚伧。该报原为国民党系人士的重要宣传阵地，1923 年 12 月 16 日中国国民党上海执行部成立后，正式决议将该报扩充为国民党党报。[3] 早在 1919 年 6 月，《民国日报》就开办了由邵力子担任主编的"觉悟"副刊，在当时的革命青年中产生了很大影响。改造社成员，无论是袁玉冰，还是方志敏，都是"觉悟"副刊的热心读者。[4] 通过张田民的关系，改造社与民国日报社建立起了更密切的关系。如前所述，洪宏义和方志敏 1921 年和 1922 年先后在此落足。当 1923 年 4 月江西团组织的活动遭到江西督理蔡成勋镇压后，江西地方团临时书记刘拜农到上海避难，也是由叶楚伧和邵力子安排在民国日报社任校对、翻译兼英文编辑。[5] 洪宏义和

---

〔1〕 方志敏：《我从事革命斗争的略述》，载中共江西党史资料征集委员会编：《方志敏文集》，人民出版社 1985 年版，第 22—23 页；徐先兆：《方志敏同志生平若干事迹补遗》，《江西师院学报》（哲社版）1983 年第 1 期；徐先兆：《忆张禅林》，《乐安文史资料》，第 2 辑，1986 年；徐先兆：《青少年时代的方志敏同志》，载《方志敏印象集》，第 77—79 页；季方：《白首忆当年（续二）》，《纵横》，1985 年第 1 期；《江西革命历史文件汇集》，1923—1926 年卷，第 9 页。

〔2〕 徐先兆：《忆张禅林》，《乐安文史资料》，第 2 辑，1986 年。

〔3〕 《临时中执会上海执行部报告书第一号》（1924 年 1 月），汉口档，台北：中国国民党党史馆藏，档案号：12966.2。

〔4〕 陈家鹦：《关于方志敏生平介绍若干讹误的辨析澄清》，载江西省方志敏研究会编：《方志敏研究文丛》（一），上海文化出版社 2011 年版，第 59—60 页；袁玉冰：《1921 年日记（选编）》，载《袁玉冰专集》，第 145 页。

〔5〕 刘锋：《江西地方团第一任书记——刘伯伦生平事略》，《江西青运史研究》，1989 年第 1 期。

刘拜农也由此成为国民党一大江西省代表，刘拜农后来还进入了国民党上海执行部工作。[1]

如果说张田民对改造社及其成员的帮助还只是属于个人行为的话，[2] 那么，当赵醒侬和邓鹤鸣1924年3月被派回江西重建国民党组织时，就是在国共合作的政策已经确定的背景下开展的正式合作。国民党要借助改造社及南昌团地委的组织力量来重建其在江西的地方组织，而改造社和青年团则要利用国民党提供的经费来创建共产党组织及扩大青年团的组织。1924年4月，赵醒侬和邓鹤鸣到江西时领有国民党中央所拨的筹备费300元大洋，补助费550元大洋。[3] 而此后开展的各种专项活动，如孙中山去世后在江西举行的悼念活动，以及后来大规模开展的农民运动等，都由国民党中央拨付专款。[4]1924年前江西团组织的经费只能养活一位职业革命家即赵醒侬；1924年赵醒侬回江西组建国民党省党部后，协助他工作的方志敏也有了生活费，成为又一位常住南昌的职业革命家。[5] 共产国际早期给中共的活动经费非常有限，尤其像江西这种共产党组织发展较晚的地区，在经费上从中共中央那里获得的支持是杯水车薪，因此，来自国民党的经费就成为江西中共党团组织发展的关键因素之一。这也是江西早期中共党团组织的负责人几乎无一例外地

---

〔1〕 荣孟源编：《中国国民党历次代表大会及中央全会资料》上册，第61页；《上海执行部第一次执委会议记录》（1924年2月25日），会议档，台北：中国国民党党史馆藏，档案号：999.2/5.1。

〔2〕 张田民后来为一平印刷所向国民党正式申请经费，因为该所"是否党办中央无案可稽"，被国民党中执委常委会否决。中国第二历史档案馆编：《中国国民党中央执行委员会常务委员会会议录》第二册，广西师范大学出版社2000年版，第81页。

〔3〕 许鸿等：《江西省党部党务报告》（1926年1月），载《中国国民党第二次全国代表大会各党部党务报告书》，第4册，汉口档，台北：中国国民党党史馆藏，档案号：12829。

〔4〕 在现藏于中国国民党党史馆的"五部档""汉口档"中，有诸多大革命时期国民党中央拨给江西省党部经费的档案，在此不一一列举。

〔5〕 徐先兆：《青少年时代的方志敏同志》，载《方志敏印象集》，第84页。

在国民党江西省党部任职的重要原因。[1]

人们一般只看到江西国民党组织的重建是由共产党人主持的，而没有看到在 1924 年国共两党正式合作之前，两党非正式的协作早就已经开始。江西中共党团的组织基础在相当程度上有赖于世家出身的国民党系人士的扶持。联系本书上篇所分析的第一代新学生即辛亥一代学生，我们可以看到辛亥一代与"五四"一代学生，即属于国民党系人士的老同志与共产党的新青年，他们在反体制冲动以及革命道路上存在某种传承和照应关系。换一个角度来看，国民党自 1924 年改组后新吸纳的党员以青年学生为主，他们与共产党又存在竞相吸引学生入党的关系。[2] 南昌二中能成为江西早期的一个共产主义革命中心，并不完全是靠袁玉冰等人的个人觉悟和感召力，一个重要原因在于南昌二中是掌控在国民党系人士手中，他们思想开放，希望影响与接纳改造社同人，同时，袁玉冰与他们又情谊深厚。改造社能够茁壮成长并为江西党团组织奠定坚实的组织基础，在相当程度上是因为改造社核心成员袁玉冰、方志敏等人从国民党系人士那里获得了鼎力支持。

（二）改造社与广信府地区

如果说国民党系人士给改造社提供了外在的组织环境的话，那么，我们再来看看改造社的内部组织结构是如何建立起来的。

改造社的发起人来自二中 1918 年入学的七班乙组（乙组均来自南昌之外各县）的 8 个同班同学。[3] 本书上篇已经指出：学生与家庭纽带的松动、学堂同质群体的碰撞激荡、书刊的鼓动等一系列因

---

[1] 在一份关于国民党江西省早期党务的史料中，详细罗列了赵醒侬、邓鹤鸣、方志敏等十多位中共人士在国民党省党部担任的具体职务。《江西省党务报告》（1926 年 5 月 17 日），五部档，台北：中国国民党史馆藏，档案号：11297。

[2] 参见吕芳上：《从学生运动到运动学生》，第 263—296 页。

[3] 王练：《访徐先兆学长》，载南昌二中百年校庆筹备工作办公室编：《二中校友回忆录》，内部出版，2001，第 79 页。

素，使学生的反体制冲动常常是在新式学堂的特殊环境下孕育出来的。这一结论也基本适用于"五四"一代新学生的思想激进取向与新式学校之间的关联，因而有助于我们理解为什么改造社的创始成员来自同校同班同学。对此，本篇不再赘述。

有学者在研究中共其他地区的早期组织网络时，发现诸如同乡这类传统的社会关系在其中起着重要的作用。比如，湖北的早期中共党员及恽代英领导的利群书社成员就以鄂东北人也即所谓黄州（鄂东北诸县在清朝归黄州府管辖）同乡居多；[1]而毛泽东领导的新民学会在最早一批的14名会员中，除了一位外，其余13位全部来自明清时期设置的长沙府辖区（包括长沙、湘潭、益阳、湘阴等）。[2]但在以往对改造社的研究中，似乎从来没有人注意过地缘因素。那么，是不是这个因素真的不存在呢？让我们来看看改造社的早期社员情况（见表3-2）。

表3-2　改造社早期成员简况表[3]

姓　名	籍　贯	入社时间	入社时所在学校	入社关系人
袁玉冰	江西泰和	1921年1月	南昌二中	首倡者
石廷瑜	江西都昌	1921年1月	南昌二中	同班同学
黄在璇	江西贵溪	1921年1月	南昌二中	同班同学
徐先兆	江西铅山	1921年1月	南昌二中	同班同学

〔1〕陈耀煌：《共产党·地方精英·农民：鄂豫皖苏区的共产革命，1922—1932》，台北：政治大学历史系，2002，第84—85页；黄文治：《革命播火：知识分子、城市串党及革命下乡——以大别山区早期中共革命为中心的探讨（1920—1927）》，《开放时代》，2011年第12期。

〔2〕杨晓伟：《新民学会成立会议参会人员及人数考证》，《船山学刊》，2012年第2期；中国革命博物馆、湖南省博物馆编：《新民学会资料》，人民出版社1980年版，第603—604页。

〔3〕资料来源：张允侯等编：《五四时期的社团》，第3卷，第252—253页；袁玉冰：《1921年日记（选编）》，载《袁玉冰专集》，第144—145页；王世儒编：《袁玉冰生平事略编年（下）》，《江西青运史研究》，1987年第2期；方铭竹：《袁孟冰和北京大学改造社》，载《袁玉冰专集》，第207—212页；刘勉钰、陈立明：《改造社及其革命活动》，《江西大学学报（社科版）》，1980年第3期；欧阳祖经编：《江西一师学会会友录》。

姓　名	籍　贯	入社时间	入社时所在学校	入社关系人
黄　道	江西横峰	1921 年 1 月	南昌二中	同班同学
刘　轶	江西都昌	1921 年 1 月	南昌二中	同班同学
黄家煌	江西兴国	1921 年 1 月	南昌二中	同班同学（后退社）
支宏江	江西进贤	1921 年 1 月	南昌二中	同班同学（后退社）
熊国华	江西都昌	1921 年 1 月	南昌二中	同校同学
邹秀峰	江西横峰	1921 年 1 月	大同中学	黄道介绍
杨　柳	江西高安	？	南昌二中	同校同学
黄文中	江西横峰	？	大同中学	黄道介绍（后退社）
李　穆	江西横峰	1921 年 4 月	南昌公立法政专科学校	黄家煌介绍
涂振农	江西奉新	1921 年 6 月	南昌农业专门学校	徐先兆介绍
刘意生	江西高安	1921 年 6 月	南昌二中	同校同学（后退社）
洪宏义	江西贵溪	1921 年 6 月	江西甲种工业学校	徐先兆介绍
方志敏	江西弋阳	1921 年 6 月	江西甲种工业学校	徐先兆介绍
苏　芬	江西贵溪	1921 年 8 月	北京大学	黄在璇介绍
方铭竹	江西上饶	1921 年 8 月	北京大学	徐先兆介绍
张倬陵	江西贵溪	1921 年 8 月	北京大学	徐先兆介绍
丘秉铨	江西兴国	1921 年 9 月	日本千叶医专	袁玉冰小学同学
江宗海	江西贵溪	1921 年 12 月	心远中学	？
汪　群	江西贵溪	1921 年	南昌一中	黄道介绍
汪　伟	江西贵溪	1921 年	南昌一中	黄道介绍
张石樵	江西贵溪	1921 年	湖南一师（教师）	？
黄湘陵	江西贵溪	1921 年	贵溪模范小学（教师）	？
车　驹	江西贵溪	1921 年	南昌二中（教师）	？
崔　豪	河北盐山	1922 年 7 月？	南昌二中	袁玉冰介绍
何　基	江西贵溪	1922 年 11 月	江西甲种工业学校	？
邹　努	江西新干	？	南昌一师	？
李兰湘	江西贵溪	？	北京大学	苏芬之妻
方芙镜	江西上饶	？	南昌女师	方铭竹之妹
黄唐英	江西贵溪	？	南昌女师	黄在璇之妹
钟国辉	江西赣县	？	南昌女师	？
杨　超	河南光山	？	心远中学	？

从改造社参加成立大会的第一批 10 名创社社员来看，[1] 似乎地缘因素并不明显，除了都昌籍的 3 人、横峰籍的 2 人外，来自江西其他县的都只有 1 人，而且在后来吸收的社员中，横峰籍的只增加了 2 人，都昌籍的未再增加。不过，在第一批社员中原本只占一位的贵溪籍在后期被吸收的社员中大量增加，高达 12 人，使贵溪籍在改造社已知的早期成员中占了 37%。难道来自贵溪籍的创社成员黄在璇一个人有这么大的活动能量？但从表 3-2 可见，在贵溪籍社员的入社介绍人中，只有苏芬是由黄在璇介绍进来，而其他入社者却是别人介绍的。这说明黄在璇并未在其中发挥关键的组织作用。

其实，在改造社的创社成员中，存在着一个容易被人忽略的地缘因素。从元末到清末，一直设置有一个名为"广信府"的行政区，管辖上饶、玉山、弋阳、贵溪、永丰五县。广信府在元朝隶江浙行省，明朝改隶江西行省，一直延续至清。清末的广信府管辖上饶、玉山、弋阳、贵溪、铅山、广丰（即原来的永丰）、兴安（1914 年改名为横峰）共 7 县。1912 年，广信府被废。[2] 到 20 世纪 20 年代，广信府的设置虽然被废，但因为地理邻近，文化有连贯性，加上被废的时间并不长，所以，广信府区域在民间仍然有相当高的认同。如果用"广信府"这个区域概念再来看改造社成员的社会构成，就会有新的发现：在创社的 10 名社员中，来自广信府的高达 4 名，而这 4 位又是改造社后期成员的主要介绍人。因此，在现在已知的 35 名改造社早期成员中，来自广信府地区的高达 21 名，占了全部社员的 60%，远远高于江西其他地区。可以说，改造社自成立以后，除了在南昌二中校内因学缘而有少量扩展外，

---

[1] 改造社在 1920 年酝酿时，是袁玉冰同班 8 名同学。1921 年 1 月 1 日召开成立大会时，另有熊国华和邹秀峰参加了这次会议。这即最早的 10 名成员（刘勉钰、陈立明：《改造社及其革命活动》，《江西大学学报〔社科版〕》，1980 年第 3 期）。

[2] 江西省行政区划志编纂委员会编：《江西省行政区划志》，方志出版社 2005 年版，第 66—68 页。

在二中之外对新社员的吸纳基本上是以广信府地区这个地缘因素为中心来展开的。像改造社的骨干成员、江西早期党团组织的重要组织者之一方志敏；将改造社及后来的中共党团组织延伸到南昌一中的关键人物——汪群；改造社北京总社的重要成员、在改造社内代表着与袁玉冰的思想不同的另一种发展方向的苏芬，均来自广信府。对当时的中国社会来说，改造社虽然是以学缘为基础的新型社团组织，但这种组织最初诞生时仍嵌入在传统以血缘和地缘为基础的社会关系中。因此，同乡这种传统社会关系在革命群体的早期组织中起着重要的作用。[1]

不过，让人略感蹊跷的是，改造社首领袁玉冰的家乡泰和县除他本人之外，再没有其他成员；经他直接介绍入社的，只有他在兴国县高兴墟成德小学读书的一名同学[2]，以及他在南昌二中的师弟崔豪。

那么，为什么在改造社形成和发展的地缘因素中是广信府地区而不是其他地区（包括改造社主要领导人袁玉冰所在的家乡）在起作用？陈寅恪在研究天师道与滨海地域的关系时指出："盖二种不同民族之接触，其关于武器事方面者，则多在交通阻塞之点，即山岭险要之地。其关于文化方面者，则多在交通便利之点，即海滨湾港之地。"[3] 马列主义新思潮自苏俄传来中国，虽然不比中古时期两种民族的接触，但陈寅恪所谓滨海之地早有海上交通，多受外来影响，往往成为不同社会思潮的汇流地，这是不易之论。广信府地区处于信江流

---

〔1〕 郭正昭：《王光祈与少年中国学会（1918—1936）》，《"中央研究院"近代史研究所集刊》，第2期，1971年。

〔2〕 地方党史学界对袁玉冰的籍贯有争议，这是因为袁玉冰祖籍泰和县马齿坑，他15岁时被送到与泰和县相邻的兴国县高兴墟的亲戚家，在当地的成德高等小学读书，并在那里考上了南昌二中（黄健明等：《袁玉冰烈士籍贯考》，《江西党史通讯》，1985年第11期；中共泰和县委党史办：《关于袁玉冰籍贯的考证》，《江西党史通讯》，1987年第3期；黄野梦、徐先兆：《袁孟冰和改造社》，载《南昌青年运动回忆录》，第20页）。

〔3〕 陈寅恪：《天师道与滨海地域之关系》，载陈寅恪《金明馆丛稿初编》，生活·读书·新知三联书店2009年版，第45页。

域，交通发达、经济发展和文化教育有相当的基础，正是新思潮容易流行的地域。[1] 就此，我们也才能理解为什么改造社的首领袁玉冰的地缘关系在改造社的组织扩张中几乎不起作用。这首先是因为，无论是袁玉冰的祖籍泰和县老云盘乡，还是他的寄居地兴国县高兴墟，在江西都属于经济和文化较为落后、交通不便的地方，袁玉冰的出生地马齿坑就更是处于偏僻的山区，[2] 当地的学子大多是在赣西的中心——吉安地区求学，能够远行到南昌来读中学并承受昂贵学费的学生本来就很少。另一个原因是，袁玉冰出身贫家，在南昌读书时就常因为缺少旅费而无法回家，到北京读书时就更要靠李大钊等人资助才能回家，[3] 而且他的出生地和上高小的地方还不在一处，这些都大大限制了他在老家青少年中的影响力。由此可见，地缘因素在革命组织扩张中所起的作用是需要某些特定的条件的，不可泛泛而论。

四　南昌一师：网格状的革命网络

在研究了南昌二中以改造社为中心的革命组织网络后，我们再来看看在组织网络的形成特征上与二中有明显差异的另一所学校：南昌一师。

（一）网格状的革命网络

1914 年 11 月，江西省按照南京临时政府的要求，成立了 4 所省

---

〔1〕 值得注意的是，广信府恰是天师道的发源地和传播地。第一代天师张道陵即是在贵溪的龙虎山修炼，而第四代天师又自汉中迁回龙虎山，千年代代在此延续，成为中国传统社会仅次于曲阜孔门世家的名门世家（张青剑：《道教在贵溪》，《贵溪县文史资料》，1987 年总第 2 辑）。绵延不绝的天师道传统对清季民国时期出身广信府的人的精神气质可能会产生什么样的影响，尚待进一步的研究。
〔2〕 黄健明等：《袁玉冰烈士籍贯考》，《江西党史通讯》，1985 年第 11 期。
〔3〕 徐先兆：《青少年时代的方志敏同志》，载《方志敏印象集》，第 76 页；方铭竹：《袁孟冰和北京大学改造社》，第 212 页。

立师范学校，其中第一师范学校设在南昌，以原来的赣省中学师范部为基础组建。这即南昌一师的由来。1927 年 2 月，该校被并入新成立的省立南昌中学。[1]

南昌一师存在的时间并不长，但其学生中加入中共党团组织的人却数量众多。仅以青年团为例，从 1923 年 10 月最初建立一师支部的 4 人到 1926 年 1 月的 8 人（不计已离校的团员），再到 1926 年 6 月北伐前夕的 36 人，始终是南昌团地委下属各支部中人数最多的。[2] 如果加上北伐以后一师新发展的以及不同时期毕业后在各地发展的，就更是不计其数。为了更好地勾勒北伐前一师的组织发展网络，表 3-3 利用各种文件、回忆及志书等材料列出了 1926 年 4 月前一师在学校所发展的党团员，另加上从一师毕业后在 1926 年 4 月前加入党团组织的人员。

表 3-3　南昌一师学生及毕业生中的党团员（1926 年 4 月前）[3]

姓　名	籍　贯	在校时间	曾加入的社团	入团入党时间
陈之琦	江西？	1921—1926	乾乾社	1923 年 1 月入团
曾弘毅	江西万安	1921—1925（被开除后赴苏）	万安青年学会	1923 年 2—3 月入团 1924 年转党

---

[1] 《江西省教育志》，第 262 页。

[2] 《江西革命历史文件汇集》，1923—1926 年卷，第 20、344、422、506 页。

[3] 资料来源：欧阳祖经编：《江西一师学会会友录》；中央档案馆、江西省档案馆编：《江西革命历史文件汇集》，1923—1926 年卷，第 6、20、30、142、344、371、422、507 页；王秋心：《我在上海大学的生活片段》，《江苏革命史料选辑》，第 6 期，1983 年；周春崖、李松风等：《马列主义在吉安的传播》，载中共吉安地委党史办编《中共吉安党史资料（I）》，内部出版，1999 年，第 222 页；李昌元：《回忆一师党团组织情况》，载中共九江市委党史工作办公室编《冯任纪念文集》，中央文献出版社 1997 年版，第 332 页；江西省永修县志编纂委员会编：《永修县志》，江西人民出版社 1987 年版，第 508 页；修水县志编委会编：《修水县志》，海天出版社 1990 年版，第 640 页；江西省地方志编纂委员会编：《中国国民党江西省地方组织志》，团结出版社 2006 年版，第 443、480、498 页；中共江西省委党史研究室：《江西英烈》，江西人民出版社 1989 年版，第 162 页；中共江西省委组织部等编：《中国共产党江西省组织史资料》，第 1 卷，第 31 页；中共九江市委党史工作办公室编：《冯任纪念文集》，第 44 页；陈光亚等编：《中共九江市党史大事记》，内部出版，1994 年，第 6 页；朱雄伟：《关于中共南昌特别支部的考证》，《南昌党史通讯》，1988 年第 2 期。

姓　名	籍　贯	在校时间	曾加入的社团	入团入党时间
王立生	江西万安	1921—1926	万安青年学会	1923 年 2—3 月入团 1924 年或 1925 年转党
丁　潜	江西修水	1918—1923		1923 年 2—3 月入团 1924 年在上海入党
徐褐夫	江西修水	1920—1925		1923 年 10 月入团
邹　努	江西新干	1922—1927	改造社 一师读书会	1924 年 1 月以后入团 1924 年 3 月后转党
夏建中	江西永修	1923—1925 （退学赴苏）		1924 年 12 月以前入团
冯　任	江西都昌	1921—1926	都昌青年学会 一师读书会	1924 年 5 月入团 1924 年 6 月后转党
朱由铿	江西南康	1921—1926	一师读书会	1924 年 5 月入团 1926 年 5 月前转党
袁亚枚	江西德安	1921—1926	青年励进读书会 一师读书会	1925 年前入团 1925 年后入党
欧阳洛	江西永新	1922—1926		1924 年入团 1925 年入党
罗石冰	江西吉安	1914—1919		1924 年在上海大学入党
刘九峰	江西吉安	1917—1922		1924 年在上海大学入党
王秋心	江西永修	1916—1921	永修教育改造团 永修社会改造团	1923 年在上海大学入团 1924 年在上海大学转党
曾去非	江西永修	1917—1922	永修教育改造团 永修社会改造团	1924 年在永修入团 1925 年在永修转党
王　弼	江西永修	1919—1924 1925 年赴苏	永修教育改造团 永修社会改造团	1925 年 1 月在永修入团 1925 年 5 月转党
傅惠忠	江西吉安	1919—1924		1925 年 4 月前入团
谭　和	江西都昌	1920—1925		1925 年前入团 1925 年 4 月入党
刘　越	江西都昌	1920—1925	都昌青年学会	1925 年前入团 1925 年 4 月入党
陈逸群	江西铜鼓	1921—1926	竞进学会 一师读书会	1925 年前入团 1925 年入党

姓　名	籍　贯	在校时间	曾加入的社团	入团入党时间
傅庭俊	江西武宁	1924—1926		1925 年前入团 1925 年 6 月入党
陈赞贤	江西南康	1921—1922		1925 年 7 月在南昌入党
李允谔	江西南昌	1922—1927		1926 年 1 月前入团
徐光栋	江西安义	1922—1927		1926 年 4 月前入团
郑育民	江西鄱阳	1921—1926		1926 年 4 月前入团 1926 年转党
余垂成	江西修水	1921—1926		1925 年入团 1926 年入党
甘特吾	江西修水	1921—1926		1925 年入团 1926 年在修水入党

　　通过对表 3-3 的分析，我们可以看到，某些班级涌现的党团员特别集中。最突出的就是 1921 年入学的第十一期学生入团入党的高达 11 人，占了表 3-3 名单中的 40.74%；1922 年入学的第十二期学生中也有 4 人加入党团。这两期加起来占了已知人员的一半以上。这种情况与改造社由 8 名同班同学发起的情况有类似之处。这说明同一个班级或紧邻班级的学生交流更加密切，更容易相互激发革命斗志，形成一种浓烈的激进氛围。

　　但与二中相比，一师的革命者虽然数量众多，却缺乏改造社那样一个聚焦点很高的革命组织中心。如果说改造社革命群体的组织结构像是一个同心圆，那么，一师革命群体的组织结构就更像是一张由多条网线交织成的网络，这些网线在这张网络中纵横交错形成了若干关键的结点。那么，一师为什么会形成这样一个组织结构呢？这就需要从多方面来探根索源。

（二）师范学校与网格状革命网络

　　1. 师范生与革命者

　　师范学校与中共早期组织有很强的亲和性，这一点已有丰富的史料佐证：中共一大代表中有七位师范生；许多地区最早的党团员都来自师范学校；像湖南一师和浙江一师这样在学生运动和党团创建中赫赫有名的师范学校不在少数。[1] 如果说新式学校容易孕育出反体制冲动的话，那么，新式学校中的师范学校就更易造就革命者。有些学者将其中的原因归纳为：因为师范生享有公费，因此贫寒之家的优秀子弟往往选读师范学校，他们既对个人能力有优越感，又易生不平感；他们的主要出路是当小学教师，而小学教师的待遇不好，这样的前途使他们心生不安；他们进入师范学校后，接触到新思想，因目睹国家的败落、政治的腐败和社会的动荡而心怀焦虑。这双重的失意使他们较易接受激进思想，再加上同学之间的相互激励，更促使了他们走上革命队伍。[2] 还有学者指出，乡村教师占据着城乡联结的关键点，从城市接受现代教育，又多回到乡村教书，但与集聚在城市的母校、老师、同学保持着经常性的联系，这使他们比孔飞力所谓的"白铁匠和货郎"模式在传播城市的革命思想上有更大的空间优势。[3] 为此，中共中央在 1925 年还曾专门做出一个决定，要求各地重视在乡村教师中发展党团员。[4]

我们可以拿南昌一师与南昌二中来作一个对比。二中的学生在校时间较短（学制四年），毕业后一般是出省甚至出国升学，其影响

---

[1] 参见中共嘉兴市委宣传部等：《中国共产党早期组织及其成员研究》；臧伯平编：《师范群英，光耀中华》，第 1—21 卷，陕西人民教育出版社 1991 年版；沈自强：《浙江一师风潮》，浙江大学出版社 1990 年版。

[2] 吕芳上：《从学生运动到运动学生》，第 89 页；丛小平：《师范学校与中国的现代化》，商务印书馆 2014 年版，第 265 页。王奇生也分析过 20 世纪 20 年代中小知识分子趋向革命的双重焦虑（《党员、党权与党争——1924—1949 年中国国民党的组织形态》，第 36—37 页），其实，他所说的中小知识分子的这种状态最突出地表现在中等师范生身上。

[3] 刘昶：《革命的普罗米修斯：民国时期的乡村教师》，《中国乡村研究》总第六辑，福建教育出版社 2008 年版，第 45 页。

[4] 中央档案馆编：《中共中央文件选集》，第 1 册，中共中央党校出版社 1989 年版，第 541—543 页。

力不容易留在省内。而一师的学生在校时间较长（学制五年），有更多的时间接受熏陶或在校发挥革命影响，毕业后大多回到自己的家乡小学任教，或者在外读了大学后又回到省内，与江西各地的联系较为紧密，更容易对家乡产生广泛的影响力。这些在当地社会根基牢固的师范毕业生只要通过某些线索与江西省内的甚至全国性的革命中心联通，他们就成为江西各地革命的播种者和深耕者。我们可以举三个例证，这些例证也正构成了一师革命网格中三个重要的结点。

（1）一师、六师与修水籍革命者

一师革命者中修水是一个重要的关系节点，其核心人物是丁健亚（又名丁潜）。丁健亚出生在修水的士绅之家，1918年考入一师，在1919年的"五四运动"中表现积极，在修水组织过国民大会。[1] 赵醒侬组织江西地方团时，丁健亚是1923年2、3月间入团的早期团员。他入团第二年，即逢毕业。于是，成为江西最早被选派到苏联学习的团员。与他同批赴苏的还有袁玉冰及另一位修水革命者、毕业于江西省立第六师范学校（位于九江，下文简称"六师"）的胡越一。丁健亚和胡越一是中学的同班同学。[2] 通过这个关系，南昌的一师革命群体与九江的六师革命群体连接在一起。修水在1924年7、8月成立的团组织则是由六师学生卢成宝等建立起来的。[3] 一师修水籍毕业生紧随丁健亚赴苏的，还有1925年由赵醒侬等人负责选送的徐褐夫。1926年毕业的修水籍一师学生余垂成和甘特吾则回到了修水从事革命工作。丁健亚和胡越一在苏联留学的时间不长。1925年10月，丁健亚回国，担任了南昌团地委书记并曾代理中共南昌支部书记；胡越一稍后于1926年春回国，由时任团中央宣传部主任的恽代英指

〔1〕 中共修水县委党史办：《修水人民革命史》，南海出版公司1989年版，第8页。
〔2〕 胡越一：《与袁玉冰同赴苏俄留学》，载《袁玉冰专集》，第201页。
〔3〕 《中国共产党江西省组织史资料》，第1卷，第90页。

派他到九江担任团地委书记。但丁健亚和胡越一都因为生计成问题而不愿意在原来的岗位工作，于是，1926 年 4 月，由丁健亚从南昌到九江接任了团地委书记，而胡越一则从九江到南昌，先转到黎明中学，后受赵醒侬委派，作为国民党省党部特派员，到修水、武宁和铜鼓一带发展国民党组织，同时发展共产党组织。[1] 通过丁健亚和胡越一的关系，修水、九江与南昌及上海这两个革命中心连接在一起，修水也因此成为江西党团基础较好的县份之一。

(2) 一师、七师与吉安籍革命者

吉安正式的团组织是由一师的万安籍学生曾弘毅建立的。曾弘毅 1924 年 2 月回万安老家度假时，路经吉安，在位于吉安的省立第七师范学校（下文简称"七师"）中发展了七名团员，包括万安籍的四人。[2] 由此，七师的革命群体与南昌团组织产生了正式的组织关系。

不过，对吉安革命者有更大影响的却是一师毕业的吉安籍本地人士，其中心人物是出身于吉安县一个富商家庭的罗石冰。他 1914 年考入一师，是该校最早的学生之一，毕业后到吉安县立高小任教。另一位吉安籍人士刘九峰 1917 年考入一师，毕业后也到了吉安县立高小任教。1923 年秋和 1924 年春，刘九峰和罗石冰先后考入上海大学，受到瞿秋白和恽代英等人的影响，不久即加入中共。还有一位吉安县籍的人士——曾延生在吉安的早期党团组织中也发挥了重要作用。曾延生 1921 年从南京体育师范毕业后到吉安白鹭洲中学任教，也在吉安县立高小兼课，1924 年紧随刘九峰、罗石冰考入上海大学，不久也入了党。他们三人通过寄送书刊、回乡组织活动等方式，引导吉安进步青年。这样就将吉安与上海直接连接起来，形成了江西省内与南昌和九江并

---

[1]《江西革命历史文件汇集》，1923—1926 年卷，第 12、230—233、265—269 页；胡越一：《大革命初期修水建党片段》，《江西文史资料选辑》，第 8 辑，1982 年。

[2] 刘受初等：《第七师范——大革命时期吉安革命的摇篮》，《吉安师专学报（哲社版）》，1986 年第 3 期；《江西革命历史文件汇集》，1923—1926 年卷，第 62 页。

列的第三个区域革命中心。当时吉安的革命活动都以学校为依托，这些学校分别是七师、吉安县立小学和阳明中学，其中七师是最重要的革命中心。刘九峰的哥哥刘一峰系国民党系人士，在七师担任教导主任；七师校长李松风也思想"左倾"，由此在七师形成了追求革命的浓烈气氛。1926年1月，罗石冰受中共党团中央的委派，来吉安考察建立团地委和党组织的情况，决定通过"党团分化"的方式在吉安建立中共吉安特支和团吉安地委。罗石冰还在吉安北部建立了吉安第一个农村党支部。1926年北伐军攻克吉安前夕，罗石冰到吉安任特支书记。[1]

（3）一师与都昌籍和景德镇籍的革命者

都昌籍在一师的革命者中也表现突出，其核心人物是富家出身的冯任。同为都昌人的谭和与刘越虽然在一师比冯任高一个年级，却都受冯任影响。冯任在一师读书期间组织了同乡会性质的都昌青年会，其影响力扩及到了一师以外的其他都昌籍学生。比如，都昌人向法宜虽然在甲工读书，但并未像方志敏、洪宏义那样加入改造社，而是在1925年由冯任介绍入团，后又介绍入党。[2] 值得注意的是，由于景德镇和都昌的特殊关系，景德镇被称之为都昌人的"第二故乡"，[3] 以冯任为中心的都昌籍革命者对景德镇的进步青年也有很大的影响力。向法宜1925年夏以景德镇模范小学教员的身份去从事工人运动；同年底，刘越受中共南昌支部委派，去景德镇和都昌发展组织。[4] 通过冯任，都昌、景德镇与南昌在革命的道路上连通在一起。

---

[1] 中共吉安市委党史工作办公室：《中国共产党吉安历史》第1卷，中共党史出版社2011年版，第9—10、19—29页；中共吉安县委组织部等编：《中国共产党江西省吉安县组织史资料》，内部出版，1987，第10—12页；周春崖、李松风等：《马列主义在吉安的传播》，载《中共吉安党史资料（Ⅰ）》，第222—227页。

[2] 《冯任纪念文集》，第44—48页。

[3] 石奎济：《都昌人在景德镇的崛起》，《都昌文史资料》，第3辑，1991年。

[4] 向法宜等：《景德镇初期革命斗争史料》，《江西文史资料选辑》，第8辑，1982年；向法宜：《刘一燕在都昌的革命活动》，《都昌文史资料》，第1辑，1987年。

2. 师范革命者与世家子弟

如果说我们上面的例子可以说明为什么师范生容易成为革命的深耕者，那么，我们还需要从革命者的出身来理解为什么在南昌一师并没有形成二中校内如改造社那样统领性的革命中心。叶文心对"五四"前夕浙江省两所著名中等学校的比较研究表明：浙江省立第一师范学校的学生主要来自钱塘江中上游浙江省内地各乡镇家境尚可的家庭，而浙江省立第一中学的学生则主要来自浙西和宁绍的富家子弟，其中很多是世家子弟。[1] 应该注意到，叶文心的这个研究实际上指出了浙江省立一师与浙江省立一中这两所学校中两个既有联系又有区别的生源差异：城乡差异和贫富差异。但对江西省来说，近代工商业发展相当迟缓，九江贸易中心形成后传统市镇普遍衰落，城市规模小、发展慢，传统农业经济一直是全省主要的经济支柱，城乡差异尚不是十分明显。[2] 所以，江西的贫富差异更多体现在县镇内部，是世家子弟与平民子弟的差别。在江西民国时期就读师范的学生，大多出身清贫或者家境尚可，很少世家子弟，那些世家子弟往往就读公立或私立中学，他们一旦走上革命道路，因为其家境和关系资源等因素，常常比其他家庭出身的革命者具有更大的影响力。因此，师范学校的革命者更容易受到校外不同的世家子弟出身的革命者的感召，导致师范校内的革命力量相对分散。南昌一师就有两个非常典型的例证。

(1) 一师与曾天宇领导的"万安青年学会"

万安籍的团员在一师的人数虽然只有两位——曾弘毅和王立生，但他们却都是南昌团组织最早的成员，而且一直是主要的领导成员。

---

[1] 叶文心：《保守与激进——试论五四运动在杭州》，载汪熙、魏斐德编：《中国现代化问题——一个多方位的历史探索》，复旦大学出版社 1994 年版，第 200—215 页；Yeh Wen-Hsin, *Provincial Passages: Culture, Space, and the Origins of Chinese Communism.* Berkeley: University of California Press, 1996: 71-93。

[2] 参见赵树贵等：《江西通史·晚清卷》，江西人民出版社 2008 年版，第 5—11、74—83 页。

不过，1924 年 6 月前，万安革命群体的领袖既不在一师，也不在南昌，而是一位身在北京的万安籍世家子弟——曾天宇。曾天宇的兄长曾振五在留学日本期间就开始追随孙中山，1916 年被任命为中华革命党江西万安县分部长；曾天宇在万安县立高等小学就读时的老师萧炳章曾担任同盟会万安县分部部长，后来又担任过孙中山的秘书；曾天宇留日回来后在北京就读的中国大学是一所带有浓厚的国民党色彩的大学，所以，曾天宇与国民党系人士有极其深厚的渊源。当然，曾天宇个人选择了共产主义革命，于 1921 年冬在北京加入了社会主义青年团。但曾天宇在他开始作为万安革命者的领袖、而后又作为江西共产主义革命领袖的生涯中，也充分利用了他与国民党系人士丰厚的关系资源。[1] 1922 年初，曾天宇在万安组建了"万安青年学会"，把包括曾弘毅和王立生在内的散布在各地各校的万安进步青年组织在一起，并出版了《青年》杂志。袁玉冰赞誉其为穷乡僻壤里诞生的"有生气的团体和印刷品"。[2] 1924 年 6 月，曾天宇回到南昌，按照赵醒侬的指示，开办了明星书社作为中共党团组织的活动机关，曾弘毅和王立生都在明星书社兼职做店员。[3]

(2) 一师与张朝燮领导的"永修社会改造团"

一师革命者参与时间最早、规模最大、影响最深的社团是永修籍学生建立的"永修社会改造团"。不过，这个组织的领导者也不是一师的学生，而是南昌二中的张朝燮。张朝燮和曾天宇、袁玉冰一样都是江西革命典型的"深耕者"。张朝燮出生于永修的仕宦之家，1917 年考入南昌二中。1919 年"五四运动"爆发时，他代表二中学

---

〔1〕 详见应星、李夏：《中共早期地方领袖、组织形态与乡村社会——以曾天宇及其领导的江西万安暴动为中心》，《社会》，2014 年第 5 期。

〔2〕 袁玉冰：《江西的出版界》，载中央编译局研究室编《五四时期期刊介绍》，第 3 卷上册，生活·读书·新知三联书店 1979 年版，第 44 页。

〔3〕 刘其农：《大革命时期的南昌明星书社》，载《南昌青年运动回忆录》，第 100 页。

生参加了南昌市中等以上学校学生代表会，同年暑假又与同在南昌读书的永修籍学生王环心（法政专门学校学生，当时也在南昌二中寄读）、王秋心、王弼、曾去非（后三人皆为一师学生）回家乡组织了"反帝爱国演讲团"。1921 年 7 月又与王环心、王秋心、王弼、曾去非在南昌组织了"永修教育改造团"。张朝燮 1922 年考入武昌师范大学。1923 年入团，1924 年入党，并将"永修教育改造团"改名为"永修社会改造团"。[1]

永修社会改造团除了成立时间长（在"五四时期"即已出现组织雏形）外，最突出的特点是跨度大。在其成立时即横跨一师和二中两大革命中心，而后又将南昌、永修与作为中共革命的全国中心的上海，及作为区域中心的武汉连接在一起。这里需要说明的是，永修位于九江地区，毗邻湖北东北部。"五四运动"前后由恽代英领导的进步社团——互助社和利群书社不仅在湖北影响极大，其影响力还辐射到了九江地区。恽代英在 1918 年和 1919 年多次到九江进行宣传活动。[2] 1922 年张朝燮到武汉时，虽然恽代英已经离开了湖北，但以鄂东北黄州籍为骨干的湖北革命者还是对九江及赣东北的进步青年有很大的影响力，张朝燮就读的武昌师范大学就由中共一大代表、黄冈人陈潭秋负责党团组织的发展。[3] 与此同时，1922 年王环心、王秋心考入上海大学，1924 年由瞿秋白、邓中夏介绍入党。[4] 恽代英已于 1923 年 8 月到了上海，担任团中央委员、《中国青年》主编，兼在上海大

---

〔1〕 中共永修县委史志办：《永修人民革命史》，内部出版，1989，第 15—19 页。

〔2〕 中共九江市委党史工作办公室：《九江人民革命史》，新华出版社 2010 年版，第 40—41 页。

〔3〕 包惠僧：《共产党第一次全国代表会议前后的回忆》，载中国社会科学院现代史研究室等编：《"一大"前后（二）》，人民出版社 1980 年版，第 314 页。江西另一位早期中共党员许鸿也是 1922 年在武昌商科大学读书时由董必武、陈潭秋介绍入党的。许凌青：《我的回忆录》，《乐平文史资料》，第 4 辑，1988 年。

〔4〕 王秋心：《我在上海大学的生活片段》，载《江苏革命史料选辑》第 6 期，1983 年。

学任教。[1] 因为爱好文艺，王秋心曾与恽代英在《中国青年》书信往来，[2] 由此成为密友。1924 年 8 月恽代英作为团中央特派员和国民党上海执行部宣传部秘书出巡长江各地时，即由王秋心以全国学生总会江西代表兼国民会议江西宣传员的身份陪同，并专程到永修作了演讲。[3] 这样，实际上使永修搭起了与团中央联系的直通车。1925 年张朝燮从武昌师大提前毕业回到江西，以南昌二中教员的身份从事革命工作，担任国民党省党部执行委员兼工人部长。1925 年秋张朝燮协助赵醒侬选送党团员和进步青年到广州农讲所第五期、黄埔军校第四期和莫斯科中山大学学习。在这个过程中，张朝燮特别注意选送永修籍的学员，比如，江西省选派去莫斯科中山大学的有 13 人，而永修籍的就占了 4 人。[4] 正是这些因素，使永修在江西早期党团组织史中占有重要地位，成为北伐前率先在县建立党团组织的地方，且一直归属南昌的党团组织领导，而不是归属于九江党团组织领导。

（三）南昌一师与富家出身的"国民党系人士"

基于上述与普通中学的对比，我们可以理解江西省的师范学校为什么容易成为革命的温床，而又不易形成焦点性的革命组织中心。但是，在 1910—1920 年之间，江西全省先后建立了 7 所师范学校，为什么江西早期党团员几乎都出自南昌一师，而不是其他几所师范？为此，我们不能仅仅满足于用师范学校的一般性特征来解释其革命性格，还需要对一师特定的学校氛围作具体的分析。

前面我们在分析南昌二中时，发现其改造社的形成与国民党系

---

〔1〕 李良明等：《恽代英年谱》，华中师范大学出版社 2008 年版，第 218、234 页。

〔2〕 张羽等：《恽代英来鸿去燕录》，北京出版社 1981 年版，第 167—169 页。

〔3〕 李良明等：《恽代英年谱》，第 254 页；袁学黄：《江西共产党的历史观》，载《现代史料》第 2 集，第 331—332 页；江西省永修县志编纂委员会编：《永修县志》，第 286 页。

〔4〕 王代芹：《大革命时期永修县留苏联四学生追踪》，《党史文汇》，2012 年第 7 期上半月。

人士的支持有密切关系，那么，一师党团组织网络的形成也存在这种情况吗？

一师 1920 年前的校长为王寿彭。此人何时在一师任职以及任职时的具体情况，均不详。据说他与陈独秀有旧交，思想比较进步，对一师第一期学生、后来成为著名共产党员的罗石冰比较器重。[1] 1920 年，蔡漱芳接替了王寿彭的一师校长职务。蔡漱芳 1882 年生于江西湖口的富裕家庭，早年留学日本并加入同盟会，回国后在九江秘密结社反清，在辛亥革命期间参与策动九江举义成功。1914 年任江西省立第三师范学校（设在抚州，下文简称"三师"）首任校长，思想开明，"五四"期间带领学生宣传新文化思潮。[2] 蔡漱芳在抚州任职时，与饶思诚交好。饶思诚 1882 年生于江西临川（今抚州）的富家，从两江优级师范学堂毕业后回到临川任县立高小校长。蔡漱芳到任三师校长后，聘请他到三师任教。蔡漱芳 1920 年调任后，饶思诚又随他到南昌，任一师训育主任兼教员。饶思诚何时加入国民党不详，但 1927 年 5 月南昌发生"四二暴动"后在方志敏等人主持重新召开的国民党江西省三大上当选省党部候补执行委员、省党部青年部长，属于国民党左派人士。[3] 蔡漱芳和饶思诚都属于富家出身的国民党系人士，他们在一师任职期间思想自由开放，使一师成为一所"接受新思潮快，革命斗争意志坚强"的学校。[4]

1923 年 11 月，蔡漱芳因得罪省教育厅长而被免职，[5] 黄光斗接任校长。黄光斗 1890 年生于江西金溪县，少习军事，何时参加同盟

〔1〕 沈庆鸿：《传播马列，丹心献党——罗石冰烈士传略》，《庐陵文史资料》，第 2 辑，1990 年。

〔2〕 《江西省人物志》，第 365 页。

〔3〕 《饶思诚上中央青年部呈》（1927 年 6 月），五部档，台北：中国国民党党史馆藏，档案号：1194；《中国国民党江西省地方组织志》，第 353 页；吴自强：《回忆先师饶思诚》，《江西文史资料选辑》，第 20 辑，1986 年。

〔4〕 万希文：《南昌学生的驱陈运动和普罗文艺活动》，载《南昌青年运动回忆录》，第 160 页。

〔5〕 王咨臣：《蔡艺圃行年纪事》，《湖口文史资料》，第 4 辑，1988 年。

会或国民党不详，但参加了国民党的"二次革命"，失败后去日本留学。1923年冬从日本东京帝国大学教育科毕业后回到江西，接任一师校长。[1] 黄光斗接任时曾表示要尊重学生自治。[2] 他在任校长的三年期间虽然不像蔡漱芳那样鼎力支持学生运动，但总体上也还算宽容，加上饶思诚继续留任训育主任，这就使一师大体延续了蔡漱芳时期开创的自由风气。[3]

总的说来，南昌一师能够成为江西党团组织网络形成的一个中心地带，与富家出身的国民党系人士的支持及宽容是密不可分的。当然，这种支持的力度由于校长的更换有所减弱，这也妨碍了在一师校内诞生改造社那样的革命社团。

（四）南昌一师与鄱阳湖区域、赣江流域

我们从表3-3可以看出，一师党团员的发展中也存在明显的地缘因素。在这些人中，来自鄱阳湖区域的（包括修水、永修、都昌、德安、武宁）高达12人，来自赣江流域（吉安、万安、新干）的也有6人，两个区域的人数加起来占全部人数的66.67%。从县来说，党团员高度集中在永修、修水、都昌、吉安和万安5个县。这正是我们前文

[1] 《江西一师学会会友录》，第3页；陈予欢编：《黄埔军校将帅录》，广州出版社1998年版，第1366页。

[2] 《江西革命历史文件汇集》，1923—1926年卷，第25页。

[3] 1925年10月，发生了一师学生、团员曾弘毅被校长黄光斗开除的事件。南昌团地委给团中央的信中认定这是政治迫害（《江西革命历史文件汇集》，1923—1926年卷，第228页），但细察开除事件的先后事由，再考虑到黄光斗强硬的个性（参见周丹亚：《"特立独行"的警界怪才——黄光斗》，《纵横》，2003年第2期），与其说是黄光斗因为政治倾向开除了曾弘毅，还不如说是曾弘毅在一师大会上的演讲得罪了黄光斗本人。从黄光斗曾邀请著名的左派人士郭沫若到校演讲一事（浮梁县地方志编纂委员会编：《浮梁县志》，方志出版社1999年版，第792—793页）也可以看出，他并不是所谓的政治顽固派。即使是到了1930年，黄光斗身为南昌市警察局长，他还在一师校友、共产党员冯任牺牲后偷偷将冯任的妻女释放了（冯玉霖：《悼念我的父亲冯任》，载《冯任纪念文集》，第384页）。

研究过的一师革命网络中的五个重要关系节点。而在改造社中独占鳌头的广信府地区，在一师早期的党团员中却仅有 1 人。一师与改造社发生交叉关系的也只有邹努一人。邹努到底是通过何人或因何事由而加入改造社的，从现有史料中无法得知。但一师革命群体与改造社革命群体之间在人员来源上极少交叉，则是确定无疑的。[1]

我们前引陈寅恪的研究说明，来自滨江交通便利地区的人常常容易接受社会新思潮。鄱阳湖地区和赣江流域是江西的水陆交通枢纽，与广信府地区同属滨江交通便利地区，那么，为什么二中与一师的革命群体又会来自不同的滨江区域呢？

这可能是因为一师与二中本身的生源有很大差别。根据对一师同学录的粗略统计，一师各期来自鄱阳湖区域和赣江流域的学生大约占全部学生的1/4，如果加上一师专门为武宁县和永修县办的讲习班的学生，就接近1/3之多；而来自广信府地区的学生则是寥寥无几。[2]我们没有找到南昌二中早期学生完整的同学录，但从各种零散资料的汇总情况来看，二中的生源更为广泛，其中来自广信府的学生占据了相当数量，而来自鄱阳湖区域和赣江流域的学生数则相对较少。[3]至于说为什么会产生这种生源差别，则有待进一步的研究。

总的说来，一师如网格状的革命网络虽然不像二中改造社那样规模庞大，但它们却比改造社更加紧凑而牢固。正是这个网格中的那些节点建立起了江西各地最早的党团组织。可以说，除了清江县的团组

---

〔1〕 南昌团地委 1924 年 9 月安排邹努出任南昌市学联主席，也许其中一个考虑就是要强化一师和二中这两个革命群体之间的团结。

〔2〕 《江西一师学会会友录》，第 1—47 页。

〔3〕 南昌二中百年校庆筹备工作办公室编：《二中校友回忆录》；江西省立南昌二中天津校友会联谊会编：《江西省立南昌二中校友志稿》；南昌二中校友会前期校友分会编：《江西省立南昌二中校友志稿》，第二集，内部出版，2005；南昌一中百年校庆筹备工作办公室编：《百年树人之英才荟萃》；南昌一中百年校庆筹备工作办公室编：《百年树人之窗友情谊》，内部出版，2001；薛隆基编：《熊育锡与月池熊氏——从家族到社会》。

织外，[1] 北伐前江西全省建立的中共党团组织都与一师学生有关。

五　小　结

以往学界的研究更多是从共产国际或思想文化史的背景切入对中共早期组织的研究，而本篇着力分析了中共早期组织发展中两个关键的因素：中等学校与地缘。本篇通过对江西中共早期党团组织网络的研究，表明中共早期组织的形成和发展一方面是嵌入在民国政治和教育格局中的，另一方面是嵌入在传统社会关系中的。

首先，中等学校是中共早期组织网络发展的重要基础。但并非所有的中等学校都可以使中共组织生根开花。本篇对江西中等学校的研究表明，由国民党系人士控制的学校，为中共的组织发展提供了合法性的基础。也就是说，国共两党早在形成正式的合作关系前，就已经开始了非正式的协作。此外，中等学校的不同类型对形成不同的中共组织结构有相当的影响。比如，在南昌二中这样的普通中学形成了一个同心圆式的革命网络，其基本特点是通过改造社这样激进的学生社团集中吸纳各种追求革命的青年；而在南昌一师形成的则是网格状的革命网络，其参加革命的学生十分密集，其组织形态是若干个比改造社规模小、但结构更为紧凑的小型社团。这个分析结论虽然不宜简单推广到全国各地中学的早期革命者中，但对我们深入细致地分析学校类型与中共组织形态的关联仍有重要的启发意义。

其次，本篇的研究进一步证实了以往研究的一个发现：中共早期组织网络往往通过传统的地缘关系来成型和扩张，但并非所有革

---

[1] 清江革命的"盗火者"另有其人：江西万载籍的龙松泉在北京师范大学读书期间加入中共，1925 年毕业后到江西省立第五师范学校（位于清江）任教，由此发展了一批党团员（卢汉兴：《大革命时期共青团清江特支的建立及其活动》，载中共樟树市委党史办编《樟树党史资料》，南海出版公司 1989 年版，第 116—118 页）。

命者的地缘都会在组织发展中发挥明显作用。有时，即使是革命组织的主要领导人的地缘也不一定起作用，改造社的主要领袖袁玉冰就是一个明显的例子。在中共组织发展中，地缘与学缘能否结合，要看学校的生源是否覆盖该地区，还要看中共组织领导人在当地是否有很深的社会基础。本篇的分析延伸了陈寅恪所谓滨海临江交通便利地区是新思潮容易流行之地的洞见。南昌二中和南昌一师的革命者大多数都来自江西的三个滨江地区：信江流域、鄱阳湖流域和赣江流域；又可能因为普通中学与师范学校在生源上的明显差别，形成了二中革命者与一师革命者在来源地域上的明显差别。

再次，无论是中共组织在新式学校所托庇的国民党系人士，还是滨江区域所涌现的中共早期地方领袖，大多数都是世家或富家出身。这说明中共早期组织网络的形成对世家子弟或富家子弟的资源多有借助。只有这样，才能超越狭隘的地域和学校关系，形成广泛的组织网络。但是，这种在中共早期组织发展中具有相当普遍性的发展轨迹也在 1927 年后在各革命根据地愈演愈烈的强调无产阶级出身、反富农路线和肃反浪潮中埋下了祸根。

本篇所研究的北伐前的中共早期组织基本上是由城市知识分子所构成的。五卅运动和北伐后，中共的组织规模有了较大的发展。1927 年大革命失败后，中共开始到乡村开展大规模的"串党""串团"活动，逐步奠定了乡村革命的组织根基。尽管中共的工作重心自此从城市转向了乡村，但中小学尤其是师范学校直到抗战爆发前一直都是通向乡村革命的桥梁。[1] 本篇研究虽然聚焦在 1927 年前的中等学校与中共革命的关系，但也有助于我们理解这个问题在一个更长时期的发展逻辑。

---

[1] 丛小平：《师范学校与中国的现代化》，第 248—309 页；刘昶：《革命的普罗米修斯：民国时期的乡村教师》，《中国乡村研究》总第六辑，第 42—71 页。

结　语

　　贯穿本书的中心主题是从 1895 年到 1926 年新教育场域的兴起及其所伴生的学与政的关系变迁。中国传统社会本来一直存在着道统与政统（或治统）的张力，科举制度在最初的制度设计及运行中也正是承载着这种"必要的张力"。但自明清以来，政统独大，道统受黜，表现在科场上，权力尤其是皇权的逻辑压倒了儒家伦理的逻辑。本书上篇先研究了科举制度是如何在内外交困下走到自己的终点的，而后又发现，取代科举制度的学堂制度孕育出来的只是"反体制冲动"这样一种特殊的惯习。这种"反"字当头的惯习在教育场域破旧后并不足以建立起新的道统，终究也难免被政统所裹挟，而缺乏道统支撑的这种政统在近代中国不断上演着的是"有枪就是草头王""城头变幻大王旗"的戏剧。

　　本书中篇研究了蔡元培在整顿北大时所做出的一种可贵的努力。如果借用牟宗三的术语，那就是说，蔡元培试图在政统与道统之间增添一个新的东西："学统"。[1] 我所谓"政统"是指政治权力系统，所谓"道统"是指道德人心世界，所谓"学统"是指科学话语世界。[2] 蔡元培试图通过北大的整顿实践，在教育场域打造出一个全新的"学术社会"——这个"学统"以西方的经验科学为基础，以

---

〔1〕　牟宗三：《生命的学问》，广西师范大学出版社 2005 年版，第 50—60 页。
〔2〕　我这里只是借用和参考了牟宗三所提出的这三个术语，与他自己对这些术语的理解有所不同。

"为学问而学问"为旨趣，以"兼容并包"为手段，一方面以相对独立自主的精神构筑起与政统的张力，另一方面又在美育的辅佐下统摄对道统的重塑。也就是说，蔡元培希望通过"学统—政统—道统"的三角平衡关系的建立，使新教育场域得以真正成型。

尽管蔡元培的努力为中国现代教育与学术的成长开辟了广阔的空间，但他所冀望的"三统"平衡在 20 世纪 20 年代还是相当脆弱的。本书下篇就从一个侧面展示了这种平衡的困难所在。科举废除后的新教育体制既丧失了科举体制原有的社会凝聚和整合机制，又丧失了科举体制所特有的消解政治参与压力的功能；新式学生群体数量庞大、出路堵塞，加上"学而优则仕"的传统惯性，因而形成比帝政时代远为巨大的政治参与压力。[1] 尽管蔡元培提出"救国不忘读书，读书不忘救国"，但要真正做到读书与救国两不误，既需要学统的坚固，也需要学生个人的涵养。面对风雨如磐的时局，那些从草根社会走入神圣学府的中学生尤其是中等师范生，他们是充满激情、"有些知识而又没有充分知识"的中小知识分子，觉得自己对苦难、不公和黑暗的世界有深切的体会，肩负着教化社会、重整河山的重任；而他们的学养又不足以安顿人身、涵养人性与抚慰人心，"俟河之清，人寿几何"的峻急心态常常使他们选择了通过革命去成就道德人生的道路。

1926 年 6 月，本书中篇所论及的核心人物蔡元培——其出身可归入本书上篇所论及的 1895 届上层士绅——提出了他在北京大学校长任上的第八次、也是最后一次辞职。[2]

也就在 1926 年 6 月，本书上篇所论及的湖南 1895 届下层士绅

---

〔1〕 王奇生：《党员、党权与党争——1924—1949 年中国国民党的组织形态》，第 35—36 页。

〔2〕 《蔡元培年谱长编》中册，第 733 页。

谭延闿作为国民政府代理主席、中国国民党中央政治委员会主席兼国民党中央政治会议代理主席；本书上篇所论及的湖南第一代新式学生李六如作为国共两党跨党党员、国民革命军第二军第四师中将党代表，一起站在了准备北伐出师的行列。[1]

而 1926 年 6 月的江西尚在北洋军阀邓如琢的统治之下。本书下篇所论及的江西共产主义革命的"深耕者"曾天宇是 1896 年才出生的"五四"一代新学生，"五四"时期曾在北京积极参加了学生运动，而此时他作为国民党中央农民部直接委任的特派员正在为迎接农民运动的高潮而奔波在江西各地，[2] 与此同时，国民党江西省党部农民部派往各县的特派员全系江西各中等学校的学生，也在投入紧张的工作。[3]

如果用蔡元培的教育理想来衡量的话，20 世纪 20 年代新教育场域的政学关系似乎是清末民初"后科场场域"的重返：学生与政治、政党与革命又紧紧地纠缠在一起。[4] 的确，在辛亥一代学生与"五四"一代学生之间，在国民党老同志与共产党新青年之间，不仅存在着在"反体制冲动"这样的精神气质上的传承，而且在革命的

---

[1] 李新主编：《中华民国史人物传》第六卷，中华书局 2011 年版，第 3412 页；中共党史人物研究会编：《中共党史人物传》第 69 卷，中央文献出版社 2000 年版，第 137 页。

[2] 应星、李夏：《中共早期地方领袖、组织形态与乡村社会——以曾天宇及其领导的江西万安暴动为中心》，《社会》，2014 年第 5 期；《农民部致中秘处函》（1926 年 5 月 6 日），汉口档，台北：中国国民党党史馆藏，档案号：4331。

[3] 《中央农民部致江西省农民部函》（1926 年 7 月 15 日），五部档，台北：中国国民党党史馆藏，档案号：10910。

[4] 王奇生认为 1905 年科举的废除不仅对辛亥革命有重要影响，而且对 20 世纪 20 年代的大革命也产生了非常直接的影响。以小学教师为主体的新青年与乡村既有精英在权势和资源上的争夺，是 20 世纪 20 年代革命的重要背景。王奇生：《革命的底层动员：中共早期农民运动的动员参与机制》，载王奇生编《20 世纪中国革命的再阐释》，中华书局 2013 版，第 87—94 页。

道路与组织的壮大上也存在着相互的照应。

但是，"五四"新青年在20世纪20年代投身在共产主义运动的洪流中，与辛亥一代学生投身反清革命仍有重要的差别。这种差别不仅表现在革命理想与组织形态上，而且也表现在场域的性质发生了变化。对辛亥一代学生来说，其所置身的教育场域具有明显的过渡性特征，场域的边界非常模糊，他们与科场时代的士绅惯习存在着千丝万缕的联系，即使是许多参加辛亥革命的人也充满了疏离感和迷惘感，他们怀疑自己改变现实的能力，对个人前途也并没有十足的信心。[1] 而对"五四"一代的学生来说，其所置身的学府开始具有了新生的场域特征，他们彻底远离了士绅惯习，无论是勇敢地投身革命，还是安静地问学，他们对未来的世界和个人的前路都显得比上一代自信、从容，他们在反对所谓"科举教育、奴隶教育、贵族教育、老大教育、部章教育、机械教育"[2] 上已经取得了高度的共识。尽管在这个场域里，仍然存在着"爱国不忘读书"与"读书不忘爱国"之间的张力，但"为学问而学问"与"为救世而学问"已经成为并置在一起的生活方式。在本书下篇研究的南昌二中和南昌一师，固然涌现了一批投身革命洪流的志士，但也培育出了像吴有训、蔡枢衡、傅抱石这样杰出的科学家、法学家和艺术家。就此而言，20世纪20年代的学府尽管充满了各种分岔，但我们仍可以说这是一个新教育场域初步成型的年代。

---

[1] 参见叶文心对中国20世纪30年代学生的"疏离感"的分析。《民国时代大学校园文化》，冯夏根等译，中国人民大学出版社2012年版，第157—160页。

[2] 这是本书下篇所论及的江西改造社领袖袁玉冰在《新江西》季刊创刊号的文章中提出来的。"老大教育"是指"食古不化、抱残守缺"的教育法，"部章教育"是指一切按行政规章行事的教育。袁玉冰：《咳！这是江西的教育状况！》，载《新江西》第1卷第1号（1921），第11—13页。

征引文献

（一）档案文献、史料汇编

《光绪辛丑壬寅恩正并科会试同年齿录》（1903）

《光绪甲辰恩科会试同年齿录》（1904）

清国留学生会馆：《清国留学生会馆第五次报告》（1904）

光绪三十四年学部总务司：《光绪三十三年分第一次教育统计图表》（1907）

宣统二年学部总务司：《宣统元年分第三次教育统计图表》（1909）

房兆楹编：《清末民初洋学生名录初辑》，台北："中央研究院"近代史研究
所 1962 年版

张枬等编：《辛亥革命前十年间时论选集》，第一卷上下册，北京：生活·读
书·新知三联书店 1957—1960 年版

中国史学会编：《戊戌变法》（二），上海：上海书店出版社 2000 年版

中国史学会编：《辛亥革命》（四），上海：上海人民出版社 1957 年版

中国第一历史档案馆编：《光绪末年学政史料选载》，《历史档案》1987 年第
1 期

朱有瓛编：《中国近代学制史料》第一——四辑，上海：华东师范大学出版社
1986—1993 年版

陈学恂编：《留学教育》，上海：上海教育出版社 1991 年版

杜迈之等编：《自立军史料集》，长沙：岳麓书社 1983 年版

张允侯等编：《五四时期的社团》第二、三卷，北京：生活·读书·新知三
联书店 1979 年版

王学珍编：《北京大学史料》第二卷，北京：北京大学出版社 2000 年版

荣孟源编：《中国国民党历次代表大会及中央全会资料》上册，北京：光明
日报出版社 1984 年版

"中央委员会"秘书处编:《中国国民党第一届中央执行委员会会议记录汇编》(1954)

中国第二历史档案馆编:《中国国民党中央执行委员会常务委员会会议录》第二册,桂林:广西师范大学出版社 2000 年版

《临时中执会上海执行部报告书第一号》(1924 年 1 月),汉口档,台北:中国国民党党史馆藏,档案号:12966.2

《中国国民党第二次全国代表大会各党部党务报告书》(1926 年 1 月),第 4 册,汉口档,台北:中国国民党党史馆藏,档案号:12829

《农民部致中秘处函》(1926 年 5 月 6 日),汉口档,台北:中国国民党党史馆藏,档案号:4331

《中央农民部致江西省农民部函》(1926 年 7 月 15 日),五部档,台北:中国国民党党史馆藏,档案号:10910

《江西省党务报告》(1926 年 5 月 17 日),五部档,台北:中国国民党党史馆藏,档案号:11297

《饶思诚上中央青年部呈》(1927 年 6 月),五部档,台北:中国国民党党史馆藏,档案号:1194

中央档案馆编:《中共中央文件选集》第一册,北京:中共中央党校出版社 1989 年版

中央档案馆、江西省档案馆编:《江西革命历史文件汇集》1923—1926 年卷 (1986)

江西省档案馆编:《江西青年运动史料选编》(上),南昌:江西人民出版社 1987 年版

中共吉安地委党史办编:《中共吉安党史资料 (I)》(1999)

中国革命博物馆、湖南省博物馆编:《新民学会资料》,北京:人民出版社 1980 年版

中共樟树市委党史办编:《樟树党史资料》,海口:南海出版公司 1989 年版

中共江西省委党史资料征集委员会编:《赵醒侬专集》,北京:中央文献出版社 1984 年版

中共江西省委党史资料征集委员会编:《袁玉冰专集》,北京:中央文献出版社 1994 年版

中共九江市委党史工作办公室编:《冯任纪念文集》,北京:中央文献出版社

1997 年版

欧阳祖经编：《江西一师学会会友录》，南昌："国立"中正大学（1947）

沈自强编：《浙江一师风潮》，杭州：浙江大学出版社 1990 年版

薛隆基编：《熊育钖与月池熊氏——从家族到社会》（1991）

《现代史料》第二集，香港：波文书局 1980 年版

上海革命历史博物馆（筹）编：《上海革命史研究资料》，上海：上海三联书
　　店 1991 年版

南昌一中百年校庆筹备工作办公室编：《百年树人之窗友情谊》（2001）

（二）文集、日记、书信

张之洞：《劝学篇》，桂林：广西师范大学出版社 2008 年版

王栻编：《严复集》（上），北京：中华书局 1986 年版

王先谦：《葵园四种》，长沙：岳麓书社 1986 年版

郭嵩焘：《郭嵩焘诗文集》，长沙：岳麓书社 1984 年版

禹坚白编：《跃起作龙鸣：禹之谟史料》，长沙：湖南教育出版社 2010 年版

中国蔡元培研究会编：《蔡元培全集》第 1—18 卷，杭州：浙江教育出版社
　　1997—1998 年版

任建树（等）编：《陈独秀著作选编》，第 1—3 卷，上海：上海人民出版社
　　2008 年版

欧阳哲生编：《胡适文集》第 3、12 册，北京：北京大学出版社 1998 年版

王国维：《静庵文集》，沈阳：辽宁教育出版社 1997 年版

王国维：《观堂集林（外二种）》，石家庄：河北教育出版社 2003 年版

欧阳哲生编：《傅斯年全集》第 1、3、7 卷，长沙：湖南教育出版社 2003 年版

李妙根编：《刘师培论学论政》，上海：复旦大学出版社 1990 年版

梁启超：《饮冰室合集》第 1、4、5 册，北京：中华书局 1989 年版

章太炎：《章太炎全集》第 3、5 卷，上海：上海人民出版社 1984 年版

关鸿等：《历史的先见：罗家伦文化随笔》，上海：学林出版社 1997 年版

朱维铮编：《马相伯集》，上海：复旦大学出版社 1996 年版

曲士培编：《蒋梦麟教育论著选》，北京：人民教育出版社 1995 年版

中共江西党史资料征集委员会编：《方志敏文集》，北京：人民出版社 1985
　　年版

马积高编：《王闿运日记》，长沙：岳麓书社1997年版

皮锡瑞：《师伏堂未刊日记》，《湖南历史资料》1958年第4期，1959年第1、2期

北京市档案局编：《杨度日记》，北京：新华出版社2001年版

袁玉冰：《1921年日记（选编）》，载中共江西省委党史资料征集委员会（编）《袁玉冰专集》，北京：中央文献出版社，1994，第134—150页

高叔平等编：《蔡元培书信集》上下卷，杭州：浙江教育出版社2000年版

中国社会科学院近代史研究所编：《胡适来往书信选》上中下卷，北京：中华书局1979年版

张羽等编：《恽代英来鸿去燕录》，北京：北京出版社1981年版

（三）年谱、传记、忆述

王代功编：《湘绮府君年谱》，载《近代人物年谱丛刊》第一册，北京：国家图书馆出版社2012年版

毛注青编：《黄兴年谱长编》，北京：中华书局1991年版

中国国民党党史委员会编：《谭祖安先生年谱》，台北："中央文物供应社"1979年版

高平叔编：《蔡元培年谱长编》上、中册，北京：人民教育出版社1999年版

王世儒编：《蔡元培先生年谱》下册，北京：北京大学出版社1998年版

顾潮编：《顾颉刚年谱》，北京：中国社会科学出版社1993年版

赵新那等编：《赵元任年谱》，北京：商务印书馆，1998年

蒋天枢编：《陈寅恪先生编年事辑》，上海：上海古籍出版社1997年版

李良明等编：《恽代英年谱》，武汉：华中师范大学出版社2008年版

王世儒：《袁玉冰生平事略编年》上、下册，《江西青运史研究》1987年第1、2期

刘锋：《江西地方团第一任书记——刘伯伦生平事略》，《江西青运史研究》，1989年第1期

王咨臣：《蔡艺圃行年纪事》，《湖口文史资料》第4辑，1988年

《湖南历代人名词典》编委会编：《湖南历代人名词典》，长沙：湖南出版社1993年版

郭汉民编：《湖南辛亥革命人物传略》，长沙：湖南人民出版社2011年版

清史编委会编：《清代人物传稿》，沈阳：辽宁人民出版社 1982—1992 年版

中国社会科学院近代史所编：《民国人物传》，北京：中华书局 1979—1983 年版

卞孝萱等编：《辛亥人物碑传集》，北京：团结出版社 1991 年版

卞孝萱等编：《民国人物碑传集》，北京：团结出版社 1995 年版

秦孝仪编：《中华民国名人传》第 3、4 册，台北：近代中国出版社 1985
年版

秦孝仪编：《中华民国名人传》第 5 册，台北：近代中国出版社 1986 年版

秦孝仪编：《革命人物志》第 10、22 集，台北："中央文物供应社" 1969 年版

吴祖缃编：《民国百人传》第 3 册，台北：传记文学杂志社 1979 年版

李新编：《中华民国史人物传》第六卷，北京：中华书局 2011 年版

湖南省志编纂委员会编：《湖南省志·人物志》，长沙：湖南出版社 1992 年版

江西省志编纂委员会编：《江西省人物志》，北京：方志出版社 2007 年版

胡华编：《中共党史人物传》第 3 卷，西安：陕西人民出版社 1981 年版

中共党史人物研究会编：《中共党史人物传》第 69 卷，北京：中央文献出版
社 2000 年版

中共江西省委党史研究室编：《江西英烈》，南昌：江西人民出版社 1989 年版

熊光炯：《心远——一个教育世家的百年沧桑》，北京：人民文学出版社
2012 年版

马镜泉等：《马一浮评传》，南昌：百花洲文艺出版社 1993 版

杨步伟：《杂记赵家》，桂林：广西师范大学出版社 2014 年版

杨步伟：《一个女人的自传》，桂林：广西师范大学出版社 2014 年版

贝格拉：《威廉·冯·洪堡传》，袁杰译，北京：商务印书馆 1994 年版

江西省立南昌二中天津校友会联谊会：《江西省立南昌二中校友志稿》第一
集（2002）

南昌二中校友会前期校友分会：《江西省立南昌二中校友志稿》第二集（2005）

南昌二中百年校庆筹备工作办公室：《二中校友回忆录》（2001）

南昌一中百年校庆筹备工作办公室：《百年树人之英才荟萃》（2001）

陈予欢编：《黄埔军校将帅录》，广州：广州出版社 1998 年版

臧伯平编：《师范群英，光耀中华》，第 1—21 卷，西安：陕西人民教育出版
社 1991 年版

湖南省政协文史资料研究委员会编：《湖南文史资料选辑》第 22 辑，长沙：

湖南人民出版社 1986 年版

政协湖南委员会文史委员会编：《湖南文史》总第 43 辑（1991）

湖南省长沙市政协文史资料研究委员会编：《长沙文史资料》第 11 辑（1991）

常德市政协文史资料委员会编：《常德文史》第 3 辑（1991）

政协湖南省湘乡县委员会文史委员会编：《湘乡文史资料》第 3 辑（1988）

湖南省桃源县政协文史资料研究委员会编：《桃源文史》第 3 辑（1991）

政协湖南省醴陵县委员会文史委员会编：《醴陵文史》第 7 辑（1990）

湖南省郴县政协文史资料研究委员会编：《郴县文史资料》第 2 辑（1988）

湖南湘西州政协编：《湘西文史资料》第 3 辑（1982）

政协江西省委员会文史资料研究委员会编：《江西文史资料选辑》第 1 期（1982）

政协江西省委员会文史资料研究委员会编：《江西文史资料选辑》第 8 辑（1982）

政协江西省委员会文史资料研究委员会编：《江西文史资料选辑》第 20 辑
　　（1986）

政协江西铜鼓县委员会文史委员会编：《铜鼓文史资料》第 1 辑（1987）

政协都昌市文史资料研究委员会编：《都昌文史资料》第 1 辑（1987）

政协都昌市文史资料研究委员会编：《都昌文史资料》第 3 辑（1991）

政协湖口县委员会文史资料研究委员会编：《湖口文史资料》第 4 辑（1988）

南昌市政协文史资料研究委员会编：《南昌文史资料》第 9 辑（1993）

政协南昌县委员会文史委员会编：《南昌县文史资料》第 1 辑（1986）

政协江西乐安县委员会文史资料编研组编：《乐安文史资料》第 2 辑（1986）

政协乐平县委员会文史组编：《乐平文史资料》第 4 辑（1988）

政协江西省贵溪县委员会文史资料研究委员会编：《贵溪县文史资料》第 2
　　辑（1987）

政协庐陵县委员会编：《庐陵文史资料》第 2 辑（1990）

政协万安县委员会编：《万安文史资料》第 17 辑（2000）

中共弋阳县委编：《方志敏印象集》，南昌：江西人民出版社 1989 年版

江苏省党史资料征集委员会编：《江苏革命史料选辑》第 6 期（1983）

蒋梦麟：《西潮·新潮》，长沙：岳麓书社 2000 年版

徐先兆：《方志敏同志生平若干事迹补遗》，《江西师院学报》（哲社版）1983
　　年第 1 期

季方：《白首忆当年（续二）》，《纵横》，1985 年第 1 期

舒新城：《舒新城自述》，合肥：安徽文艺出版社 2013 年版

包惠僧：《共产党第一次全国代表会议前后的回忆》，载中国社会科学院现代
史研究室等编：《"一大"前后（二）》，北京：人民出版社 1980 年版

程天放：《程天放早年回忆录》，台北：传记文学出版社 1986 年版

张国焘：《我的回忆》第一册，北京：东方出版社 1980 年版

共青团南昌市委编：《南昌青年运动回忆录》（1981）

共青团南昌市委编：《南昌青年运动三十年》（1984）

（四）报纸、期刊

《湘报》报馆：《湘报》，北京：中华书局 2006 年版

《学部官报》，1907 年 12 月 25 日，第 43 期

《北京大学日刊》，1922 年 2 月 27 日

《学衡》第 33 期，1924 年 9 月

《教育杂志》，第 4 卷第 4 号，1912 年

《新青年》，第 6 卷第 2 号，1919 年

《新江西》，第 1 卷第 1 期，1921 年

《观察》，1948 年第 5 卷第 14 期

中央编译局研究室编：《五四时期期刊介绍》第三集上册，北京：生活·读
书·新知三联书店 1959 年版

（五）大事记、方志

陈学恂编：《中国近代教育大事记》，上海：上海教育出版社 1980 年版

湖南省志编纂委员会编：《湖南省志·湖南近百年大事纪述》，长沙：湖南人
民出版社 1980 年版

湖南省志编纂委员会编：《湖南省志·教育志》，长沙：湖南出版社 1995
年版

江西省教育志编纂委员会编：《江西省教育志》，北京：方志出版社 1996
年版

江西省地方志编纂委员会编：《中国国民党江西省地方组织志》，北京：团结
出版社 2006 年版

江西省行政区划志编纂委员会编:《江西省行政区划志》,北京:方志出版社 2005 年版

江西省永修县志编纂委员会编:《永修县志》,南昌:江西人民出版社 1987 年版

修水县志编委会编:《修水县志》,深圳:海天出版社 1990 年版

吉安市地方志编纂委员会编:《吉安市志》,珠海:珠海出版社 1997 年版

浮梁县地方志编纂委员会编:《浮梁县志》,北京:方志出版社 1999 年版

（六）中共组织史、地方党史资料

中共中央组织部等编:《中国共产党组织史资料》,第 1 卷,北京:中共党史出版社 2000 年版

中共江西省委组织部等编:《中国共产党江西省组织史资料》,第 1 卷,北京:中共党史出版社 1999 年版

中共吉安县委组织部等编:《中国共产党江西省吉安县组织史资料》(1987)

中共江西省委党史研究室:《中共江西地方史》第一卷,南昌:江西人民出版社 2002 年版

中国共产党江西出版史编写组:《中国共产党江西出版史》,南昌:江西人民出版社 1994 年版

中共吉安市委党史工作办公室:《中国共产党吉安历史》第一卷,北京:中共党史出版社 2011 年版

中共九江市委党史工作办公室:《九江人民革命史》,北京:新华出版社 2010 年版

中共修水县委党史办:《修水人民革命史》,海口:南海出版公司 1989 年版

中共永修县委史志办:《永修人民革命史》(2006)

陈光亚等编:《中共九江市党史大事记》(1994)

倪兴祥编:《中国共产党创建史论著目录》,上海:上海人民出版社 2006 年版

（七）专著

艾尔曼:《从理学到朴学》,赵刚译,南京:江苏人民出版社 1995 年版

艾恺:《最后的儒家——梁漱溟与中国现代化的两难》,王宗昱等译,南京:江苏人民出版社 1993 年版

艾森斯塔德：《帝国的政治体制》，沈原等译，南昌：江西人民出版社 1992年版

巴金：《家》，北京：人民文学出版社 2000 年版

博克：《走出象牙塔》，徐小洲等译，杭州：浙江教育出版社 2001 年版

布迪厄、华康德：《实践与反思：反思社会学导引》，李猛、李康译，北京：中央编译出版社 1998 年版

布迪厄、帕斯隆：《再生产：一种教育系统理论的要点》，邢克超译，北京：商务印书馆 2002 年版

布迪厄：《国家精英》，杨亚平译，北京：商务印书馆 2004 年版

布罗代尔：《论历史》，刘北成等译，北京：北京大学出版社 2008 年版

陈洪捷：《德国古典大学观及其对中国大学的影响》，北京：北京大学出版社 2002 年版

陈平原：《中国现代学术之建立——以章太炎、胡适之为中心》，北京：北京大学出版社 1998 年版

陈万雄：《五四新文化运动的源流》，北京：生活·读书·新知三联书店 1997年版

陈耀煌，《共产党·地方精英·农民：鄂豫皖苏区的共产革命，1922—1932》，台北：政治大学历史系，2002

陈耀煌：《统合与分化：河北地区的共产革命，1921—1949》，台北："中央研究院"近代史研究所，2012

陈以爱：《中国现代学术研究机构的兴起》，南昌：江西教育出版社 2002 年版

陈寅恪：《隋唐制度渊源略论稿·唐代政治史述论稿》，北京：生活·读书·新知三联书店 2009 年版

陈寅恪：《金明馆丛稿初编》，北京：生活·读书·新知三联书店 2009 年版

陈志让：《军绅政权》，桂林：广西师范大学出版社 2008 年版

丛小平：《师范学校与中国的现代化》，北京：商务印书馆 2014 年版

杜正胜、王汎森编：《新学术之路："中央研究院"历史语言研究所七十周年纪念文集》上册，台北："中央研究院"历史语言研究所，1998 年

段治文：《中国现代科学文化的兴起》，上海：上海人民出版社 2001 年版

方汉奇：《中国近代报刊史》，太原：山西教育出版社 1981 年版

费侠莉：《丁文江：科学与新文化》，丁子霖等译，北京：新星出版社 2006 年版。

费孝通：《乡土中国》，上海：上海人民出版社 2006 年版

费正清编：《剑桥中国晚清史》，中国社会科学院历史所译，北京：中国社会
　　科学出版社 1985 年版

干春松：《制度化儒家及其解体》，北京：中国人民大学出版社 2003 年版

戈夫曼：《日常生活中的自我呈现》，冯钢译，北京：北京大学出版社 2008 年版

关晓红：《晚清学部研究》，广州：广东教育出版社 2000 年版

关晓红：《科举停废与近代中国社会》，北京：社会科学文献出版社 2013 年版

郭沫若：《少年时代》，北京：人民文学出版社 1979 年版

何炳棣：《明清社会史论》，徐泓译，台北：联经出版公司 2013 年版

贺跃夫：《晚清士绅与近代社会变迁》，广州：广东人民出版社 1994 年版

赫希曼：《退出、呼吁与忠诚：对企业、组织和国家衰退的回应》，卢昌崇
　　译，北京：经济科学出版社 2001 年版

洪堡：《论国家的作用》，林荣远等译，北京：中国社会科学出版社 1998 年版

湖南大学岳麓书院文化研究所编：《岳麓书院一千零一十周年纪念文集》，长
　　沙：湖南人民出版社 1986 年版

湖南史学会编：《辛亥革命在湖南》，长沙：湖南人民出版社 1984 年版

霍布斯：《利维坦》，黎思复等译，北京：商务印书馆 1986 年版

柯文：《在中国发现历史》，林同奇译，北京：中华书局 1989 年版

柯文：《在传统与现代性之间》，雷颐等译，南京：江苏人民出版社 1994 年版

孔飞力：《中华帝国晚期的叛乱及其敌人》，谢亮生等译，北京：中国社会科
　　学出版社 1990 年版

库恩：《科学革命的结构》，金吾伦等译，北京：北京大学出版社 2003 年版

李家驹：《商务印书馆与近代知识文化的传播》，北京：商务印书馆 2005 年版

李六如：《六十年的变迁》第一卷，北京：作家出版社 1962 年版

李平亮：《卷入大变局——晚清至民国时期南昌的士绅与地方政治》，北京：
　　经济日报出版社 2009 年版

利奥塔尔：《后现代状态》，车槿山译，北京：生活·读书·新知三联书店
　　1997 年版

梁洪生等：《江西通史·清前期卷》，南昌：江西人民出版社 2008 年版

梁启超：《清代学术概论》，上海：上海古籍出版社 1998 年版

梁启超：《中国近三百年学术史》，上海：上海三联书店 2006 年版

林毓生：《中国意识的危机》，穆善培译，贵阳：贵州人民出版社 1988 年版

刘大鹏：《退想斋日记》，乔志强标注，太原：山西人民出版社 1990 年版

刘海峰编：《科举制的终结与科举学的兴起》，武汉：华中师范大学出版社
    2006 年版

刘梦溪：《中国现代学术要略》，北京：生活·读书·新知三联书店 2008 年版

吕芳上：《从学生运动到运动学生》，台北："中央研究院"近代史研究所，1994

罗尔纲：《湘军兵志》，北京：中华书局 1984 年版

罗志田：《权势转移——近代中国的思想、社会与学术》，武汉：湖北人民出
    版社 1999 年版

罗志田：《国家与学术：清季民初关于"国学"的思想论争》，北京：生
    活·读书·新知三联书店 2003 年版

罗志田：《激变时代的文化与政治——从新文化运动到北伐》，北京：北京大
    学出版社 2006 年版

罗兹曼编：《中国的现代化》，段小光等译，南京：江苏人民出版社 1988 年版

茅海建：《从甲午到戊戌：康有为〈我史〉鉴注》，北京：生活·读书·新知
    三联书店 2009 年版

曼海姆：《卡尔·曼海姆精粹》，徐彬译，南京：南京大学出版社 2002 年版

曼海姆：《意识形态与乌托邦》，李步楼等译，北京：商务印书馆 2014 年版

默顿：《十七世纪英格兰的科学、技术与社会》，范岱年译，北京：商务印书
    馆 2000 年版

默顿：《科学社会学》上下册，鲁旭东等译，北京：商务印书馆 2003 年版

牟宗三：《生命的学问》，桂林：广西师范大学出版社 2005 年版

纽曼：《大学的理念》，高师宁等译，贵阳：贵州教育出版社 2003 年版

钱基博：《现代中国文学史》，上海：上海书店出版社 2004 年版

钱穆：《中国学术通义》，台北：台湾学生书局 1975 年版

钱穆：《现代中国学术论衡》，长沙：岳麓书社 1986 年版

钱穆：《国史大纲》，北京：商务印书馆 1994 年版

钱穆：《中国近三百年学术史》，北京：商务印书馆 1997 年版

钱穆：《国史新论》，北京：生活·读书·新知三联书店 2001 年版

钱穆：《文化与教育》，桂林：广西师范大学出版社 2004 年版

任达：《新政革命与日本》，李仲贤译，南京：江苏人民出版社 1998 年版

任鸿隽：《科学救国之梦》，上海：上海科技教育出版社 2002 年版

芮玛丽：《同治中兴》，房德邻等译，北京：中国社会科学出版社 2002 年版

萨林斯：《历史之岛》，蓝达居译，上海：上海人民出版社 2003 年版

桑兵：《晚清学堂学生与社会变迁》，上海：学林出版社 1995 年版

桑兵：《清末新知识界的社团与活动》，北京：生活·读书·新知三联书店
1995 年版

桑兵：《晚清民国的国学研究》，上海：上海古籍出版社 2001 年版

商衍鎏：《清代科举考试述录及有关著作》，南昌：百花文艺出版社 2004 年版

石川祯浩：《中国共产党成立史》，袁广泉译，北京：中国社会科学出版社
2006 年版

施坚雅：《中国农村的市场和社会结构》，史建云等译，北京：中国社会科学
出版社 1998 年版

施瓦支：《中国的启蒙运动》，李国英等译，太原：山西人民出版社 1989 年版

史华兹：《寻求富强：严复与西方》，叶凤美译，南京：江苏人民出版社
1989 年版

实藤惠秀：《中国人留学日本史》，谭汝谦等译，北京：生活·读书·新知三
联书店 1983 年版

斯考切波：《国家与社会革命：对法国、俄国和中国的比较分析》，何俊志等
译，上海：上海人民出版社 2007 年版

斯诺：《两种文化》，纪树立译，北京：生活·读书·新知三联书店 1994 年版

施特劳斯：《自然权利与历史》，彭刚译，北京：生活·读书·新知三联书店
2003 年版

苏云峰：《中国现代化的区域研究——湖北省》，台北："中央研究院"近代
史研究所，1981

苏云峰：《中国新教育的萌芽与成长：1860—1928》，北京：北京大学出版社
2007 年

孙敦恒：《清华国学研究院史话》，北京：清华大学出版社 2002 年版

孙立平：《现代化与社会转型》，北京：北京大学出版社 2005 年版

塔科夫：《为了自由》，邓文正译，北京：生活·读书·新知三联书店 2001 年版

唐宝林：《陈独秀全传》，北京：社会科学文献出版社 2013 年版

涂尔干：《教育思想的演进》，李康译，上海：上海人民出版社 2003 年版

托克维尔：《论美国的民主》下册，董果良译，北京：商务印书馆 1993 年版

万绳楠：《陈寅恪魏晋南北朝史讲演录》，贵阳：贵州人民出版社 2008 年版

王汎森：《中国近代思想与学术的系谱》，石家庄：河北教育出版社 2001 年版

王奇生：《革命与反革命：社会文化视野下的民国政治》，北京：社会科学文献出版社 2010 年版

王奇生：《党员、党权与党争——1924—1949 年中国国民党的组织形态》，北京：华文出版社 2010 年版

王先明：《变动时代的乡绅——乡绅与乡村社会结构变迁（1901—1945）》，北京：人民出版社 2009 年版

王亚南：《中国官僚政治研究》，北京：中国社会科学出版社 1981 年版

汪东林：《梁漱溟问答录》，长沙：湖南出版社 1988 年版

汪晖：《现代中国思想的兴起》，北京：生活·读书·新知三联书店 2004 年版

汪一驹：《中国知识分子与西方（1872—1949）：留学生与近代中国》，梅寅生译，台北：久大文化公司 1991 年版

魏定熙：《北京大学与中国政治文化》，金安平等译，北京：北京大学出版社 1998 年版

魏斐德：《大门口的陌生人》，王小荷译，北京：中国社会科学出版社 1988 年版

韦伯：《学术与政治》，冯克利译，北京：生活·读书·新知三联书店 1998 年版

韦伯：《经济与社会》第一卷，阎克文译，上海：世纪出版集团 2005 年版

吴敬梓：《儒林外史》，北京：人民文学出版社 2002 年版

希尔斯：《传统和现实之间：一个东方文明古国的科技与文教界》，李凭等译，太原：山西科学技术出版社 1991 年版

萧公权：《中国乡村——论 19 世纪的帝国控制》，张皓等译，台北：联经出版公司 2014 年版

熊春文：《中国教育精神的现代转型》，北京：中国人民大学出版社 2012 年版

叶启政：《制度化的社会逻辑》，台北：东大图书公司 1991 年版

叶文心：《民国时代大学校园文化》，冯夏根等译，北京：中国人民大学出版社 2012 年

杨念群：《儒学地域化的近代形态——三大知识群体互动之比较研究》，北京：生活·读书·新知三联书店 1997 年版

阳信生：《湖南近代绅士阶层研究》，长沙：岳麓书社 2010 年版

余英时：《重寻胡适历程》，桂林：广西师范大学出版社 2004 年版

余英时：《朱熹的历史世界》，北京：生活·读书·新知三联书店 2004 年版

赵树贵等：《江西通史·晚清卷》，南昌：江西人民出版社 2008 年版

张灏：《梁启超与中国思想的过渡》，崔志海等译，南京：江苏人民出版社 1993 年版

张君劢等：《科学与人生观》，沈阳：辽宁教育出版社 1998 年版

张朋园：《湖南现代化的早期进展》，长沙：岳麓书社 2002 年版

张伟然：《湖南历史文化地理研究》，上海：复旦大学出版社 1995 年版

张晓唯：《蔡元培与胡适》，北京：中国人民大学出版社 2003 年版

张仲礼：《中国绅士研究》，上海：上海人民出版社 2008 年版

中共嘉兴市委宣传部等：《中国共产党早期组织及其成员研究》，北京：中共党史出版社 2013 年版

中国蔡元培研究会编：《蔡元培纪念集》，杭州：浙江教育出版社 1998 年版

周策纵：《五四运动：现代中国的思想革命》，周子平等译，南京：江苏人民出版社 1996 年版

周锡仁：《改良与革命：辛亥革命在两湖》，杨慎之译，北京：中华书局 1982 年版

朱维铮：《求索真文明》，上海：上海古籍出版社 1996 年版

左玉河：《从四部之学到七科之学》，上海：上海书店出版社 2004 年版

M. Bastid. 1988. *Education Reform in Early 20th-Century China*. Cambridge, Mass.: Harvard University Press. 1988.

H. Beattie. *Land and Lineage in China*. Cambridge: Cambridge University Press, 1979.

P. Bourdieu. *The Outline of a Theory of Practice*. Cambridge: Cambridge University Press. 1977.

P. Bourdieu. *Language and Symbolic Power*. Cambridge, Mass. : Harvard University Press. 1991.

E. Cassirer. *Substance and Function: Einstein's Theory of Relativity*. Chicago: Open Court, 1990.

E. Eisenstein. *The Printing Revolution in Early Modern Europe*. New York: Cambridge University Press, 1983.

J. Esherick&M. Rankin （eds）. *China's Local Elites and Pattern of Domination*.

Berkeley: University of California Press, 1990.

H. Gerth & W. Mills(ed.) *From Max Weber.* New York: Oxford University Press. 1958.

Ho Ping-ti. *The Ladder of Success in Imperial China.* New York: Columbia University Press, 1962.

M. Ichisadu. *China's Examination Hell.* New Haven: Yale University Press, 1976.

K. Mannheim. *Ideology and Utopia.* New York: Harcourt, Brace&World, Inc., 1936.

K. Mannheim. *Essays on the Sociology of Knowledge.* London: Routledge, 1997.

Min Tu-ki. *National Polity and Local Power.* Cambridge, Mass.: Harvard University Press, 1989.

M. Polanyi. *The Logic of Liberty: the Reflections and Rejoinders.* London: Routledge and Kegan Paul Ltd., 1951.

E. Rawski. *Education and Popular Literacy in Ch'ing China.* Stanford: Stanford University Press. 1979.

J. Sarri. *Legacies of Childhood: Growing Up Chinese in a Time of Crisis, 1890-1920.* Cambridge, Mass.: Harvard University Press, 1990.

R. Shakhar. *Yun Daiying and the Rise of Political Intellectuals in Modern China: Radical Societies in May Fourth Wuhan.* Ph. D., Berkeley: University of California. 2007.

Van De Ven. *From Friend to Comrade: the Founding of the Chinese Communist Party, 1920-1927.* Berkeley: University of California Press. 1991.

F. Wakeman&C. Grant(eds). *Conflict and Control in Late Imperial China.* Berkeley: University of California Press, 1975.

Wang Y. C. *Chinese Intellectual and the West.* Chapel Hill: The University of North Carolina Press, 1966.

M. Weber. *Economy and Society* (I). Berkeley: University of California Press. 1978.

Yeh Wen-Hsin. *Provincial Passages: Culture, Space, and the Origins of Chinese Communism.* Berkeley: University of California Press. 1996.

(八)论文

艾尔曼:《中华帝国后期的科举制度》,载氏著《经学·科举·文化史》,北京:中华书局 2010 年版,第 139—157 页

陈家鹦:《关于方志敏生平介绍若干讹误的辨析澄清》,载江西省方志敏研究会编

《方志敏研究文丛》（一），上海：上海文化出版社 2011 年版，第 59—63 页

陈立明：《江西党团组织的建立沿革》，载中共江西省委党史资料征集委员会
　　编《江西党史讲义》，内部出版，1984 年

陈立明：《曾洪易其人》，《万安文史资料》2000 年总第 16 辑

陈漫：《关于邓鹤鸣入团、入党的时间、地点等问题的考辨》，《赣中史志》
　　1987 年第 4 期

陈时伟：《中央研究院与中国近代学术体制的职业化，1927—1937 年》，《中
　　国学术》总第 15 辑，北京：商务印书馆 2003 年版

陈以爱：《"五四"前后的蔡元培与南北学界》，载吕芳上编：《论民国时期领
　　导精英》，香港：香港商务印书馆 2009 年版，第 336—361 页

蒂利：《重建欧洲生活》，马得等译，载蔡少卿编：《再现过去：社会史的理
　　论视野》，杭州：浙江人民出版社 1988 年版，第 272—296 页

费孝通与潘光旦：《科举与社会流动》，（上海）《社会科学》1947 年第 10 期

高慕轲：《辛亥革命之消失》，载中华书局编辑部编：《辛亥革命与近代中
　　国——纪念辛亥革命 80 周年国际学术讨论会论文集》下册，北京：中
　　华书局 1994 年版，第 1552—1568 页

高泽武：《我们的小同志——崔豪》，《江西党史通讯》1987 年第 4 期

高平平：《中共创建时期马克思主义传播的轨迹》，载中共"一大"会址纪
　　念馆等编《上海革命史资料与研究》，第 4 辑，上海：上海古籍出版社
　　2004 年版，第 134—135 页

黄健明等：《袁玉冰烈士籍贯考》，《江西党史通讯》1985 年第 11 期

黄金凤：《从"第二党"到后备军：共产党与青年团早期关系的演变》，《近
　　代史研究》2011 年第 3 期

黄文治：《革命播火：知识分子、城市串党及革命下乡——以大别山区早期
　　中共革命为中心的探讨（1920—1927）》，《开放时代》2011 年第 12 期

郭正昭：《王光祈与少年中国学会（1918—1936）》，《"中央研究院"近代史
　　研究所集刊》1971 年总第 2 期

贺跃夫：《清末士大夫留学日本热透视》，《近代史研究》1993 年第 1 期

何友良：《革命源起：农村革命中的早期领导群体》，《江西社会科学》2007
　　年第 3 期

华康德：《论符号权力的轨迹：对布迪厄〈国家精英〉的讨论》，李猛译，

载苏国勋、刘小枫编：《社会理论的政治分化》，上海：上海三联书店
　　2005 年版，第 357—374 页

柯林斯：《教育成层的功能理论和冲突理论》，马和民译，载张人杰编：《国外教
　　育社会学基本文选》，上海：华东师范大学出版社 1991 年版，第 35—54 页

坚毅：《江西地方党团组建史略》，《江西师院学报（哲社版）》1981 年第 2 期

李猛：《迈向一种关系／事件的社会学分析》，《国外社会学》1997 年第 1 期

李兹高：《教师的摇篮，光辉的征程——江西省立第一师范》，载陈光莲等
　　编：《师范群英，光耀中华》，第 5 卷，西安：陕西人民教育出版社
　　1992 年版，第 206—218 页

林善：《张田民先生传略》，（台湾）《江西文献》1970 年总第 55 期

林增平：《近代湖湘文化初探》，《历史研究》1988 年第 4 期

刘昶：《革命的普罗米修斯：民国时期的乡村教师》，《中国乡村研究》总第
　　六辑，福州：福建教育出版社 2008 年版，第 42—71 页

刘龙心：《学科体制与近代中国史学的建立》，载罗志田编：《20 世纪中国学术与
　　社会：史学卷》（下），济南：山东人民出版社 2001 年版，第 449-580 页

刘勉钰、陈立明：《改造社及其革命活动》，《江西大学学报（社科版）》1980
　　年第 3 期

刘受初等：《第七师范——大革命时期吉安革命的摇篮》，《吉安师专学报
　　（哲社版）》1986 年第 3 期

麦科德：《清末湖南的团练和地方军事化》，《湖南师范大学社会科学学报》
　　1989 年第 3 期

内藤湖南：《概括的唐宋时代观》，黄约瑟译，载刘俊文编：《日本学者研究
　　中国史论著选译》第一卷，北京：中华书局 1992 年版，第 10—18 页

任武雄：《介绍建党时期的〈共产主义与知识阶级〉》，载上海革命历史博物
　　馆（筹）编：《上海革命史研究资料》，上海：上海三联书店 1991 年
　　版，第 141—146 页

沈登苗：《明清全国进士与人才的时空分布及其相互关系》，《中国文化研究》
　　1999 年第 4 期

沈庆鸿：《传播马列，丹心献党——罗石冰烈士传略》，《庐陵文史资料》
　　1990 年总第 2 辑

沈尹默：《我和北大》，载陈平原编：《北大旧事》，北京：生活·读书·新知

三联书店 1998 年版，第 129—141 页。

石奎济：《都昌人在景德镇的崛起》，《都昌文史资料》1991 年总第 3 辑

宋月红等：《蔡元培与〈北京大学月刊〉》，《北京大学学报（哲学社会科学版）》1997 年第 6 期

苏云峰：《康有为主持下的万木草堂》，《"中央研究院"近代史研究所集刊》1972 年总第 3 期（下）

孙立平：《辛亥革命中的地方主义因素》，《天津社会科学》1991 年第 5 期

陶英惠：《蔡元培与大学院》，《"中央研究院"近代史研究所集刊》1972 年总第 3 期（上）

陶英惠：《蔡元培与北京大学》，《"中央研究院"近代史研究所集刊》1976 年总第 5 期

特纳：《赞助性流动，竞争性流动和学校教育》，何瑾译，载张人杰编：《国外教育社会学基本文选》，上海：华东师范大学出版社 1989 年版，第 76—93 页

谭其骧：《湖南人由来考》，载氏著《长水粹编》，石家庄：河北教育出版社 2003 年版，第 163—233 页

王笛：《清末学堂与学生数量》，《史学月刊》1986 年第 2 期

王笛：《清末新政与近代学堂的兴起》，《近代史研究》1987 年第 3 期

王代芹：《大革命时期永修县留苏联四学生追踪》，《党史文汇》，2012 年第 7 期上半月

王奇生：《中国近代人物的地理分布》，《近代史研究》1996 年第 2 期

王奇生：《革命的底层动员：中共早期农民运动的动员参与机制》，载王奇生编：《20 世纪中国革命的再阐释》，中华书局 2013 版，第 61—97 页

王龙飞：《省会、学校、家乡与革命"落地"——以湖北省各县市中共骨干党员为中心》，《中共党史研究》2013 年第 7 期

王信凯：《柳诒徵与民国南北学界》，载吕芳上编《论民国时期领导精英》，香港：香港商务印书馆 2009 年版，第 362—378 页

韦思蒂：《江西山区的地方精英与共产主义革命》，王笛译，载孙江编：《事件·记忆·叙述》，杭州：浙江人民出版社 2004 年版，第 85—113 页

席金诚：《饶思诚传略》，《南昌文史资料》1993 年总第 9 辑

熊春文：《实质民主与形式自由——对蔡元培民初教育思想的一种知识社会学解读》，《社会学研究》2006 年第 1 期

杨晓伟：《新民学会成立会议参会人员及人数考证》，《船山学刊》2012 年第 2 期

叶文心：《保守与激进——试论五四运动在杭州》，载汪熙、魏斐德编：《中国现代化问题——一个多方位的历史探索》，上海：复旦大学出版社 1994 年版，第 200—215 页

应星：《曼海姆的知识分子观述评》，《国外社会学》1995 年第 5—6 期

应星、李夏：《中共早期地方领袖、组织形态与乡村社会——以曾天宇及其领导的江西万安暴动为中心》，《社会》2014 年第 5 期

张青剑：《道教在贵溪》，《贵溪县文史资料》1987 年总第 2 辑

中共泰和县委党史办：《关于袁玉冰籍贯的考证》，《江西党史通讯》1987 年第 3 期

周丹亚：《"特立独行"的警界怪才——黄光斗》，《纵横》2003 年第 2 期

周秋光：《熊希龄与湖南维新运动》，《近代史研究》1996 年第 2 期

朱雄伟：《关于中共南昌特别支部的考证》，《南昌党史通讯》1988 年第 2 期

P. Bourdieu. "The Intellectual Field: A Word Apart", in *In Other Words*. Cambridge: Polity Press, 1990: 140–149.

ChuZo Ichiko. "The Role of the Gentry: An Hypothesis", in M. Wright（ed） *China in Revolution: the First Phase, 1900–1913*. New Haven: Yale University Press, 1968: 297–317.

P．DiMaggio. "Social Structure Institute and Cultural Goods", in Bourdieu & Coleman(eds.), *Social Theory for a Changing Society*. New York: Westview Press, 1991: 133–155.

B. Elman. "Change in Confucian Civil Service Examination from the Ming to the Ch'ing Dynastb", in B. Elman and A. Woodside（eds.）, *Education and Society in Late Imperial China: 1600–1900*，Berkeley: University of California Press, 1994: 114–122.

R. Hartwell. "Demographic Political and Social Transformations of China 750–1550", *Harvard Journal of Asiatic Studies*. 42(1982): 365–442.

L. Stone. "Prosopography", *Dedalus*, 100. 1(1971): 46–79.

K, Wolff(ed.). "Competiton as a Cultural Phenomenon", *From Karl Mannheim*. Oxford: Oxford University Press. 1971: 235.

Xu Xiaohong. 2013. "Belonging Before Believing: Group Ethos and Bloc Recruitment in the Making of Chinese Communism", *American Sociological Review* 2013, 78(5): 773–796.